메타버스
II

⟨ 10년 후 미래를 먼저 보다 ⟩

메타버스
II

김상균 지음

플랜비디자인

이 책을 읽는 법

● 누가 읽으면 좋을까요?

"10년 후 변화될 세상과 삶의 방식이 궁금해요."

"10년 후를 놓고, 어떤 기업과 산업에 투자할지 궁금해요."

"10년 후 우리 회사가 어떻게 변할지, 아니 존재하기는 할지 궁금해요."

"10년 후를 놓고, 우리 회사가 무엇을 준비해야 할지 궁금해요."

"10년 후를 놓고, 나는 내 업에서 무엇을 준비해야 할지 궁금해요."

"10년 후를 놓고, 우리 아이가 무엇을 준비해야 할지 궁금해요."

"10년보다 더 먼 미래를 놓고, 다음 세대에게 무엇을 전해줘야 할지 궁금해요."

이런 궁금증을 가진 분들에게 이 책이 작은 도움이 되었으면 합니다. 물론, 이 책이 명쾌하게 궁금증에 관한 모든 해답을 주지는 못하니다. 다만, 해답을 찾아가는 데 도움이 될 단초를 이 책에서 찾을 수 있을 것이라 기대합니다.

● 어디부터 읽으면 좋을까요?

"10년 후를 그려낸 전체 배경이 궁금해요."	⇨	Part 1
"10년 후 세상이 큰 틀에서 어떻게 바뀌어 있을지, 10년 후 우리 삶의 형태가 어떻게 달라질지가 너무 궁금해요."	⇨	Part 2
"10년 후 내가 속한 산업분야에 어떤 변화가 일어날지 궁금해요."	⇨	Part 3

● 각 Part에서는 어떤 내용을 다루고 있나요?

Part 1 10년 후로 가는 길

Part 2~3을 이해하기 위한 배경 이론과 현황을 소개합니다. 메타버스에 관한 다양한 관점, 10년 후를 예측하는 방법, 주요 기업들의 동향과 계획, 앞으로 등장할 기기, 경제 패러다임의 흐름 등을 설명합니다. Part 1을 읽지 않았거나 읽었으나 세세히 이해하지 못했어도, Part 2~3을 읽는 데 크게 문제되지는 않습니다. 따라서, 마음이 급하거나 Part 1에서 설명하는 배경이 너무 지루하게 느껴지는 분들은 Part 2~3부터 읽어도 좋습니다. Part 2·3을 읽으면서 어떤 근거로 나온 내용인지 궁금하다면 그때 Part 1을 펼쳐도 됩니다.

Part 2 10년 후, 우리 삶은 이렇게 바뀐다

10년 후 세상이 큰 틀에서 어떻게 바뀌어 있을지를 소개합니다. 인간 존재와 인간관계의 변화, 우리가 살아가는 물리적 공간의 변화, 세상을 바라보는 관점과 삶의 방향성에 대한 변화 등을 다룹니다.

Part 3 10년 후, 산업은 이렇게 바뀐다

유통, 방송, 게임, 예술 등 총 15개 영역에 걸쳐 각 산업별로 10년 후에 어떤 변화된 환경에서 비즈니스가 펼쳐질지를 소개합니다.

부록

2020년, 2021년을 거치며 우리는 메타버스에 더 깊게 들어가고 있습니다. 제 경험과 생각이 아닌 다른 분들의 경험과 생각을 '부록'에 담았습니다. 특히 '부록 3: 우리가 인식한 메타버스, 우리가 경험한 메타버스'에서는 다양한 분야에서 일하는 분들이 생각하는 메타버스에 관한 정의, 그분들이 경험한 메타버스를 간략하게 정리했습니다. 메타버스의 현재와 미래는 모두 유동적입니다. 메타버스의 미래는 저 같은 일부 학자나 빅테크 기업 또는 정부가 정하고 만드는 게 아닙니다. 우리가 함께 고민하고 만들어갈 새로운 세상입니다. 그래서 모든 분들의 경험과 생각이 똑같이 소중하다고 봅니다. 그 소중한 의견들을 부록에서 꼭 확인해보면 좋겠습니다.

이 책, 어렵지는 않을까요?

이 책은 10년 후 세상을 그리고 있습니다. 그렇다고 무속인처럼 신통력으로 미래를 말하는 책은 아닙니다. 따라서, 관련된 근거를 소개하는 과정에서 배경 이론과 논문 등이 등장합니다. 이 부분이 어렵거나 지루할 수 있습니다. 상세하거나 깊은 설명은 주석으로 처리했습니다. 따라서 본문을 중심으로 읽으면서 내용을 파악하고, 필요 시 주석을 참고하세요.

PROLOGUE

300개 기업과 100만 명의 독자들이 던진 질문들

전작 《메타버스》를 발표한 후 2021년 한 해 동안 300개가 넘는 국내외 기업과 기관을 만났습니다. 금융, 유통, 교육, 방송, 전자, 식음료, 패션, 광고, 코스메틱, 의료, 자동차, 통신, 정유, 철강, 게임, 농업, 관광, 인터넷 사업자, 언론, 공공 서비스 등 참으로 다양한 분야의 경영자와 실무자를 만났습니다. 규모, 업종, 산업 내 포지션 등 각자의 입장은 달랐으나, 300개 조직이 공통으로 던지는 몇 개의 질문이 있었습니다. 300개 조직이 던진 질문은 크게 세 덩어리로 나누어집니다.

첫째, 메타버스의 장기적 방향성을 읽지 못하는 데서 기인한 두려움이 보이는 질문들입니다.
"메타버스는 일시적 유행일까요?"
"메타버스 다음에는 어떤 패러다임이 올까요?"
"메타버스는 산업 지형에 어떤 영향을 줄까요?"

둘째, 경쟁기업, 시장, 소비자의 움직임에 대한 궁금증이 드러나는 질문들입니다.

"글로벌 기업들은 무엇을 준비하고 있나요?"

"사람들은 왜 메타버스를 갈망할까요?"

"모든 사람이 메타버스를 쓸 수 있을까요?"

셋째, 추진 대상What, 방법How, 사원 활용에 관한 고민이 보이는 질문들입니다.

"우리 조직은 당장 무엇을 해야 할까요?"

"우리 조직에서 누가 나서서 메타버스를 추진하는 게 좋을까요?"

"오프라인 공간과 인프라의 중요성은 점점 더 감소하나요?"

종이책, 전자책, 오디오북 등으로 《메타버스》를 접한 독자가 100만 명을 넘었습니다. 그들이 다양한 경로로 제게 보내온 질문은 대략 이렇습니다.

"메타버스는 우리 삶을 어떻게 바꿔놓을까요?"

"메타버스가 보편화되면, 국가 체계에 어떤 영향이 미치나요?"

"문명의 전환기 같은데, 나와 우리 가족은 무엇을 준비해야 할까요?"

"먼저 세상을 떠난 내 아이, 언젠가 메타버스에서 다시 만날 수 있을까요?"

"영화 〈매트릭스〉 같은 메타버스가 구현된다면, 인류는 그 속으로 들어갈까요?"

독자들의 질문에서는 새로운 세상과 삶의 방식에 관한 걱정과 호기심이 느껴집니다.

거대한 조직과 개별 독자들에게서 1년 동안 받은 질문들에서 저는 크게 두 종류의 감정을 느꼈습니다. 기대와 두려움입니다. 그들이 품은 의문에는 기대보다 두려움이 더 크게 담겨 있었습니다. 기대와 두려움, 이 두 감정은 인간을 움직이는 원동력입니다. 기대는 긍정적 정서이고 두려움은 부정적 정서이니, 현 상황이 좋지 않다고 느낄 수 있습니다. 그러나 제 생각은 좀 다릅니다. 기대와 두려움 모두 인간을 움직이게 합니다. 그러나 기대보다는 두려움이 우리를 조금 더 빠르게 움직이게 합니다. 기대보다 두려움이 있을 때 우리는 한 번 더 묻고, 좀 더 섬세하게 준비합니다. 서로에게 묻고 섬세하게 준비해서 빠르게 움직일 수 있는 이런 상황이 나쁘지 않다고 봅니다. 다만, 두려움 뒤에 기대를 함께 품고 나아갔으면 합니다.

저는 이런 기대를 품고 있습니다. 세계 시가총액 10위권 기업 목록에 여러 개의 한국 기업이 들어가기를, 한국 인구는 5,000만 명이지만 우리가 만든 메타버스에서 수십억 명의 세계인이 함께 어울리기를, 세계 문화의 중심에 한국이 자리 잡기를 기대합니다. 우리 모두 메타버스를 통해 이런 기대를 현실에서 함께 이루었으면 합니다. 그런 기대를 담아 이 책을 세상에 내놓습니다.

2022년 봄
인지과학자 김상균

CONTENTS

- **004** 이 책을 보는 법
- **008** 프롤로그 300개 기업과 100만 명의 독자들이 던진 질문들

PART 1 — 10년 후로 가는 길

- **018** **메타버스가 뭡니까?**
- **019** 새로운 용어, 왜 필요할까?
- **021** 메타버스는 게임인가?
- **026** 빅테크 기업이 만들어낸 허상인가?
- **034** 인간의 가치를 증명하는 또 다른 우주

- **036** **미래를 예측하는 두 길**
- **036** 탐색적 미래 & 규범적 미래
- **037** 도달해야 할 미래 & 피해야 할 미래

- **039** **광속으로, 천천히 발전하는 기술**
- **039** 0.5mm 기간 동안 만들어진 기술
- **041** 모두의 힘이 모여야 내딛는 한 걸음

- **044** **빅테크 거인들의 야심**
- **045** 메타, 모든 메타버스의 중심을 꿈꾸다
- **050** 애플, 새로운 기기로 판을 바꾸겠다
- **052** 마이크로소프트, 비즈니스 영역을 장악하겠다
- **056** 구글, 도전은 멈추지 않는다
- **058** 기타 기업들의 움직임

- **062** **스마트폰 다음은 어떤 기기일까?**
- **062** 기술 발전의 S커브
- **065** 영원한 것은 없다
- **071** AR글라스가 미래다

- **078** **감정과 의도를 읽어내는 기기**
- **078** 눈으로 볼 것이냐 vs. 머리에 꽂을 것이냐
- **083** 메타버스는 3단계로 성장한다

- **088** **구매에서 경험으로**
- **088** 경험이 더 행복하다
- **090** 메타버스는 온통 경험의 세상이다
- **095** 물질 세상에서 디지털 세상으로 이주 중인 인류

PART 2	100	**새로운 인류의 출현**
	100	육체를 얻은 AI
10년 후,	104	가상 인류: 가상 노동자, 가상 친구, 가상 배우자
우리 삶은	111	디스플레이로 만나는 사람 vs.
이렇게 바뀐다		디스플레이 없이 만나는 사람
	116	당신의 외모는 중요하지 않다
	118	강화된 생체인식
	122	**재편되는 공간**
	122	도시에 조금은 덜 집착하는 세상
	127	구름이 사라진 하늘
	130	언제나 호캉스
	131	건물 대신 데이터센터
	135	**재편되는 집단**
	135	진정한 여론
	138	사피엔스 집단 vs 네안데르탈인 집단
	142	소멸하는 꼰대! 군기 잡기는 없다
	147	한집에서 따로 사는 가족
	149	**평행우주 세계관**
	149	다중 세계관 시대 & 젊은 베르테르의 슬픔
	158	붕괴되는 국경 & 새로운 고향
	160	교실 속 세계관
	165	언제나 리셋 가능한 세상
	168	**도전받는 신**
	168	미리 마주한 사후세계
	170	죽어도 사라지지 않는 가족, 연인
	174	나 몰래 복제된 나

PART 3	182	**메타버스는 경제의 판을 이렇게 키운다**
	187	**유통: 오프라인도 메타버스다**
10년 후,	187	온라인·오프라인 유통 간 경계 붕괴
산업은	191	소비자 교섭력 증가
이렇게 바뀐다	193	메타버스 속 3차원 쇼핑몰 등장
	195	오프라인의 재발견

198	**방송: 바꾸지 않으면 지역 신문사의 길을 간다**
199	안 다루는 주제가 없다
201	메타버스에서 제작한다
203	모두 다르게 소비한다
204	2차 창작 전성시대
207	**예술: 일상이 예술이 된다**
207	경험하는 예술 & 소유하는 예술
208	모두가 창작하고 경험한다
210	새로운 형태의 예술이 등장한다
215	**게임: 놀이는 컴퓨터 밖으로 뛰어나온다**
215	현실 공간에서 플레이한다
218	게임하니 돈이 생긴다
219	게임해도 괜찮다
221	**교육: 어디에도 없고, 어디에나 있는 학교가 온다**
222	건물에는 경쟁력이 없다
224	시간에 사람을 맞출 필요는 없다
225	학습자가 배움의 중심에 선다
228	우리는 모두로부터 배운다
229	배움의 문턱이 낮아진다
230	가난한 이는 메타버스에서만 배운다?
232	**건축: 거실은 사라진다**
233	집안으로 들어온 공유 오피스
235	물리적 공간과 연결된 메타버스 등장
236	메타버스가 물리적 공간을 움직인다
238	메타버스에서 건축한다
240	**금융: 100% 메타버스 비즈니스로 옮겨 간다**
241	오프라인 객장의 소멸
244	가상화폐, 암호화폐도 취급한다
245	메타버스 생활을 위한 금융상품의 등장
246	금융기관은 거대한 데이터 사업자가 된다
248	**부동산: 부동산 중개소와 중개인은 사라진다**
249	지역 기반 부동산 중개업의 소멸
250	현실 공간을 맘대로 메타버스에 옮기지 못한다
251	메타버스 속 공간도 임대하고 매매한다

254	**의료: 메타버스가 환자를 살린다**
255	디지털 치료제, 먹지 않고 경험하며 치료한다
257	메타버스를 통해 치료한다
258	메타버스에서 의학을 연구하고 교육한다

260	**제조: 공장을 주머니에 넣고 다닌다**
261	공장은 메타버스에서 만들어지고 관리된다
263	안전하게 많이 생산한다
264	주머니에서 공장을 꺼내서 보여준다

267	**교통: 자동차는 새로운 비즈니스 공간이 된다**
268	자동차 기업은 커머스 기업이 된다
270	장거리 이동이 즐거워진다
273	메타버스가 도로와 공간을 바꾼다

275	**코스메틱 & 패션: 덜 생산하고, 더 소비한다**
275	디지털로 바르고 입는다
279	메타버스를 통해 현실 세계의 화장과 옷이 바뀐다
280	메타버스에서 입어본다

281	**식음료: 메타버스에서 먹으면 더 맛있다**
282	간편식이 대세다
282	메타버스를 통해 음식을 경험한다
286	메타버스에서 음식을 맛본다

290	**MICE & 관광: 탐색은 사라지고 탐험은 폭발한다**
291	굳이 이동하지 않는다
292	타임머신이 등장한다
294	추억은 끊임없고 영원하다

296	**광고: 온통 메타버스에서 소통한다**
296	버추얼 인플루언서 전성시대
300	메타버스에서 실감하라
303	모든 것이 광고판이고, 모두가 다른 광고를 본다

부록

307	1 메타버스를 공부하는 비법
312	2 메타버스 관련 FAQ
323	3 우리가 인식한 메타버스, 우리가 경험한 미디비스

334	**에필로그** 한국은 영원한 패스트 팔로워?
340	참고문헌

"우리의 운명을 결정하는 것은 별이 아니라 우리 자신이다."
- 윌리엄 셰익스피어

PART 1

10년 후로 가는 길

'세상이 언제 이렇게 변했지?'라는 생각이 들 때가 있습니다. 세상은 늘 점진적으로 변하지만, 우리는 그런 변화를 인식하지 못하거나 의식적으로 무시하고 있다가 누적된 변화를 한순간 충격으로 받아들입니다. Part 1에서는 미래를 향해 빠른 속도로 움직이는 현재의 모습을 담았습니다. Part 1에서 제시한 내용을 바탕으로 Part 2~3에서는 미래를 그렸습니다. 여러분이 Part 1의 내용을 다른 시각으로 해석한다면, 여러분 스스로가 Part 2~3과는 다른 미래상을 예상할 수 있을 것입니다.

메타버스가 뭡니까?

"빛나는 별이 탄생하려면 혼돈을 겪어내야 한다."
- 프리드리히 니체

"예전부터 존재했던 VR^{Virtual Reality: 가상현실}, AR^{Augmented Reality: 증강현실}, XR^{eXtended Reality: 확장현실}이라고 하면 될 것을 굳이 새로운 용어로 대체하는 이유가 무엇인가?"

"그게 게임과 다른 게 뭔가?"

"그건 빅테크 기업의 마케팅, 증권사의 주가 부양을 위한 버즈워드가 아닌가?"

메타버스를 다룬 신문 기사에는 이런 댓글이 심심치 않게 붙습니다. 여기서 '새로운 용어', '그게', '그건'은 모두 메타버스를 지칭하는 말입니다. 메타버스에는 VR, AR, XR이 포함됩니다. 메타버스는 게임과 닮은 점이 많습니다. 또한, 메타버스라는 워딩으로 재미를 본 기업들도 많습니다. 그렇다고 해서 메타버스에 관한 이런 주장들이 모두 타당하진 않습니다.

● 새로운 용어, 왜 필요할까?

"예전부터 존재했던 VR, AR, XR이라고 하면 될 것을 굳이 새로운 용어로 대체하는 이유가 무엇인가?"

이 질문부터 파헤쳐보겠습니다. 메타버스에는 VR, AR, XR 이외에도 빅데이터, 인공지능, 블록체인, 전자상거래, IoT^{Internet of Things}● 등 다양한 기술이 포함되어 있습니다. 또한 VR, AR, XR은 응용 분야, 방법론보다는 기술 자체를 나타내는 표현입니다. 메타버스는 더 포괄적인 기술을 포함하며, 기술 자체보다는 세상과 소통하는 새로운 방법론이자 변화를 인식하기 위한 틀^{Framework}에 가깝습니다.

필자의 전작 《메타버스》에서는 메타버스를 기술 연구 단체인 ASF^{Acceleration Studies Foundation}의 분류에 따라 증강현실 세계^{Augmented Reality Worlds}, 라이프로깅 세계^{Lifelogging Worlds}, 거울 세계^{Mirror Worlds}, 가상 세계^{Virtual Worlds}의 네 가지로 분류해서 설명했습니다. ASF에서 제시한 분류는 타당해 보이지만, 이렇게 분류하는 데 사용한 기준을 이해하기 어렵다는 독자들이 많았습니다. 그래서 ASF의 분류 결과를 독자들이 이해하기 쉽게 다음과 같이 그림으로 정리했습니다. 그림을 보면 ASF의 네 가지 분류가 한층 더 선명해질 것입니다.

증강현실 세계(그림에서 왼쪽 아래)는 현실 공간에 가상이 보이는 상황입

● 다양한 사물에 센서를 부착해서 인터넷을 통해 실시간으로 정보를 주고받는 기술과 환경을 의미합니다. 일례로 집안에 있는 가전제품, 냉난방 시스템에 IoT를 적용하면 원격으로 상황을 파악하고 통제할 수 있습니다.

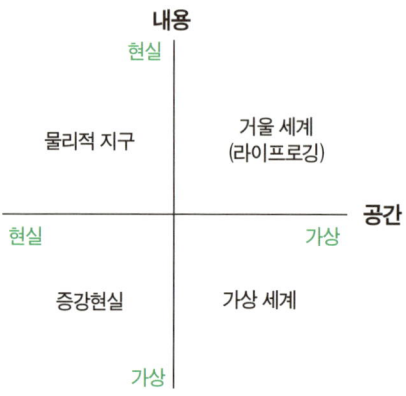

물리적 지구와 메타버스의 관계

니다. 증강현실 게임인 '포켓몬 고', '인그레스' 등이 여기에 해당합니다. 가상 세계(그림에서 오른쪽 아래)는 컴퓨터 화면, 스마트폰 화면 또는 VR기기를 통한 가상공간에 가상의 내용이 보이는 상황입니다. 가상 세계와 가상현실을 동일시하는 경우가 있는데, 가상현실은 가상 세계에 접속하기 위한 여러 수단 중 하나일 뿐입니다. 컴퓨터나 스마트폰 화면에 비해 VR기기를 사용하면 감각적 몰입도가 압도적으로 높다는 장점이 있으나, VR기술이 가상 세계에 접속하기 위한 유일한 방법이 아니고 장점만 있지도 않습니다.

거울 세계(그림에서 오른쪽 위)는 현실의 내용을 가상공간에 투영하는 방식입니다. 현실에서 발생하는 개인의 삶을 가상공간에 기록, 공유, 활용하는 형태를 '라이프로깅'이라고 하고, 현실에서 발생하는 복잡한 비즈니스 모델을 가상공간에 옮겨놓은 방식은 '거울 세계'라고 합니다. 즉, 그림에서 오른쪽 위는 큰 틀로 보면 거울 세계지만, 그 안에 포함된 개인들의 삶까지 투영하는 측면에서는 라이프로깅을 포함하고 있습니다.

물리적 지구(그림에서 왼쪽 위)를 포함한 나머지 세 분면의 메타버스를 이렇게 한 그림으로 놓고 보면 기존에 놓쳤던 것들을 볼 수 있습니다. 예를 들어, 여러분이 숙박업을 한다고 가정합시다. 현실 공간에서 하던 사업을 어떻게 확장할까 고민합니다. 그러다가 거울 세계가 눈에 들어와서, 소규모 숙박업소들을 묶어 거대한 숙박업소 체인을 메타버스에 꾸립니다. 고객들이 앱을 통해 소규모 숙박업소를 검색할 수 있게 만들었습니다. 이때 나머지 두 분면을 볼 필요가 있습니다. 혹시 증강현실 세계나 가상 세계를 통해 비즈니스를 확장할 수 있는 부분은 없는지 고민해보는 방식입니다.

● 메타버스는 게임인가?

"그게 게임과 다른 게 뭔가?"

이 질문에 대해 생각해 보겠습니다. '제페토'는 그저 재미없는 게임이라고 깔보는 게임업계 분들과 적잖게 마주쳤습니다. 제페토는 네이버제트에서 운영하는 플랫폼입니다. 제페토가 메타버스의 기준 또는 모범사례라고 보기는 어렵지만, 국내에서 유명한 메타버스 플랫폼이어서 제페토를 중심으로 이야기해봅니다.

제페토에서는 크게 네 가지 기능을 제공합니다. 첫째, 제페토는 3D 기술과 증강현실을 접목한 강력한 아바타 서비스를 제공합니다. 아바타는 온라인 환경에서 나를 대신하는 분신 또는 캐릭터를 의미합니다. 제페토에서 사용자는 자신의 모습을 본떠 만든 아바타를 가지고 다른 사용자들과 소통합니다. 둘째, 마켓플레이스(장터)를 제공합니다. 제페토에서 제공하는 스튜디오 기능을 활용해서 다양한 의상과 아이템을 제작할 수 있습니다. 제작한 아이템을 사용하거나 판매해서 수익을 올릴 수 있습니다. 셋째, 소셜 미디어 기능을 제공합니다. 직접 만들고 꾸민 아바타를 주인공으로 한 소셜 미디어 페이지를 운영하고, 각 페이지를 방처럼 꾸밀 수 있습니다. 벽, 바닥, 소품 등의 디자인을 바꾸며 자신만의 개성을 표현합니다. 포토부스에서 자신의 캐릭터를 이리저리 움직여 원하는 사진을 찍고 이를 인스타그램에서처럼 다른 이들에게 공유합니다. 넷째, 아바타들이 즐기는 공간을 직접 제작할 수 있습니다. 사용자들은 이러한 기능을 활용해서 다양한 공간을 만들고 그 속에서 그들만의 소통과 놀이를 즐깁니다.

특정 콘텐츠가 재미가 있고 없고는 개인적 판단이고, 각자 견해는 다

국내 대표적인 메타버스 플랫폼 '제페토'

출처: 네이버

를 수 있습니다. 여기서는 깊게 논하지 않겠습니다. 다만, 국내 유명 게임업계에서 바라보는 재미, 즉 지금까지 사용자들에게 경험시켜준 재미의 카테고리가 제페토 사용자들이 느끼는 재미와는 분류가 다르다는 것을 게임업계 분들이 간과하고 있다는 것을 짚고 넘어가고 싶습니다. 대규모 온라인 롤플레잉 게임에서 사용자들이 재미를 느끼듯이, 제페토에서도 사용자들은 재미를 느낍니다. 각자 느끼는 재미의 종류가 다를 뿐입니다. 동의하기 어렵다면, 2억 5,000만 명이 넘는 사용자들이 왜 제페토를 사용한다고 생각하나요? 그들 나름대로 그 세상에서 어떤 재미를 느끼고 있기 때문입니다.

인간이 느끼는 재미를 분류한 연구는 다양합니다. 필자는 그중에서 PLEX^{Playful User Experience} 모델에서 분류하는 20가지 요소를 주로 연구에 활용합니다. PLEX 모델은 재미를 매혹, 도전, 경쟁, 완성, 통제, 발견, 에로티시즘, 탐험, 자기표현, 판다지, 동료의식, 양육, 휴식, 가학, 감각, 시뮬레이션, 전복, 고난, 공감, 전율로 분류하고 있습니다.[1] 대규모 온라인 롤플레잉 게임에서는 느끼지 못하는 또 다른 재미가 제페토에 있다고 봐야 합니다.

그렇다면 제페토는 게임일까요? 저는 아니라고 생각합니다. 〈게임 산업 진흥에 관한 법률〉에서는 게임을 이렇게 정의하고 있습니다. '컴퓨터 프로그램 등 정보처리 기술이나 기계장치를 이용하여 오락을 할 수 있게 하거나 이에 부수하여 여가 선용, 학습 및 운동효과 등을 높일 수 있도록 제작된 영상물 또는 그 영상물의 이용을 주된 목적으로 제작된 기기 및 장치를 말한다.' 이렇게 법률적 정의만 놓고 보면, 제페토와 같은 메타버스 플랫폼이 게임에 속하는지 판단하기가 매우 애매합니다. 현 시점에서 제페토는 법률적으로 게임물로 관리받지도 않고 있습니다.

게임에 관한 일반적 정의를 고려하면, 제페토는 게임이 맞을까요? 게임은 일정한 규칙하에서 문제를 풀어가며 상대방을 이기기 위해 노력하는 기술, 지식, 기회가 포함되는 활동으로 정의하는 경우가 많습니다.[2] 게임의 특성을 다음의 10가지로 분류하기도 합니다.[3]

- 게임은 자발적으로 시작한다.
- 게임에는 목적이 있다.
- 게임에는 경쟁, 대립이 있다.
- 게임에는 규칙이 있다.
- 게임에는 승패가 있다.
- 게임은 상호작용적이다.
- 게임은 도전을 제공한다.
- 게임에는 내부에만 존재하는 가치가 있다.
- 게임은 플레이어를 참여하게 만든다.
- 게임은 닫힌 구조를 가진다.

이런 기준으로는 제페토를 게임이라고 보기 어렵습니다. 상대방과 겨루는 규칙이 없고, 그에 따른 승패도 존재하지 않습니다. 제페토 내부에 규칙과 승패를 곁들인 콘텐츠가 있긴 하지만, 극히 일부에 불과합니다. 물론, 게임의 10가지 특성에서 제페토와 일치하는 부분도 있습니다. 자발적으로 시작하고, 상호작용적이며, 내부에만 존재하는 가치가 있고, 플레이어를 자연스럽게 참여하게 유도합니다.

제 생각은 이렇습니다. 게임과 메타버스는 공통분모를 가지고 있습니다. 게임에 따라 메타버스와 공유하는 부분이 많은 경우와 적은 경우가 모두 있습니다. 확실한 것은 공유하지 않는 부분이 분명 존재합니다. 따라서, 게임과 메타버스를 완전한 동의어로 생각하는 것은 무리입니다. 메타버스를 활용한 쇼핑몰, 선거 캠페인, 교육 콘텐츠, 공연, 방송 등을 다 게임이라고 수장한다면, 이는 억지입니다.

인류가 오래전부터 만들고 즐겨왔던 게임은 메타버스와 관련된 속성을 많이 가지고 있습니다. 메타버스의 탄생과 발전에 게임 산업과 관련 기술이 지대한 역할을 한 것도 사실입니다. 그러나 게임과 메타버스를 동일시한다면, 이는 게임 산업의 발전과 메타버스의 확장 모두에 별 도움이 되지 않습니다.

철학자 비트겐슈타인은 게임은 플레이, 규칙, 경쟁 등의 요소를 공통으로 가지고 있다고 설명했습니다. 또한, 게임을 어떻게 정의하건 그 정의에서 벗어나는 형태의 다른 게임이 존재하지만, 일정한 공통점을 가지며 큰 틀에서는 하나로 묶인다고 보았습니다.4 비트겐슈타인의 의견을 놓고 보면 좀 더 혼란스러울 수 있으나, 어떻게 정의하건 그 정의에서 벗어나는 것이 등장하리라는 의견은 게임뿐만 아니라 메타버스에도 동합니다.

● 빅테크 기업이 만들어낸 허상인가?

"그건 빅테크 기업의 마케팅, 증권사의 주가 부양을 위한 버즈워드가 아닌가?"

이 질문에 대해 얘기해 보겠습니다. VR·AR 사업을 하던 업체들이 최근 메타버스 기업으로 탈바꿈한 사례가 적잖습니다. 이런 현상을 놓고 시장과 투자자를 기만한다고 비판하는 이들이 많습니다. 역사적으로 보면 새로운 기술이나 제품이 시장에 등장했을 때 이를 수용하는 소비자는 크게 다섯 단계로 나눠집니다.[5] 각 수용자별 세부 특성은 다음과 같습니다.

• **혁신자** 이들은 혁신을 최초로 수용합니다. 변화를 좋아하고, 신기술에 열광하는 집단입니다. 초기 제품에 존재하는 결함이나 변화 수용과정에서의 불편함에 대해 문제 삼지 않습니다. 혁신을 통해 직접적인 효

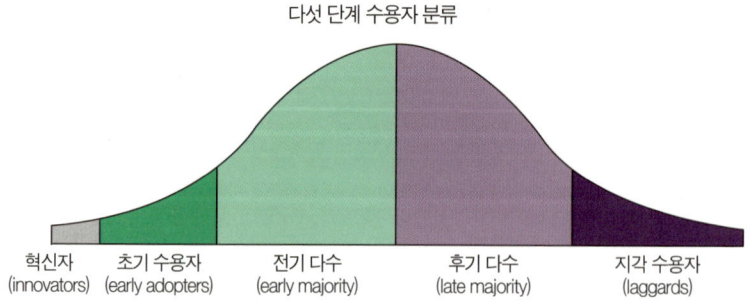

다섯 단계 수용자 분류

익이나 생산성 향상을 기대하기보다 혁신 자체를 즐깁니다. 기업 입장에서 혁신자들을 통해 많은 수익을 얻기는 어렵습니다. 다만, 다음 집단인 초기 수용자를 움직이게 하는 역할을 이들에게 기대합니다.

• **초기 수용자** 신기술을 수용하여 혁신적인 성과와 급진적인 변화를 얻고 싶어 하는 집단입니다. 이들은 혁신 제품의 앞선 기능과 성능으로 다른 소비자보다 앞서서 경쟁우위의 이득을 보고자 합니다. 따라서 가격 민감도•가 낮습니다. 남들보다 빨리 제품을 구매할 수 있다면 비용을 더 지불하더라도 먼저 구매합니다. 이들은 다른 잠재적 소비자들과 활발하게 의견을 교류합니다. 언론, 블로그, 소셜 미디어 등을 통해 혁신 제품에 대한 소비 경험을 능동적으로 공유합니다.

• **전기 다수** 실용주의적 특성을 보입니다. 이들은 급진적인 혁신보다는 점진적인 변화를 선호합니다. 혼자만 독특한 제품이나 기술을 사용하기보다는 다수가 선택하는 것을 사용하고 싶어 합니다. 동종 업계 기업이나 전문가의 의견, 사용 패턴에 강하게 영향을 받는 집단입니다. 즉, 큰 위험 부담 없이 주변의 변화를 따라가면서 안정적으로 생산성 향상을 얻고자 합니다.

• 무언가를 구매할 때 가격을 중요하게 따지는 경우를 말합니다.

- **후기 다수** 주변에서 상당수의 기업이나 소비자가 혁신 제품을 사용한다는 것을 인식하고, 이로부터 압박감을 느낄 때 제품을 구매합니다. 혁신 제품으로 인한 위험을 극도로 회피하며, 비용에도 매우 민감합니다.

- **지각 수용자** 혁신 제품이나 기술에 대해 회의적인 시각을 가지고 있습니다. 혁신이나 변화를 반대하는 입장입니다. 혁신 제품이 더 많은 효익을 주리라 믿지 않습니다. 신제품을 수용하지 않으면 더 이상 버티기 어려운 상황에서야 신제품을 수용합니다. 예를 들어, 스마트폰의 확산과정에서 이들은 주변인 대부분이 스마트폰을 사용해도 끝까지 스마트폰을 구매하지 않았고, 통신사나 단말기 제조업체에서 더 이상 스마트폰 이외의 휴대전화나 통신 서비스를 제공하지 않아 매우 불편한 상황에 처하게 되자 스마트폰을 구매하는 양상을 보였습니다.

다섯 단계 수용자의 시장점유율을 그래프로 나타내면 다음과 같습니다. 위의 그래프는 혁신자, 초기 수용자, 전기 다수, 후기 다수, 지각 수용자를 시간의 흐름에 따라 누적해서 표현한 것으로, S자 커브 형태입니다. S자 커브에 대해선 나중에 다시 언급할 것이므로, 잘 기억해두세요. 아래의 그래프는 혁신자, 초기 수용자, 전기 다수, 후기 다수, 지각 수용자를 수용하는 순서에 따라 누적하지 않고 그린 그래프입니다. 정규분포 Normal Distribution의 모양입니다.

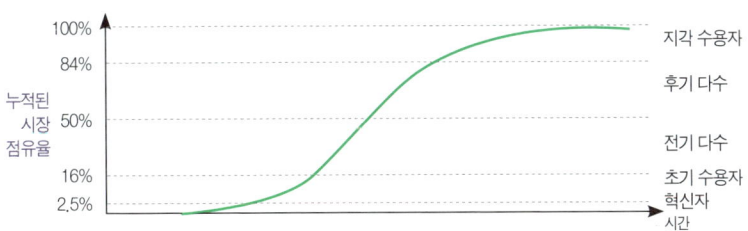

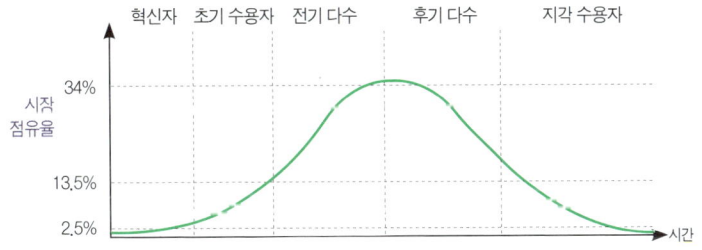

다음은 흑백TV, 컬러TV, 비디오플레이어, 케이블TV, ATM, 무선전화에 대한 연도별 시장 성장 추세를 나타냅니다. 앞에서 언급한 S자 커브 형태입니다.

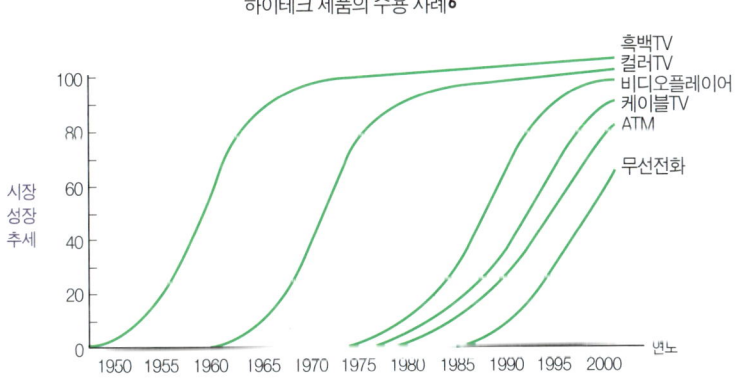

혁신을 수용하는 다섯 단계 수용자 간에는 빈틈이 존재합니다. 다음 그림과 같이 혁신자와 초기 수용자, 초기 수용자와 전기 다수, 전기 다수와 후기 다수의 수용시기에 틈이 발생합니다. 혁신자가 수용을 끝내면 바로 초기 수용자가 제품을 수용하는 게 아니라, 시간적인 지연이 발생한다는 의미입니다. 특히, 두 번째 틈인 초기 수용자와 전기 다수 간의 틈이 큰 편입니다. 이를 하이테크 마케팅에서는 '캐즘Chasm: 아주 깊은 틈'이라고 부릅니다.⁷

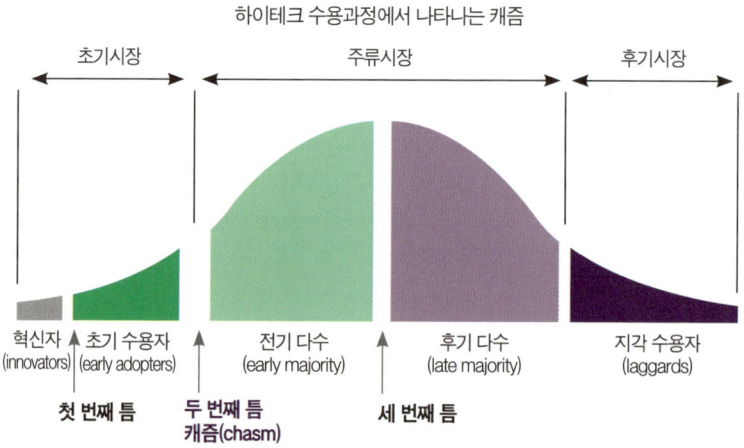

하이테크 수용과정에서 나타나는 캐즘

하이테크 마케팅에서 소비자 수용단계 간에 틈이 발생하는 원인은 다음과 같습니다.

- **첫 번째 틈** 혁신자와 초기 수용자 사이에서, 신제품이 실질적으로 혁신적 가치를 제공하지 못할 경우에 발생합니다. 혁신자는 실질적인 가

치보다는 새로운 제품에 대한 호기심과 탐구로 제품을 수용합니다. 그러나 초기 수용자는 신제품이 실질적인 혁신의 도구가 되기를 바랍니다. 단순히 새로운 제품이라는 이유만으로 수용하지는 않습니다.

• **세 번째 틈** 전기 다수와 후기 다수 사이에서, 제품을 낮은 가격으로 공급하기 위한 원가 절감, 공정 개선, 유통 개선을 이루지 못했기 때문에 발생합니다. 후기 다수는 가격에 민감합니다. 기업은 전기 다수를 지나 후기 다수의 수용자를 끌어들이기 위해서는 저가격을 구현할 수 있어야 합니다. 그런데 이를 적정 시기에 달성하지 못해서 후기 다수의 구매가 지연되는 현상입니다.

• **두 번째 틈**(캐즘) 초기 수용자와 전기 다수의 신제품 수용 목적이 다르기 때문에 발생합니다. 초기 수용자는 급진적인 혁신을 이루기 위해 신제품을 수용합니다. 반면 전기 다수는 점진적인 변화의 도구로 신제품을 수용합니다. 급진적인 혁신을 피하는 성향을 가지고 있기 때문입니다. 또한, 초기 수용자는 가격 민감도가 낮은 반면 전기 다수는 가격대비 편익을 따집니다. 따라서 생산성을 따져봤을 때 가격이 적절한 수준이 아니라면 구매를 지연합니다.

메타버스 관련 기술과 접근들은, 팬데믹 이전인 2019년까지 대부분 초기 수용자 단계에 머물러 있었습니다. 오랜 기간 전기 다수에 전달되지 못한 상태, 즉 두 번째 틈인 캐즘에 걸린 상황이었습니다. 역사적으로 보면 기업, 산업은 캐즘을 넘기 위해 다음과 같은 방법들을 활용했습니다.[8·9]

• **완전완비제품** Whole Product **제공** 신제품을 도입하는 과정에서 소비자가 겪게 되는 불편을 최소화합니다. 제품 사용에 필요한 보완재, 교육, 서비스 등을 묶어서 공급하여 소비자가 신제품을 편하게 받아들이게 합니다.

• **고객이 알고 있는 업계의 표준 준수** 고객에게 익숙한 공인된 표준이나 산업계 표준들을 최대한 준수하여 소비자가 사용하고 있는 기존 제품이나 기술과의 호환성을 보장하고, 신기술 적용에 대한 소비자의 불안감을 해소합니다.

• **기존 제품과 대비되는 명확한 편익 제시** 신제품을 통해 소비자가 얻게 되는 생산성 향상과 편익을 적극적으로 알립니다. 특히 소비자 입장에서 원하는 것이 무엇인가를 정확하게 파악하여 신제품이 어떻게 만족시켜주는가를 설명합니다. 신제품이 제공하는 편익이 소비자가 원하는 편익과 다르다면, 소비자는 신제품이 자신의 생산성을 높이는 수단이라고 인식하지 않기 때문입니다.

- **고객이 쉽게 인식하도록 제품을 단순화** 소비자는 신제품의 기능과 성능 및 이를 통해 얻게 되는 편익이 이해하기 어려우면 자신이 원하는 생산성을 달성할 수 있다고 생각하지 않습니다. 하이테크 기업들이 빠지기 쉬운 오류는 더 크고 복잡한 제품을 제공하면 소비자가 좋아하리라 기대한다는 것입니다. 이해하기 어려운 더 크고 복잡한 제품은 소비자의 선택을 주저하게 합니다.

요컨대, 국내외에서 메타버스를 표방하는 기업의 대부분은 이렇게 캐즘을 넘어가기 위한 수단으로 메타버스를 쓰고 있다고 생각합니다. 별도의 기기, 소프트웨어, 콘텐츠를 개별로 판매하기보다는 메타버스로 묶어서 제공하고(완전완비제품 제공), 우리가 사용하는 접근법이 우리 조직만 쓰는 것이 아니라 메타버스라는 개념으로 다른 조직도 사용하고 있음을 알리며(고객이 알고 있는 업계의 표준 준수), 단순히 신기하고 놀라운 기술이 아니라 다양한 사회적 상호작용과 상업적 거래를 가능하게 해주는 새로운 세상임을 설득하고(기존 제품과 대비되는 명확한 편익 제시), 시각적 공간과 아바타를 보여주며 체험을 유도(고객이 쉽게 인식하도록 제품을 단순화)하는 접근입니다. 물론, 일시적 투자 유치나 소비자 기만을 위해 메타버스라는 용어를 남발하는 기업이 있는 것도 엄연한 현실입니다.

저는 전작 《메타버스》 발표 이후 여러 사업 제안을 받았습니다. 그중에는 가상 부동산과 관련된 제안이 여러 건 있었는데, 장기적 사업 전략, 구현 기술과 자본에 대한 준비 없이 그저 메타버스라는 환상을 덧씌워서, 현재 존재하지 않고 앞으로도 존재하지 않을 땅을 대중들에게 팔려는 이들도 있었습니다. 따라서 시장과 소비자 모두 메타버스를 표방하는 기업과 산업을 냉정하게 볼 필요가 있습니다. 그렇다고 그런 기업과 산업을 싸잡아서 냉대하지는 않았으면 합니다. 쭉정이를 솎아내려다가 알곡까지 다 버릴 수도 있기 때문입니다.

● 인간의 가치를 증명하는 또 다른 우주

VR, AR, XR이 메타버스에 활용되지만, 메타버스는 그런 기술을 지칭하는 용어가 아닙니다. 게임이 메타버스 발전에 기여했고, 메타버스 개발에 게임 기술이 많이 쓰이지만, 게임이 아닌 메타버스가 많기에 게임과 메타버스를 동의어로 봐서도 안 됩니다. 그렇다면 메타버스는 무엇일까요?

메타버스에서 우리는 새로운 세상을 창조하고 있습니다. 호모 루덴스 Homo Ludens가 되어서 신의 놀이를 하고 있습니다.● 호모 루덴스가 탐하는 신의 놀이는 어디를 향해 가고 있을까요? 언제까지 그 놀이를 이어 갈까요? 메타버스를 깊게, 더 깊게 들여다보다 보면 이에 관한 답에 도달하지 않을까 싶습니다. 그 답은 단순히 메타버스의 미래만을 보여주지는 않으리라 생각합니다. 그 답은 인류가 살아온 목적, 살아갈 목적에 닿아 있으리라 봅니다.

● 호모 사피엔스, 호모 파베르, 호모 루덴스로 흘러가는 흐름이 궁금하다면 전작 《메타버스》를 참고하세요.

우주는 본디 목적이 없습니다. 목적을 부여하고 그 목적에 반문하며 괴로워하는 것은 인간뿐입니다.• 그리고 그 괴로움의 무게가 바로 인간의 가치입니다. 메타버스는 인간의 가치를 증명하는 또 다른 우주입니다. 메타버스는 인간이 스스로 판단한 가치에 따라 창조해가는 디지털 지구입니다. 저는 메타버스를 그렇게 정의하고 싶습니다. 여전히 모호하고 흐릿하다 여기겠지만, 현 시점에서는 그 정의가 가장 선명해 보입니다. 메타버스에 관심을 가지고 미래를 지켜본다면, 인간이 중요하게 여기는 것, 가치를 두는 것이 무엇인지 점점 더 선명해질 것입니다.

• 철학자 칸트는 인간을 '스스로 답하지 못하는 질문을 끝없이 던지는 존재'라고 정의한 바 있습니다.

미래를 예측하는 두 길

"미래를 생각하는 목적은 미래를 예측하는 것이 아니라
사람들에게 희망을 주는 것입니다."
-프리먼 다이슨

● 탐색적 미래 & 규범적 미래

미래를 어떻게 예측할 수 있을까요? 여러 방법이 있으나, 크게 두 가지만 얘기해보려고 합니다. 하나는 규범적Normative 시나리오이고, 다른 하나는 탐색적Exploratory 시나리오입니다.

규범적 시나리오는 먼저 어떤 미래를 꿈꾸는지 정합니다. 그리고 그런 미래에 어떻게 도달이 가능한가를 논의합니다. 예를 들어, 20년 후에 우리나라가 어떤 상황에 도달하는 게 이상적인가를 설정하고, 그런 결과를 얻기 위해 기술, 제도, 사회 시스템 등이 어떤 단계로 어떻게 바뀌어야 하는가를 정하는 접근입니다.[10]

탐색적 시나리오는 과거와 현재의 연결 관계, 현재 발생하는 다양한 상황을 객관적으로 분석합니다. 이를 놓고 5년, 10년, 20년 후에 개별 영역에서 어떤 상황이 발생할 것인지, 그런 상황이 발생하면 기업, 산업, 경제, 국가 등에 어떤 기회와 위협이 될지를 예측합니다. 델파이 조사, 트렌드 분석, 천재적 직관Genius Forecasting 방법 등이 쓰입니다. 여기서 천재적 직관 방법은 특정 영역 전문가가 비정형화된 방법으로 미래를 예측하는 접근입니다. 각 전문가가 예측하는 방법과 결과가 모두 다를 수 있습니다. '천재'라는 표현이 들어갔다고 해서 그런 예측에 참여하는 이가 일반인의 IQ를 훌쩍 뛰어넘는다는 의미는 아닙니다. 특정 전문 분야에서 다양하고 오랜 경험과 통찰력이 있으면 가능합니다.[11]

● **도달해야 할 미래 & 피해야 할 미래**

이 책의 Part 2~3에서는 10년 후 세상, 즉 메타버스가 널리 퍼진 세상을 보여줍니다. 그런 세상을 보여주는 기본 방법은 천재적 직관 방법입니다. 앞에서 설명했듯이 이것은 꼭 천재만 사용하는 방법이 아닙니다. 인간의 마음, 사람 간 상호작용, 기술 경영, 비즈니스 모델 등을 다양하게 연구해온 저의 경험과 작은 통찰 정도로 봐주시면 좋겠습니다. Part 1에서는 그런 예측을 하게 된 배경을 설명하고, Part 2~3에서는 참고자료와 현 사례 등을 제시합니다.

한 가지 더 짚을 것이 있습니다. 제 예측은 규범적이 아니라 탐색적입니다. Part 2를 읽고 나서 '세상이 그렇게 돌아가는 게 정상인가?'라거나 Part 3을 읽고 나서 '산업이 그렇게 바뀌면 괜찮은가?'라고 반문하는 독자들이 있으리라 예상합니다. Part 2~3에서 그리는 세상과 산업은 '우리의 미래가 그렇게 흘러가는 게 옳다, 효율적이다, 합리적이다.'라는 주장이 아닙니다. Part 1의 여러 배경을 놓고 볼 때 세상과 산업이 그렇게 바뀔 가능성이 크다는 결과적 예측입니다.

분명 Part 2~3에서 제시하는 미래에 반대하거나 불편하게 여기는 분들이 계시리라 생각합니다. 흡족하게 여겨지는 상황도 있을 것입니다. 어떤 부분에서는 그런 상황이 좋아 보이지만, 그에 따른 부작용이 우려되기도 할 듯합니다. 당연합니다. Part 2~3에서 그리는 상황에서 만족스러운 부분이 있다면, 그런 상황을 규범적 목표로 바라보고 그런 목표를 달성하기 위한 계획을 잡는 데 이 책을 참고하면 좋겠습니다. Part 2~3에서 그리는 상황에서 우려되는 부분이 있다면 그런 상황을 피하거나 예견되는 문제를 완화하기 위한 계획을 잡는 데 역시 이 책을 참고하면 좋겠습니다.

Part 1의 남은 단원들은 Part 2~3을 그리는 데 배경이 되는 이론과 현황입니다. 혹시 Part 1의 남은 단원들이 너무 이론적이어서 읽기가 힘들다면, 바로 Part 2~3으로 넘어가도 좋습니다. Part 2~3을 먼저 읽은 후에 '대체 김상균 교수는 어떤 생각으로 이런 미래를 예측했을까?' 하는 의문이 든다면, 그때 다시 Part 1의 뒷부분을 읽어도 좋습니다.

광속으로,
천천히 발전하는 기술

"알려진 것과 알려지지 않은 것이 있고, 그 사이에 깨달음의 문이 있다."
-올더스 헉슬리

● 0.5mm 기간 동안 만들어진 기술

기원전 3,000년부터 현재까지 기술의 발전 양상을 그래프로 나타내면 대략 다음과 같습니다. 우리에게 익숙한 현대 문명의 대부분이 최근 100~200년 이내에 만들어진 셈입니다.

지구에 현생 인류인 호모 사피엔스가 등장한 시기는 대략 35만 년 전입니다.● 인류의 역사를 1m 길이의 끈으로 본다면, 인류의 전체 역사에서 0.5mm 정도, 신인류의 역사에서 1cm 정도의 기간 동안 우리가 누리는 기술의 대부분이 완성된 셈입니다. 인류의 전체 역사를 놓고 보면, 기

● 웁살라 대학교와 요하네스버그 대학교가 2017년 〈사이언스〉에 발표한 내용을 기준으로 했습니다.

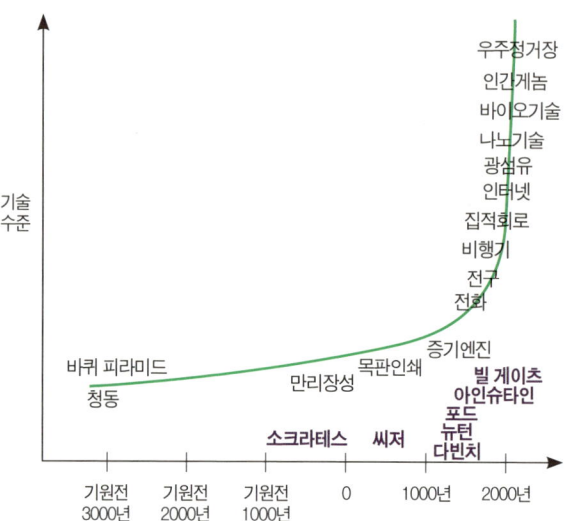

술의 발전 속도는 우리가 경험적으로 느끼는 것보다 점점 더 빨라지고 있습니다.

우리는 왜 기술의 발전 속도를 온전히 체감하지 못할까요? 우리가 살아온 시간이 짧기 때문입니다. 30대 독자라면 대부분 어린 시절부터 컴퓨터와 인터넷을 써왔기 때문에 컴퓨터, 인터넷 등을 그리 대수롭게 생각하지 않습니다. 그런 기술의 시작과 발전이 어떻게 흘러왔는지 인식하지 못하는 경우입니다. 100세가 넘은 분이라면, 70세가 넘어서야 인터넷을 쓰기 시작했을 겁니다. '세상이 너무 빠르게 변한다.'라는 말씀을 자주 하는 분들은 우리 부모님 세대입니다.

그렇다면, VR기기의 역사는 얼마나 될까요? 컨설팅이나 강연에서 만난 분들에게 물어보면 보통 30년 정도로 짐작합니다. 다음은 VR 관련 장

VR 관련 장비의 발전 역사 12

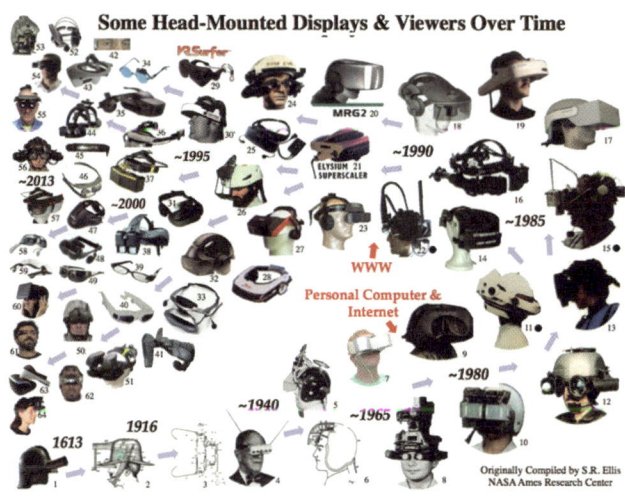

비의 역사를 보여주는 그림입니다. 물론 현재 사용하는 형태처럼 양안에 디지털 디스플레이가 장착된 기기는 훨씬 뒤에 나왔으나, 가상을 꿈꾸며 만든 기기는 1613년에 처음 탄생했습니다.

● **모두의 힘이 모여야 내딛는 한 걸음**

"나는 OO년 전에 A를 했었다. 그때 A에 관심을 주는 이들이 없었다. 그런데 지금 사람들은 A를 하면서, 그것을 B라 부르며 열광한다. 그런 사람들은 바보다. 그런 것을 소비하는 시장은 어리석다. 그리고 나는 분노한다."

시장에 새로운 기술, 제품, 트렌드가 등장할 때면 이런 논리의 글들이 자주 나타납니다. 제 생각은 이렇습니다. 그때와 지금은 상황이 다릅니다. 따라서 사람들은 바보가 아니고, 시장도 어리석지 않습니다. 비슷해 보여도 사람들은 A가 아닌 B를 원했던 것입니다. 그렇다고 해서 그때 존재했던 A가 무의미한 것은 아닙니다. 누군가가 A를 했었기에, 그때 A가 있었기에, 지금 A와 비슷한 B가 나타나서 빛나는 것입니다.

오늘날 의류 산업에서 필수 기기인 재봉틀의 역사를 요약해보면 다음과 같습니다.[13]

- 1755년: 독일인 바이젠탈이 재봉틀의 바늘에 대한 첫 번째 특허 등록
- 1790년: 영국 발명가이자 캐비닛 제조자인 세인트가 재봉틀의 전체적 구조에 대한 특허를 등록했으나 상용화하지는 못함
- 1810년: 독일 발명가 크렘스가 모자를 바느질하는 재봉틀을 만듦. 특허 등록은 하지 않았으며 성능이 좋지 않았음
- 1814년: 오스트리아인 마더스퍼거가 다양한 특허를 등록하고 재봉틀을 고안했으나 좋은 평가를 받지 못함
- 1818년: 미국인 아담스와 놀스가 재봉틀을 만들었으나 성능이 좋지 않았음
- 1830년: 프랑스 재단사 티모니에가 제대로 된 성능의 재봉틀을 발명했으나, 실직을 우려한 재단사 단체에서 티모니에의 공장에 불을 지르며 생산이 중단됨
- 1846년: 미국 발명가 하우가 두 개의 바늘을 사용하는 방법을 특허 등록하였으나, 자금 부족으로 상업화하지 못함
- 1851년: 미국 발명가 싱어가 기존 제품과 특허들을 보완한 재봉틀을 출시하여 상업적인 성공을 거둠

- 1854년: 미국 법원은 다른 회사의 제품들이 하우의 특허를 침해했다고 판결하고, 하우는 미국에서 제조되는 재봉틀에 대한 막대한 로열티를 받게 됨
- 1885년 이후: 현재까지 재봉틀에 대한 수천 개의 특허가 추가로 등록되었음

재봉틀의 첫 특허 등록부터 상업화까지 100년이 걸렸습니다. 그 뒤, 대량 생산을 통해 전 세계에 보급되기까지는 더 오랜 시간이 걸렸습니다. 요컨대, 인류 역사를 되돌아볼 때 기술의 발전 속도는 근시대로 오면서 점점 더 빨라지고 있으나, 어느 날 갑자기 일상에 등장했다고 여기는 기술의 이면에는 생각보다 많은 이들이 오랫동안 쌓아온 노력, 성과와 더불어 수많은 시행착오가 깔려 있습니다. 최근 메타버스 열풍은 몇몇 천재에 의해 어느 날 갑자기 등장한 것이 아닙니다. 인류 전체 역사를 보면 인터넷, 스마트폰, VR, AR, 메타버스 등이 등장한 것은 1m 길이의 끈에서 0.5mm 길이 정도의 시간에 불과합니다. 1m의 0.5mm, 매우 짧게 느껴질 수 있으나 누군가에게 그 시간은 결코 짧지 않았으리라는 것을 짐작할 수 있습니다. 인류사를 보면 기술은 광속으로 발전해 왔으나, 광속의 이면에는 천천히, 그러나 꾸준히 나아갔던 수많은 이들의 땀과 눈물이 고스란히 남아 있습니다.

빅테크 거인들의 야심

"거인의 어깨 위에 서 있는 난쟁이는 거인보다 더 멀리 볼 수 있다."
-제이지

빅테크 기업들의 움직임은 이미 필자의 전작인 《메타버스》와 《메타버스, 새로운 기회》에서 소개한 바 있고, 많은 메타버스 관련 서적에서도 다루었습니다. 그래서 이 책에서는 빅테크 기업들의 현황과 계획을 세세히 다루지 않습니다. 특히, 메타버스 플랫폼을 뒤에서 운영하는 데 필요한 클라우드 서비스 관련 내용은 다루지 않았습니다.● 다만, Part 2~3에서 그리는 미래가 얼마나 빨리, 혹은 얼마나 선명하게 다가올지 가늠하는 데 도움을 드리기 위해 몇몇 기업의 굵직한 움직임만 정리합니다. 여기에 정리한 내용은 외신●●과 산업계에서 들려온 다양한 소식을 바탕

● 해당 내용은 필자의 전작 《메타버스, 새로운 기회》에서 상세히 다루었습니다.
●● 주로 〈The Guardian〉, 〈Reuters〉, 〈CNET〉, 〈The Verge〉 등을 참고했습니다.

으로 했습니다. 관련 내용에 대한 좀 더 상세한 정보나 소식이 궁금하다면, 본문에서 언급한 내용들을 키워드로 삼아 최신 언론 보도를 찾아보면 됩니다.

● 메타, 모든 메타버스의 중심을 꿈꾸다

페이스북은 2021년 10월 28일(현지 시간), 회사 이름을 메타Meta로 변경했습니다. 2021년 여름과 가을에 불거진 내부 고발 사건을 희석하기 위한 포장일 뿐이라고 폄하하는 이들도 있었지만, 분명한 건 페이스북이 사업 분야와 방향성을 큰 틀에서 바꾸려 한다는 것입니다.

메타가 그리는 메타버스는, 클릭하면 먼 곳에 있는 정보에 바로 도달할 수 있는 인터넷처럼 시공간을 초월해서 사람들이 만나고 어울릴 수 있는 터전으로, 인터넷의 다음 단계입니다. 대표적으로 몇 개의 플랫폼

메타 호라이즌

메타의 메타버스 전략 소개 영상

출처· Meta

● 스마트폰 카메라로 QR 코드를 찍으면 유튜브 영상을 바로 시청할 수 있습니다.

과 프로젝트가 관련되어 있습니다. VR기기에 기반한 호라이즌Horizon이 대표적입니다.

호라이즌은 사용자들이 자신의 아바타로 가상 세계에 모여 일, 게임, 소통 등을 하는 공간을 제공합니다. 장기적으로는 홀로그램까지 계획하고 있습니다. 이런 방법을 통해 사람들이 멀리 떨어져 있어도 공간을 공유하며 함께 있다는 물리적, 사회적 실재감•을 느끼게 해주려는 것입

호라이즌 속 업무 장면

출처: Meta

영화 〈킹스맨: 시크릿 에이전트〉의 텔레프레전스 장면

출처: 20세기 스튜디오

• 사회적 실재감(Social Presence)은 소통 참가자들이 상호작용 과정에서 상대가 그곳에 있다고 느끼는 정도, 상대와 직접 대면하여 소통하는 것처럼 느끼는 정도를 의미합니다.[14]

니다. 이는 SF영화에서 많이 다루었던 텔레프레젠스•와 비슷한 접근입니다.

메타는 VR기기처럼 머리에 뒤집어쓰는 형태의 장치인 '프로젝트 캠브리아Project Cambria'를 공개하기도 했습니다. 캠브리아는 기존에 출시한 오큘러스 퀘스트2와는 별도 제품입니다. 즉, 퀘스트2는 별도로 버전 3, 4로 선보일 예정이고, 캠브리아를 고급 제품으로 준비하고 있습니다. 캠브리아 외부에는 카메라가 장착되어 있어서 주변 환경을 인식하고 고화질 영상을 촬영합니다. 촬영된 영상은 고글 내부의 디스플레이에 가상 오브젝트와 함께 나타납니다. 이런 형태를 '패스스루Pass Through 증강현실'이라고 합니다. 다음 그림과 같은 모습입니다. 사용자가 캠브리아 기기를 착용하고 거실 테이블에 앉으면 거실 풍경이 그대로 보입니다. 테이블에는 두 친구가 앉아 있고, 테이블 위에는 가상 보드게임이 펼쳐져 있습니다.

패스스루 AR로 보드게임을 즐기는 모습

출처: Mashable

• **Telepresence** 참가자들이 실제로 같은 방에 있는 것처럼 느낄 수 있는 가상 화상회의 시스템. 실제로 상대방과 마주하고 있는 것과 같은 착각을 일으키게 하는 시스템을 의미합니다. (출처: 네이버 지식백과 IT용어사전)

캠브리아 기기에는 사용자의 얼굴과 눈동자를 추적하는 센서가 장착될 예정입니다. 센서는 사용자의 표정에 따라 아바타의 표정을 다양하게 바꾸어주고, 눈동자를 추적하여 사용자의 시선에 따른 각도의 영상을 표현하게 됩니다. 현재 대부분의 VR기기는 머리에 장착하고 고정한 상태에서 눈동자를 옆으로 돌려도 영상의 각도를 바꿀 수 없습니다. 머리를 움직여야 영상의 각도가 달라집니다. 캠브리아는 이 문제를 해결하려는 접근입니다. 또한, 현재 B2C●로 판매하는 VR기기의 대부분은 사용자의 표정을 읽어내지 못합니다. 이는 VR기기 사용자의 감정 전달에 큰 장애요인입니다. 이런 문제를 극복하고자 동작, 감정 버튼을 배치하기도 하지만 버튼 종류는 제한되어 있고 사용자의 의도를 실시간으로 반영하기에는 어려움이 있습니다. 캠브리아가 표정을 제대로 전달한다면, VR기기 사용자들 간의 사회적 실재감은 크게 향상될 것입니다.

메타버스 공간이라고 해서 사용자들이 반드시 아바타로 나타날 필요는 없습니다. 자신의 모습 그대로 상대방과 같은 공간에 존재할 수 있습니다. 다음과 같이 멀리 떨어져 있는 두 친구가 한 장소에 있는 세상을 메타는 꿈꾸고 있습니다.

메타가 만들고자 하는 메타버스를 위해서는 플랫폼, 기기, 콘텐츠 모두 중요합니다. 메타는 사용자들이 소비하는 콘텐츠를 기업에서 직접

● **Business to Consumer** 기업이 제공하는 물품 및 서비스가 소비자에게 직접적으로 제공되는 거래 형태를 설명하는 용어입니다. 즉, 기업 대 기업으로 발생하는 대량 거래가 아니라 개별 소비자가 기업의 물건을 구매하는 보통 소비재 시장을 뜻합니다. (출처: 네이버 지식백과 시사상식사전)

메타가 꿈꾸는 텔레프레즌스

출처: Meta

제공하는 방식보다 사용자들을 크리에이터로 유입하는 전략을 세우고 있습니다. 메타버스 콘텐츠 크리에이터 육성에 1억 5,000만 달러를 투자하기로 발표한 상태입니다. 이러한 계획을 바탕으로 향후 10년 안에 10억 명이 메타버스를 사용하게 만들 것이며, 메타버스에서 디지털 상거래 생태계를 수조 달러 이상으로 성장시키겠다고 포부를 밝혔습니다. 이 과정에서 플랫폼 제작, 운영, 콘텐츠 크리에이션과 유통 분야에서 새로운 일자리를 창출한다는 계획입니다.

메타버스에서 콘텐츠를 소비하는 사용자

출처: Meta

● 애플, 새로운 기기로 판을 바꾸겠다

애플은 2020년 5월, 넥스트VR을 1억 달러에 인수했습니다. 이를 바탕으로 2022년에 VR·AR 겸용 기기를 출시할 계획입니다. 당초 2022년 상반기가 출시 시점으로 거론되었으나, 지금은 2022년 4분기로 전망되고 있습니다. 애플은 이와 별도로 2023년에 스마트 글래스를 출시할 예정입니다. 애플의 VR·AR 겸용 기기는 아이폰과 연결되어 작동됩니다. 해상도 3,000PPI●의 고해상도 마이크로 OLED 디스플레이, 15개의 카메라 모듈, 눈동자 추적 장치 등이 장착될 예정입니다. 기기에 들어갈 반도체 칩 설계는 마무리된 것으로 전해지고 있습니다.

애플 VR·AR 겸용 기기 예상도●●

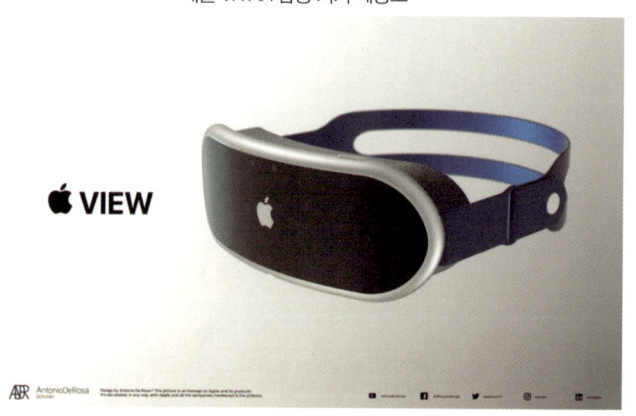

출처: ADR Studio

●**Pixel Per Inch** 면적당 픽셀의 밀집도를 나타냅니다. PPI가 높으면 동일한 크기의 화면에 더 많은 점이 들어가 영상이 세밀하게 표현됩니다. 예를 들어, 100PPI는 1*1인치 화면에 100*100개의 점이 들어가는 것을 뜻합니다. 스마트폰의 평균 PPI는 400~500 정도입니다.

●● 디자이너 Antonio De Rosa가 렌더링한 예상 이미지입니다.

2030년대에 애플이 AR 콘택트렌즈를 출시할 것이라는 예측도 나온 바 있습니다.• 이 예측이 맞다면, 무언가를 들거나 착용하는 형태의 가시적 컴퓨팅 시대가 비가시적 컴퓨팅•• 시대로 대전환하리라 봅니다.

애플이 보유한 독특한 특허 중 하나는 자율주행 차량과 관련되어 있습니다. 주행하는 차에서 업무를 보거나 독서를 할 때 멀미를 완화시켜주는 차량용 VR과 관련된 특허입니다. 국내외 많은 자동차 기업이 차량용 VR·AR 기술에 관심을 보이는 것과 같은 맥락입니다. 차량용 VR이 멀미를 줄여준다는 게 이상하게 들릴 수 있으나, 예를 들면 이런 방식입니

애플의 자동차 멀미 VR 관련 특허 도면

출처: 미국특허청

• 애플의 공식 발표가 아닌, 분석가 밍치 쿠오의 의견입니다. 미국 캘리포니아에 위치한 스타트업 모조비전(Mojo Vision)은 2020년에 이미 AR 콘택트렌즈 시제품(실험실 프로토타입)을 선보인 바 있습니다. 해상도 7만 픽셀에 렌즈 테두리 영역에 각종 부속을 탑재한 형태입니다. 배터리 공급이 어려운 문제인데, 목걸이처럼 착용하는 배터리부터 무선 충전 방식으로 렌즈가 전기를 충전하는 식으로 개발한다고 발표했습니다.

•• 기기를 반드시 끼고 사용하는 방식입니다.

다. 차에서 멀미가 날 때 아주 먼 곳의 산이나 나무를 바라보면 멀미가 좀 가라앉기도 하는데, 이런 원리에 착안해서 좁은 차 안이지만 매우 넓은 공간에 있는 것처럼 느끼게 해주는 것입니다.

애플은 사용자가 실제 사물을 만지는 상황을 인식하기 위해 적외선 열감지 기술을 이용한 특허도 출원한 상태입니다. 이 기술을 통해 VR·AR기기를 착용한 사용자가 실제 물건을 조작하는 행동을 인식해서, 현실 공간의 다양한 사물 위에 증강현실을 보여주리라 예상합니다.

● 마이크로소프트, 비즈니스 영역을 장악하겠다

마이크로소프트의 대표적 메타버스 기기는 홀로렌즈입니다. 현재 홀로렌즈는 주로 산업 및 군사 분야에서 사용되고 있습니다.

2021년 봄, 마이크로소프트는 미국 육군과 총 220억 달러 규모에 달하는 홀로렌즈 관련 계약을 체결했습니다. 향후 10년에 걸쳐 진행될 이 프로젝트에는 홀로렌즈 기기와 각종 소프트웨어, 콘텐츠 공급이 포함되어 있습니다. 이 프로젝트를 통해 병사들은 IVAS^{Integrated Visual Augmentation System: 통합적 시각 증강 시스템}를 사용하게 됩니다. 홀로그램은 각종 지물을 보여주는 것은 물론 연기로 시야가 가려진 상황에서 물체를 식별하게 도와주거나 3D 지형 지도를 눈앞에 보여주는 등으로 활용됩니다. 소총 조준경에 달린 카메라가 병사의 눈앞에 바로 영상을 전달해서 모퉁이 너머의 상황도 안전하게 확인할 수 있습니다. SF영화처럼 조금은 허황된 계획이라 여길 수 있으나, 이미 4차례의 현장 테스트를 통해 8만 시간 이

홀로렌즈를 착용한 병사들

출처: Microsoft

상의 현장 피드백을 수집했다고 합니다. 홀로렌즈를 통해 병사들이 보고 듣는 것, 작전에 관한 모든 정보는 실시간으로 수집되어 중앙에서 통제가 가능합니다.

마이크로소프트는 B2C 분야에도 AR글라스를 공급하기 위해 준비하고 있습니다. 또한, 홀로렌즈2를 획기적으로 개선한 홀로렌즈3도 준비하고 있습니다. 일상에서 착용하기 편하게 디자인, 무게, 전력 소모 등을 대폭 개선할 계획입니다.

2021년 11월 2일, 마이크로소프트는 온라인으로 개최한 이그나이트 콘퍼런스에서 팀즈용 메시Mesh for Microsoft Teams를 발표했습니다.• 특별한 기기가 없어도 사용자들이 자신의 아바타를 통해 팀즈의 가상 환경에서

• 마이크로소프트 팀즈(Teams)는 채팅, 통화, 원격 회의 등을 지원하는 플랫폼입니다. 오피스 프로그램을 활용한 공동 작업도 가능합니다. 팀즈의 원격 회의 기능은 줌(Zoom)과 비슷한 부분이 많습니다.

현실감 있는 회의를 할 수 있게 만든다는 접근입니다. 사용자의 표정과 움직임은 인공지능 기술을 활용해서 생동감 있게 표현됩니다. 즉, 카메라나 비싼 표정 인식 장치가 없어도, 사용자가 말하는 내용이나 상황을 인공지능이 파악해서 아바타에 그대로 적용해주는 방식입니다. 이렇게 아바타에 표정과 움직임이 덧씌워지면 소통의 질이 대폭 향상됩니다.

메타와 마이크로소프트의 전략은 얼핏 보면 비슷하지만, 결정적으로 다른 것이 있습니다. 메타는 소셜 미디어 플랫폼을 확장해서 메타버스

3차원 아바타가 적용된 팀즈용 메시

출처: Microsoft

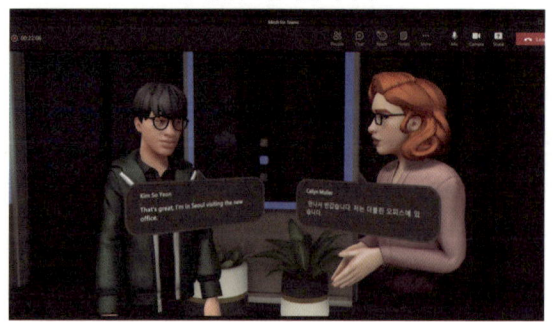

움직임을 표현하는 아바타

출처: Microsoft

팀즈용 메시
소개 영상

플랫폼으로 성장한다는 전략을 취했습니다. 메타의 메타버스 플랫폼은 개인이 사용하지만, 메타는 그 플랫폼을 하나로 연결해서 운영하려는 전략입니다. 반면 마이크로소프트의 팀즈용 메시는 마이크로소프트가 공급하는 플랫폼이지만, 전체를 하나로 연결해서 마이크로소프트가 운영하지 않습니다. 마이크로소프트가 공급하는 도구를 활용해서 기업과 개인이 자신들의 메타버스를 구축하도록 지원합니다.

메타의 메타버스가 중앙 집중식이라면, 마이크로소프트가 구상한 메타버스는 분산형이라고 볼 수 있습니다. 소셜 미디어에 빗댄다면, 메타는 페이스북 플랫폼처럼 자사가 직접 전체를 통제하며 운영하는 방식이지만, 마이크로소프트는 개별 기업이나 개인이 스스로 플랫폼을 만들고 운영하도록 풀어놓는 접근입니다. 특히, 메타는 일상 소통, 업무, 교육까지 다 포괄하려는 의도이고, 마이크로소프트는 업무, 교육에 집중하는 방향입니다. 물론, 이런 전략은 현재 시점에서 드러난 부분이고, 추후 수정될 가능성이 커 보입니다.

마이크로소프트는 거울 세계(디지털 트윈)에서 현실 상황을 파악하는 플랫폼인 '다이나믹스 365 커넥티드 스페이스'도 선공개했습니다. 물리적 공간의 다양한 사물, 제품과 사람의 움직임 등을 인공지능으로 실시간 분석하여 거울 세계에 반영해주는 플랫폼입니다. 예를 들면, 매장에서 고객이 어떤 동선으로 움직이는지, 물건을 어떻게 배치하는 게 더 좋을지, 어떤 광고물이 고객에게 더 많이 노출되는지 등을 쉽게 파악할 수 있습니다. 이런 플랫폼이 보편화된다면, 대기업에서 운영하는 매장이

다이나믹스 365 커넥티드 스페이스

다이나믹스 365
커넥티드 스페이스
소개 영상

출처: Microsoft

아닌 소상공인의 작은 상점에서도 오프라인 공간을 실시간으로 분석해서 메타버스 안에서 관찰하고 계획을 잡는 게 가능해집니다. 혼자서 운영하는 6평 정도의 화장품 가게에서 물건과 홍보물을 어떻게 배치해야 판매량이 증가할지도 과학적으로 분석할 수 있습니다.

● 구글, 도전은 멈추지 않는다

2013년에 처음 출시되었던 구글 글라스는 가격, 프라이버시, 외관 등의 이슈를 해결하지 못한 채 시장에서 자리를 잃어갔고, 구글은 더 이상 구글 글라스를 개발하지 않는 것으로 비춰졌습니다. 하지만, 2021년 4월에 출원된 특허는 이런 예상이 틀렸음을 보여줍니다. 이 특허는 새로운 구글 글라스가 전통적인 안경과 통합될 가능성은 물론 제품의 외관이 너무 튀지 않고 자연스러운 모양을 할 가능성을 보여주었습니다.

구글은 기업용 구글 글라스인 구글 글라스 엔터프라이즈 에디션2를

구글 글라스 엔터프라이즈 에디션2

출처: Google

신보였습니다. 구글 글라스가 이미 시장에서 실패했기 때문에 AR글라스를 준비하는 다른 기업들도 결국 실패하리라 예상하는 이들이 있었습니다. 구글이 2013년에 선보였던 AR글라스와 최근에 등장한 장비들의 성능은 차이가 많이 납니다. 그런 장비를 쓰기 위해서는 통신망이 빠르고 안정적이어야 하는데, 2013년에 보편적으로 쓰던 4G 통신망은 지금의 5G망에 비해 속도가 1/10 정도에 불과했습니다.●

구글 글라스 엔터프라이즈 에디션2는 주로 산업 현장에서 사용되고 있습니다. 일례로 물류기업 DHL이 구글 글라스 엔터프라이즈 에디션2를 사용하고 있습니다. 물류 업무에 주문 피킹Order Picking이라는 과정이 있습니다. 창고의 대형 선반에 있는 물건을 고객 요청에 따라 카트로 옮겨서 출하하는 작업입니다. DHL은 유비맥스 소프트웨어와 구글 글라스

● 인터넷에서 데이터를 내려 받는 속도를 기준으로 비교한 것이며, 같은 5G망이어도 통신사마다 속도 차이가 있습니다.

DHL의 구글 글라스 엔터프라이즈 에디션2 활용 장면

출처: Google

엔터프라이즈 에디션2를 활용해서 현장 작업자가 눈앞의 렌즈에서 작업 지시를 바로 확인하도록 했습니다. 이 방식을 사용한 후 작업 효율은 종이나 태블릿 등을 활용하던 방식에 비해 평균 15% 정도 높아졌습니다.

다만, 구글은 B2C 영역에서 착용하는 기기보다는 스마트폰을 통한 증강현실 구현에 좀 더 집중하고 있습니다. 구글의 두 가지 핵심적인 증강현실 기술은 비주얼 포지셔닝 시스템과 구글 렌즈입니다. 전자는 사용자의 위치 및 시야에 대한 정보를, 후자는 비주얼 검색 도구로 사물을 인식하고 검색 및 해석하는 기능을 제공합니다.

● **기타 기업들의 움직임**

HTC는 '바이브포트 버스Viveport Verse'라고 불리는 사회적 가상현실 서비스와 가상현실 기기를 통합하려고 합니다. 이 서비스는 HTC가 자체 메타버스 플랫폼을 구축하려는 노력의 일환입니다. HTC는 비즈니스를 목적으로 하는 가상현실 플랫폼인 바이브 싱크Vive Sync를 가지고 있고,

HTC 바이브 플로

HTC 바이브 플로
시연 및 설명 영상

출처: HTC

2021년 10월에는 소비자용 가상현실 헤드셋인 바이브 플로Vive Flow를 출시했습니다.

바이브 버스에서는 사용자들이 3차원 아바타를 만들고, 다양한 이벤트를 탐험하며, NFT• 쇼룸 및 사용자 창작 콘텐츠를 이용할 수 있을 것입니다. 이 플랫폼은 가상현실 헤드셋뿐만 아니라 데스크톱, 랩톱(노트북 컴퓨터), 모바일 디바이스 등에서도 접근할 수 있으리라 전망됩니다.

매직 리프Magic Leap는 아직 VR·AR기기 시장에서 주도적인 회사는 아닙니다. 하지만, 마이크로소프트의 홀로렌즈가 진출한 비즈니스용 기기 시장에 진출할 예정입니다. 이미 통신기기 업체 에릭슨Ericsson과 협업을 통해 공장 내 작업 프로세스를 개선해서, 효율성과 협업 역량을 높이

• **Non-Fungible Token** 대체 불가능한 토큰을 뜻합니다. 블록체인의 토큰 기술을 활용하는 방법으로, 디지털 자산의 소유권을 보장해줍니다. 디지털 자산의 희소성과 유일성을 부여하는 수단으로 사용되며, 디지털 예술품, 게임 등 영역에서 쓰임새가 커지고 있습니다. 물리적 세상의 진품 인증서나 등기부등본과 비슷한 개념이라고 생각하면 됩니다.

매직 리프2

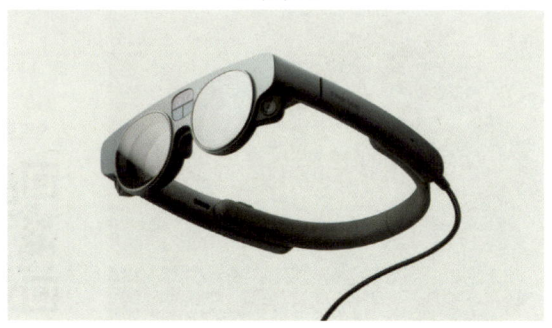

출처: Magic Leap

는 시도를 했습니다. 2022년 출시 예정인 매직 리프2^{Magic Leap2}는 기업용 VR·AR기기 중에서 가장 작고 가벼우며, 가장 넓은 시야를 제공하는 제품이 되리라 예상됩니다.

소셜 미디어업체 스냅^{Snap}이 2021년에 발표한 AR글라스는 사용자의 쇼핑 기능 강화에 초점을 두고 있습니다. 사용자가 제품을 가상으로 사용해보고, 구매 후 지인들과 실제 사용 경험을 공유하는 소셜커머스에 집중하게 만드는 전략입니다. 스냅은 제조자 직접 판매^{D2C: Direct to Consumer}● 기업 및 소규모 기업을 중심으로 증강현실 기반의 소셜커머스를 확대하고 그 안에서 광고료로 수익을 얻는다는 계획입니다.

스냅은 자신들의 플랫폼에 참여하는 기업들의 증강현실 기반 광고 및 사용자 경험 개발을 돕기 위한 스튜디오를 발표했습니다. 이 스튜디오는 아카디아^{Arcadia}라고 불리며, 웹 기반 플랫폼 및 앱 기반 증강현실 환

●제조자가 중간 유통업자 개입 없이 소비자에게 직접 물건을 판매하는 방식입니다.

스냅 AR글라스

스냅 AR글라스
시연 영상

출처: Snap

경에서 활용되는 광고 및 사용자 경험 디자인을 지원합니다. 버라이즌, WWE, 쉑쉑버거, P&G 등이 아카디아와 협력하고 있습니다.

지금까지 메타버스 접속 기기와 기반 플랫폼에 대해 살펴보았습니다. 혹시라도 오해가 있을 수 있기에 말씀드리자면, 메타버스는 접속 기기와 플랫폼만으로 구현되지 않습니다. 플랫폼에 올라가는 콘텐츠, 플랫폼을 돌려주는 인프라가 함께 필요합니다. 또한, 인공지능, 블록체인, IoT, 빅데이터, 통신, 영상처리 등 다양한 기술적 요소도 관련되어 있습니다.●

지금까지 접속기기를 중심으로 소개한 이유는, 다음 단원에서 다룰 스마트폰을 대체하는 기기를 이해하기 위한 배경지식을 다지기 위해서였습니다. 그리고 개인 소비자가 일상에서 사용하는 기기의 대체가 다른 요인보다 메타버스의 향방에 가장 큰 영향을 주기 때문입니다.

● 이 책에서는 인공지능, 블록체인 등과 관련된 내용을 상세히 소개하지 않으니 더 깊은 내용을 알고 싶다면 관련 도서를 찾아보세요.

스마트폰 다음은
어떤 기기일까?

"사물을 보는 방식을 바꾸면, 당신이 보는 사물도 바뀐다."
-웨인 다이어

● **기술 발전의 S커브**

과거부터 현재까지 기술이 발전해온 역사를 보면, 몇 가지 정형화된 패턴이 보입니다. 그 패턴이 언제까지 지속될지는 누구도 장담하기 어렵지만, 미래를 대비하는 데 큰 도움이 되는 것은 확실합니다. 새로 등장한 기술은 시간의 흐름에 따라 도입기, 성장기, 성숙기의 단계를 거칩니다. 각 단계의 특징은 다음과 같습니다.[15]

• **도입기** 기술에 대한 이해가 부족하고 연구 기반이 취약해서, 투입되는 자원에 비해 발전 속도가 느린 단계입니다. 다양한 시도가 이루어지고, 이 과정에서 혁신적인 아이디어가 쏟아집니다.

• **성장기** 기초 기술이 완성되고, 참여하는 연구자 및 파트너가 늘면서 기술 발전에 가속도가 붙어 급진적인 개선이 이루어지는 단계입니다. 시장의 수요가 증가하는 단계여서, 효율적 생산을 위한 공정 혁신이 발생합니다.

• **성숙기** 지속적으로 투자를 해도 기술이 한계에 부딪혀 일정 수준 이상으로 성장하지 못하는 단계입니다. 기술적으로 한계에 다다른 상태여서 비용 절감, 틈새시장 공략 등의 부분적 혁신이 시도됩니다.

여러 기술의 발전 사례를 분석해보면, S커브 모양으로 정리됩니다. 다음은 디지털 신호처리 기술의 발전 추세와 컴퓨터 통신용 모뎀의 발전 추세를 나타낸 것입니다. 16·17 두 경우 모두 S커브에 가까운 형태로 기술이 발전했습니다.

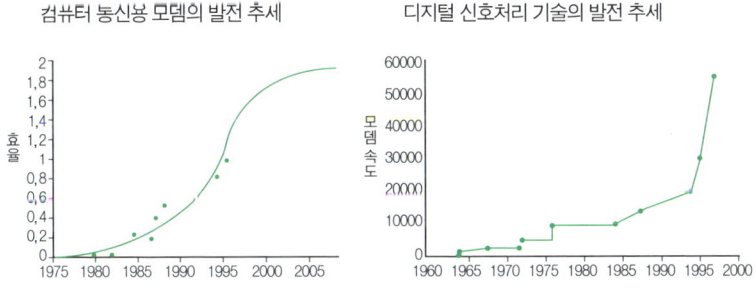

같은 종류의 기술과 제품을 가지고 경쟁하는 시장에서 개별 기업의 기술 성과를 비교해도 S커브의 패턴이 나타납니다. 다음 그래프는 컴퓨

터용 디스크 드라이브 분야에서 경쟁관계였던 미국 콘트롤데이터와 일본 후지쯔의 집적도 발전 추세입니다. 성장 속도와 기술적 한계에서 두 회사가 조금 다른 면을 보이고 있으나, 전체적으로 S커브 형태를 나타냅니다.

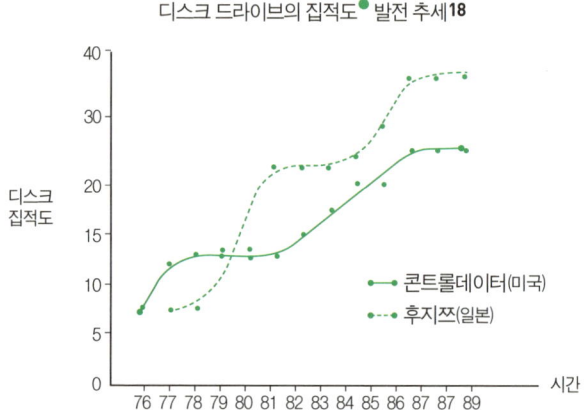

디스크 드라이브의 집적도● 발전 추세18

그렇다고 해서 모든 기술이 S커브 형태로 발전하는 것은 아닙니다. 다음은 과거 비디오테이프 시장에서 VHS 방식과 베타 방식 테이프의 연도별 생산량을 나타낸 그래프입니다. VHS 방식 테이프는 시장을 주도하는 제품으로 자리를 잡으면서 S커브 형태로 증가했고, 베타 방식 테이프는 시장에서 밀려나면서 성장단계로 접어들지 못하고 사라진 모습입니다.

● 동일한 물리적 면적에 얼마나 많은 장치를 넣을 수 있는가를 의미합니다. 주로 반도체 분야에서 사용하는 개념으로, 반도체 칩의 집적도가 높을수록 같은 크기 반도체 칩에 더 많은 연산 장치가 들어간다고 보면 됩니다.

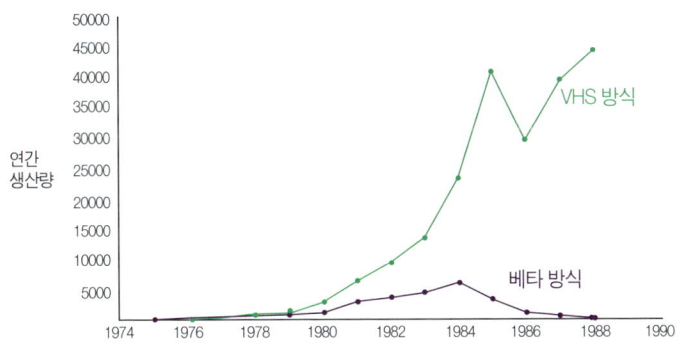

VHS 방식과 베타 방식 비디오테이프의 연도별 생산량[19]

● **영원한 것은 없다**

지금까지의 내용을 정리해보면 이렇습니다. 기술은 도입기, 성장기, 성숙기를 거치면서 S커브 형태의 패턴을 보입니다. 그러나 마지막에 설명한 비디오테이프 사례처럼 특정 기술은 성장하지 못하고 쇠퇴하기도 합니다. 그렇다면 한 기술이 성숙기의 끝에 도달하면 어떤 일이 발생할까요? 더 이상 발전하지 못하는 기술은 다른 기술로 대체됩니다. 그러면서 새로운 기술의 S커브가 시작됩니다. 하나의 S커브가 다른 S커브로 대체되는 지점을 '기술의 불연속점'이라고 합니다. 예를 들어, 가솔린 자동차가 전기 자동차로 대체되거나 비디오테이프가 DVD로 대체되는 지점입니다. 이때 뒤에 따라오는 기술을 '불연속 기술Discontinuous Technology'이라고 부르며, 그 곡선을 '대체 곡선'이라고 합니다. S커브와 대체 곡선의 관계는 다음과 같습니다.[20]

기존 기술이 신기술로 대체되는 상황에서 다음 내용을 유념해야 합니다. 그래프에서 볼 수 있듯이 신기술의 도입기에는 기존 기술보다 오히

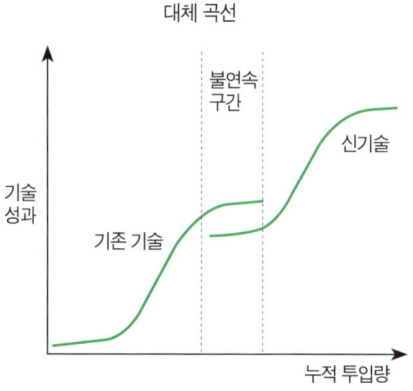

러 성능이 낮은 경우가 많습니다. 그래프를 보면 기존 기술의 마지막 부분이 신기술의 시작 부분보다 우위에 있습니다. 극단적인 예로, 초창기의 자동차는 마차보다 속도가 느렸습니다. 기존 기술이 반드시 기술적 한계에 도달했을 때 신기술이 등장하여 대체되는 것은 아닙니다. 때로는 기존 기술이 더 발전될 가능성이 있어도 혁신적 신기술이 등장하여 기존 기술을 몰아내기도 합니다. 또한, 여러 개의 신기술이 하나의 기존 기술을 대체하기 위해 등장하는 경우가 많습니다. 자동차의 경우 가솔린 자동차를 대체하기 위해 태양광, 수소, 전기차 등의 다양한 신기술이 제시되는 상황입니다. 기존 기술이 하나의 신기술 곡선에 의해 대체되지 않고, 여러 개의 신기술 곡선이 하나의 기존 기술을 대체하기 위해 경쟁을 벌이기도 합니다.

다음은 휴대전화에 적용된 통신 기술의 대체 곡선입니다. 1G부터 시작해서 4G까지 통신 속도kbps를 기준으로 S커브가 지속적으로 대체되고 있는 패턴이 보입니다.

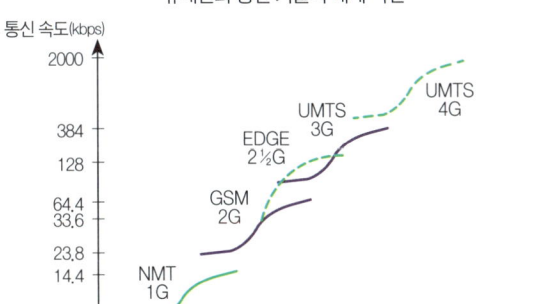

출처: Qualcomm

2007~2018년에 출원된 미국 내 스마트폰 관련 특허의 증감 추이를 보면 S커브 형태와 유사합니다. 세계지적재산권기구의 발표에 따르면, 1990년부터 전 세계에서 출원된 모든 특허의 35%가 스마트폰과 관련되어 있다고 합니다. 그만큼 기업들은 스마트폰과 관련된 새로운 기술을 경쟁적으로 개발해 왔습니다. 그러나 2015년 이후부터 미국 내 특허 출

출처: Insights by GreyB

원은 감소하고 있습니다.

현재 국내 언론에 많이 소개되는 메타버스 플랫폼인 제페토, 이프랜드, 로블록스, 마인크래프트 등을 사용자들은 주로 스마트폰으로 접속합니다. 그렇다면 5년 후, 10년 후에도 사용자들은 스마트폰을 이용해서 메타버스에 들어갈까요? 제 생각은 'No'입니다. 이번 단원에서 이야기한 기술 발전의 S커브, 성숙한 기술에 대한 대체 곡선을 놓고 볼 때 스마트폰은 이미 성숙기에 접어들었으며, 그 다음 기기에 의해 대체될 운명입니다.

"스마트폰을 대체할 기기는 무엇인가요?"

"대체하는 시점은 언제쯤인가요?"

"다른 기기가 대체하면, 스마트폰은 역사 속으로 사라지나요?"

제가 만났던 많은 조직, 경영자, 전문가들이 던졌던 질문입니다. 제 생각은 이렇습니다. 스마트폰을 대체할 기기는 AR글라스입니다. 그렇다고 VR기기가 시장에서 사라지지는 않으리라 봅니다. 또한, 스마트폰도 완전히 사라지기까지는 꽤 오랜 시간이 걸릴 것입니다. AR글라스는 점차 대체 곡선을 그리며 현재의 스마트폰을 대신하게 됩니다. 그리고 VR기기와 스마트폰은 AR글라스의 보조 기기로 자리 잡게 됩니다. 지금 우리가 스마트폰을 사용하면서 보조 장비로 태블릿을 쓰는 상황과 비슷합니다.

여기서 중요한 것이 있습니다. 랩톱과 컴퓨터의 위상 변화입니다. 현재 이동 중에는 스마트폰과 태블릿을 사용하고, 고정된 장소에서 복잡한 업무용 툴을 사용하거나 무거운 게임을 돌리는 용도로 컴퓨터를 사용합니다. 앞으로는 AR글라스와 VR기기가 점차적으로 랩톱과 컴퓨터의 용도를 잠식하리라 생각합니다.

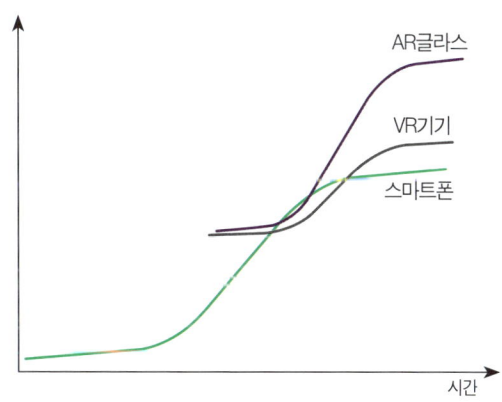

스마트폰, AR글라스, VR기기의 복합적 대체 곡선

컴퓨터, 랩톱, 스마트폰, VR기기, AR글라스. 이들에게는 어떤 공통점이 있을까요? 바로 모든 기기에 디스플레이가 장착되어 있다는 점입니다. 인간에게 무언가를 보여주는 방법은 두 가지입니다. 첫째, 인간의 눈에 무언가를 보여주는 방식입니다. 둘째, 인간의 시신경에 직접 신호를 전달하는 방식입니다. 전자는 디스플레이를 사용하는 방식이고, 후자를 흔히 BCI^{Brain Computer Interface}라고 칭합니다. BCI는 인간의 뇌와 컴퓨터를 직접 연결해서 양방향으로 정보를 주고받는 기술입니다. 여러 기업과 연구자가 동물과 인간을 대상으로 침습식(뇌에 장치를 삽입), 비침습식(뇌에 장치를 비삽입) BCI 시스템을 연구하고 있습니다. BCI와 관련된 내용은 다음 단원에서 다루니, 여기서는 일단 디스플레이 방식에 대해 좀 더 살펴보겠습니다.

전자제품이 개발되고 디스플레이가 발전하면서 수많은 디스플레이가 활용되고 있습니다. 컴퓨터, 랩톱 이외에도 TV, 옥외 광고판 등이 모두 디스플레이입니다. 그런데 우리 일상에서 사용되는 디스플레이의 형태를 보면, 한쪽에서는 점점 더 커지고 있고 다른 한쪽에서는 점점 더 작아지고 있습니다. TV와 컴퓨터 화면 크기는 과거보다 많이 커졌고, 개인이 휴대하며 사용하는 기기는 랩톱에서 태블릿과 스마트폰을 거쳐 점점 더 작아지고 있습니다. VR기기와 AR글라스를 놓고 보면, 그 안에 들어 있는 디스플레이는 스마트폰보다 더 작아집니다. 또한, 그런 작은 디스플레이가 TV와 옥외 광고판에 내장된 디스플레이에도 영향을 주게 됩니다. 상세한 내용은 Part 2~3에서 설명하겠으나 큰 틀로 보면, 개인이 소유한 장비(AR글라스, VR기기)의 작은 디스플레이가 TV와 옥외 광고판에 쓰이던 큰 디스플레이의 용도를 일부 대체하는 상황이 온다는 것입니다. 그렇다고 해서 큰 디스플레이가 작은 디스플레이에 의해 일상에서 완전히 밀려나리라 보지는 않습니다.

다음의 QR 코드를 통해 영상을 보면 지하철 창문을 투명 디스플레이로 대체한 상황이 나옵니다. 개인이 늘 기기를 소지하고 있기는 어렵고, 모든 정보를 개인이 소지한 기기를 통해서만 접하는 데는 한계가 있습니다. 따라서, 공공시설을 중심으로 한 이런 형태의 투명 디스플레이는 현실과 메타버스를 연결하는 새로운 장면을 연출하리라 예상합니다.

LG디스플레이의
투명 디스플레이
소개 영상

● AR글라스가 미래다

앞에서 소개했던 메타, 구글, 마이크로소프트, 스냅 등의 기업에서 만든 기기 중 무엇이 시장을 지배하게 될까요? 이쯤에서 기술 사이클 이론 Technology Cycle Theory을 잠시 살펴봐야 합니다. 이 이론은 미국의 컴퓨터, 시멘트 산업 등을 분석하여 완성된 것으로, 기술의 변화와 발전이 순환적으로 발생한다는 모델입니다. 다음과 같이 기술은 네 단계를 거치며 변화하고 발전합니다.[21]

네 단계의 특징은 다음과 같습니다.[22]

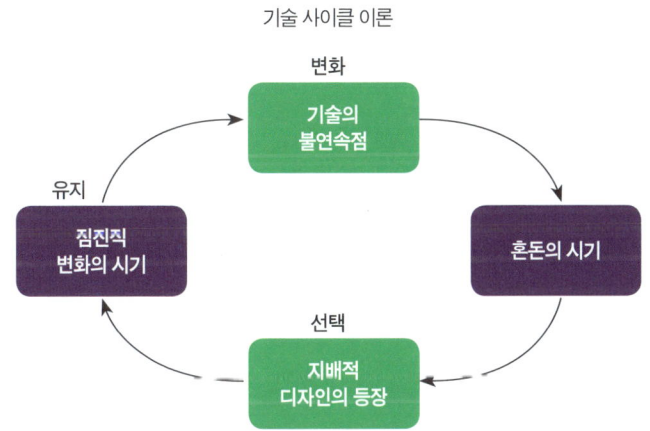

기술 사이클 이론

- 혼돈의 시기(Era of Ferment): 다양한 접근과 디자인이 시도되는 단계입니다. 검증된 방식이 없어서 여러 접근이 시도되고, 서로 경쟁합니다.
- 지배적 디자인의 등장(Dominant Design): 시장을 지배하는 디자인이 등장하는 단계입니다. 최고의 기술과 첨단 기술이 시장을 지배하는 것이 아니라, 시장 구성원들의 수요를 가장 잘 만족시키는 디자인이 지배적 디자인으로 자리를 잡습니다.
- 점진적 변화의 시기(Era of Incremental Change): 지배적 디자인을 바탕으로 개선된 제품을 선보이고, 시장을 세분화해서 공략하는 단계입니다. 완전히 다른 디자인으로 위험을 감수하기보다 지배적 디자인의 테두리 내에서 안정적인 확장을 꾀합니다.
- 기술의 불연속점(Technological Discontinuity): 드물게 발생하는 혁신적 발전의 단계입니다. 불연속점은 제품이나 공정에 막대한 변화를 일으킵니다.

우리에게 친숙한 소셜 미디어와 게임기 컨트롤러의 역사적 사례를 통해 기술 사이클 이론을 살펴보겠습니다. 소셜 미디어의 태동은 지오시티Geocities, 1994, 더글로브Theglobe, 1995, 트라이포드Tripod, 1995 등으로 볼 수 있습니다. 이후 식스디그리SixDegrees, 1997, 메이크아웃클럽Makeoutclub, 2000, 허브컬처Hub Culture, 2002 등 다양한 소셜 미디어가 등장했습니다. 국내에서는 1999년에 아이러브스쿨이 초등학교 동창들을 연결하는 서비스를 시작했고, 같은 해에 싸이월드도 등장했습니다.

오늘날 대중적인 소셜 미디어로 자리 잡은 페이스북과 트위터에서 개인의 일상을 올리고 서로 피드백하는 방식은 기존 서비스들과 유사합니다. 이 두 서비스가 기존 서비스들과 결정적으로 다른 점은 다양한 웹사이트, 앱과 연동되는 API Application Program Interface를 공개하고 있다는 점입니다. 페이스북과 트위터가 소셜 미디어 산업에서 기술의 불연속점을 만든 셈입니다. 기존 서비스들은 일상 공유와 피드백이라는 틀에서 조금씩 변화를 주고 있었으나, 페이스북과 트위터가 API 공개로 수없이 많은 프로그램, 웹사이트, 앱과 연결되게 하면서 새로운 혁신의 물꼬를 열어주었습니다. 물론, 컴퓨터가 아닌 스마트폰을 주된 기기로 잡은 것도 매우 중요한 성공 요인이었습니다.

게임기 컨트롤러의 역사를 잠시 살펴보겠습니다. 최초의 조이스틱은 1926년에 미국 해군연구소에서 만들었습니다.23 두 개의 축으로 상하좌우 조정을 할 수 있는 형태였습니다. 1944년에는 독일에서 군용기에 사용되는 조이스틱을 개발했습니다. 군용기에서 발사한 미사일을 조정하는 용도였습니다. 미국 해군연구소와 독일의 사례에서 알 수 있듯이, 조이스틱은 컴퓨터 게임이 아니라 군사적인 목적에서 탄생했습니다.

1962년에 발표된 스페이스워에 사용된 콘트롤러가 컴퓨터 게임용 컨트롤러의 첫 사례입니다. 네 개의 스위치로 함선을 왼쪽이나 오른쪽으로 회전시키거나, 로켓과 어뢰를 발사했습니다. 그 후 1967년, 비디오게

미국 해군연구소가 발명한 최초의 조이스틱

출처: 미국 해군연구소

아타리2600의 조이스틱

출처: wikipedia

임기를 최초로 발명한 랠프 베어에 의해 비디오게임기용 조이스틱이 탄생했습니다. 1977년에는 아타리에서 가정용 게임기인 '아타리2600'과 함께 조이스틱을 선보였습니다. 아타리2600에 포함된 조이스틱을 가정용 조이스틱의 원형으로 보는 견해가 많습니다. 다음해인 1978년에는 '마그나복스 오디세이2' 게임기가 조이스틱과 함께 출시되었습니다. 아타리2600과 매우 유사한 모습이었습니다.

1979년에는 마텔에서 여러 개의 숫자 버튼과 컨트롤 디스크를 조합한 컨트롤러를 선보였습니다. 이때까지 조이스틱 방식의 컨트롤러는 8방향으로 조정이 가능했지만, 마텔의 컨트롤러는 16방향 조정을 지원했습니다. 1982년에는 콜레코비전ColecoVision에서 마텔의 컨트롤러와 유사한 제품을 출시했습니다.

조이스틱 형태는 1926년에 군사용으로 최초로 개발된 후, 1967년에 랠프 베어가 비디오게임기용 조이스틱을 선보이고 1977년 아타리가 발표한 모습까지 큰 변화가 없었습니다. 마텔, 콜레코비전 등에서 다른 형

마텔의 컨트롤러
출처: wikipedia

콜레코비전의 컨트롤러
출처: wikipedia

태의 시도를 했으나 주류로 인식되지는 못했습니다. 큰 변화는 1983년에 닌텐도에서 발표한 게임기 NES에서 나타났습니다. 조이패드 방식이 등장한 것입니다.

닌텐도 NES의 컨트롤러

출처: wikipedia

NES에 적용된 조이패드 방식은 가정용 비디오게임기 컨트롤러의 새로운 원형이 되었습니다. 이후 파나소닉, 세가, 소니 등에서 출시한 가정용 비디오게임기에는 모두 조이패드 방식이 적용되었고, 조이패드 방식은 20년 남세 시장을 주도했습니다. 그러다가 2006년, 닌텐도 게임기 위

Wii에서 새로운 변화가 시작되었습니다. 위 컨트롤러는 플레이어의 몸동작을 인식했습니다.

닌텐도 위 리모컨 & 눈차크 컨트롤러

출처: wikipedia

　게임기 컨트롤러가 조이스틱과 조이패드를 거쳐 몸동작 인식으로 변화한 것입니다. 조이스틱과 조이패드는 각각 대략 20년 동안 시장을 주류하는 지배적 디자인으로 인식되었습니다. 현재는 몸동작 인식 방식, 기술의 불연속점을 새롭게 만드는 단계입니다. 이렇듯 게임기 컨트롤러는 혼돈의 시기, 지배적 디자인의 등장, 점진적 변화의 시기, 기술의 불연속점의 단계를 거치며 계속 진화하고 있습니다.

　다시 메타버스 기기 이야기로 돌아가겠습니다. 메타, 구글, 마이크로소프트, 스냅 등의 기기는 현재 혼돈의 시기, 지배적 디자인의 등장, 점진적 변화의 시기, 기술의 불연속점 중 어느 단계에 있을까요?

　이들 기기는 세부 사양과 기능은 달라도 큰 틀에서 비슷한 구조를 갖고 있습니다. 바로 지배적 디자인입니다. 현재는 지배적 디자인을 바탕으로 점진적 변화가 발생하는 시기입니다. 따라서 메타, 구글, 마이크로소프트, 스냅 등이 앞으로 단기간(향후 10년 동안) 내놓을 제품은 다른 경쟁자와 완전하게 다른 제품이기보다는 비슷하지만 개선된 형태일 확률이 매우 높습니다. 언제쯤 기술의 불연속점이 발생하고, 지금의 기기(AR글라스)와 완전 다른 것이 등장할까요? 그 시점을 정확하게 예측하기는 어렵지만, 최소 10년 이상은 소요되리라 봅니다. 그렇다면 기술의 불연속점을 통해 다음 세대에 나올 제품은 무엇일까요? 이에 관한 제 견해는 말씀드리지 않겠습니다. 여러분이 경험, 직관, 상상을 통해 그려보면 좋겠습니다.

메타, 구글, 마이크로소프트, 스냅 등의 기기 중 무엇이 시장의 지배자가 될까요? 점진적 변화를 통해 시장에서 수용하기 적합한 형태의 개선된 제품을 선보이고, 시장을 세분화해서 마케팅, 유통, 영업 면에서 가장 잘 공략하는 기업, 그러면서 불연속점에 대비하는 기업의 기기가 그 자리에 서게 될 것입니다. 여러 가지 내용을 읽어 혼란스럽다면 한 가지만 기억하기 바랍니다. 스마트폰 다음 자리는 AR글라스가 차지할 것입니다. 그리고 VR기기와 스마트폰을 보조 기기로 사용하게 되리라 봅니다.

감정과 의도를
읽어내는 기기

"진짜 문제는 기계가 생각하느냐가 아니라 인간이 생각하느냐이다."
-버러스 프레더릭 스키너

● **눈으로 볼 것이냐 vs. 머리에 꽂을 것이냐**

"메타버스 다음에는 무엇이 올까요? 메타버스의 끝에는 무엇이 있을까요?"

한 해 동안 이 질문을 참 많이 받았습니다. 이 질문을 놓고 얘기하다 보면, 그게 끝 또는 다음인지는 모르겠으나 영화 〈레디 플레이어 원Ready Player One〉과 〈매트릭스Matrix〉 이야기로 이어집니다. 두 영화는 디지털 공간, 가상 세계에서 인류가 어떻게 접속할 수 있는가를 서로 다른 기술적 접근으로 그려냈습니다. 〈레디 플레이어 원〉에서는 신체에 착용하는 VR고글, 옷, 장갑 등의 장비를 보여줍니다.

영화 〈레디 플레이어 원〉에 등장하는 기기

출처: Warner Bros.

반면 영화 〈매트릭스〉는 인간의 뇌, 신경과 컴퓨터를 직접 연결하는 방식, 즉 앞서 언급했던 BCI 방식입니다. 메타의 경우는 BCI와 착용형 장비를 동시에 연구해왔으나, 근래 들어서는 착용형 장비를 중심으로 연구를 진행하고 있습니다.

영화 〈매트릭스〉에 등장하는 기기

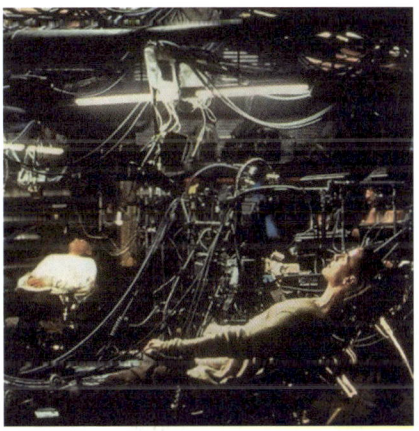

출처: Warner Bros.

BCI는 크게 침습식과 비침습식으로 나눠집니다. 침습식은 뇌 신호를 전달하기 위해 두피 아래쪽에 전극을 넣는 방식입니다. 비침습식은 두피를 관통하거나 절개하지 않고 뇌의 활동을 측정하는 방식입니다. BCI는 궁극적으로 뇌와 컴퓨터 간 양방향 정보 전달을 목표로 합니다. 단기적으로는 뇌에서 나타나는 다양한 신호를 읽어내서 사람의 감정, 동작 의도를 파악하는 방향, 즉 뇌에서 컴퓨터로 향하는 정보 전달을 목표로 합니다. BCI를 최초로 시도한 때는 한스 베르거가 뇌파 검사를 시도한 1924년경입니다. 그 후 지금까지 동물과 인간을 대상으로 다양한 BCI 연구가 진행되어 왔습니다. 2008년, 피츠버그 대학교 의료센터는 원숭이가 생각만으로 로봇 팔을 움직이게 하는 데 성공했습니다. 원숭이는 자기 팔이 움직이지 못하게 구속된 상태에서 생각만으로 로봇 팔을 움직여 마시멜로와 과일을 먹었습니다. 머리카락 굵기 정도의 침을 뇌의 운동 피질에 삽입하여 신호를 읽어내는 방식이었습니다.[24]

피츠버그 대학교 의료센터가 발표한 원숭이 BCI 성공 사례

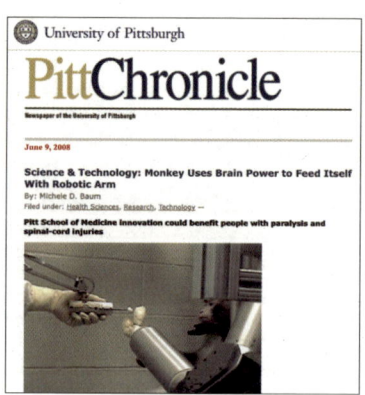

출처: 피츠버그 대학교

2021년 4월, 뉴럴링크*는 원숭이 뇌에 삽입한 칩을 통해 신호를 읽어내어 원숭이가 생각만으로 초기 형태의 탁구 게임을 플레이하는 모습을 공개했습니다. 뉴럴링크는 1~2년 안에 인간의 뇌에 칩을 심겠다는 계획을 이미 발표한 상태입니다.

생각만으로 탁구 게임을 플레이하는 원숭이

원숭이의 탁구 게임
플레이 영상

출처: Neuralink

뉴럴링크의 사례처럼 BCI 연구를 원숭이와 같은 영장류를 대상으로 실험하는 경우가 많습니다. 이런 실험에는 동물권리 보호에 관한 논란이 늘 따라다닙니다. 한때 인도는 국제적으로 이런 실험에 동원되는 영장류를 가장 많이 공급한 국가였습니다. 동물권리 보호단체의 대응으로 인도가 영장류 공급을 중단하기 시작하면서 이 시장에 새로 진입한 국가가 중국입니다. 영장류를 공급받아 실험에 활용하는 기관들은 실험과정에서 영장류가 학대받지 않도록 가이드라인을 잘 따르고 있다고 주장

* 뉴럴링크(Neuralink)는 테슬라 CEO 일론 머스크가 만든 뇌 연구 기업입니다.

하지만, 안타깝게도 실제 상황을 정확하게 파악하기 어려운 게 현실입니다. 현재 중국의 BCI 관련 기술은 미국에 비해 5~10년 정도 뒤처진 상태입니다. 그러나 중국에 영장류를 공급하는 기업이 100개가 넘고, 각종 실험 진행이 용이한 점을 고려할 때 향후 중국은 BCI 영역에서 빠른 성장을 하리라 예상합니다.

그런데 BCI기기를 어디에 사용할까요? 기기가 고도화된다면, 루게릭병이나 큰 부상 등으로 몸을 온전히 움직이기 힘들거나 의사 표현을 제대로 하기 어려운 이들이 이런 기기를 활용하여 메타버스 안에서 온전한 몸을 갖고, 사람들과 원활하게 소통하며, 메타버스 공간을 탐험하면서 살아갈 수 있습니다. 물론, 아직 이 단계에 도달한 사례는 없으나 뇌졸중 환자의 운동 기능을 지원하기 위해서 BCI가 연구되고는 있습니다.[25]

근래 들어 이 분야에서 상업적으로 활발한 연구와 시제품을 선보이는 기업과 단체로는 앞서 언급한 뉴럴링크 외에 커널뉴로테크, 오픈BCI 등이 있습니다. 미국 LA에 위치한 커널뉴로테크는 2022년 이내에 커널 플로라는 장비를 민간에 판매한다는 계획을 발표했습니다. 헬멧 형태의 이 기기는 적외선을 사용하여 뇌 활동을 측정합니다. 간단히 설명하자면, 헬멧을 쓰면 헬멧에 장착된 광원에서 빛이 나오고, 그 빛이 두피에 일부 투과, 반사되면서 나오는 패턴을 분석하는 원리입니다. 분석한 패턴을 바탕으로 착용자의 감정 상태를 파악할 수 있습니다. 예를 들어, 당신이 이 장치를 쓰고 넷플릭스를 본다면 기기는 당신의 감정 상태를 읽어내서 당신의 기분에 맞는 콘텐츠를 추천하는 식입니다.

커널뉴로테크 커널 플로

출처: kernel

오픈BCI에서는 BCI 실험 및 프로토 타입 제작에 필요한 각종 부품과 시제품을 판매하며, 관련 소프트웨어와 기술 문서를 보급하고 있습니다.

오픈BCI에서 판매하는 기기

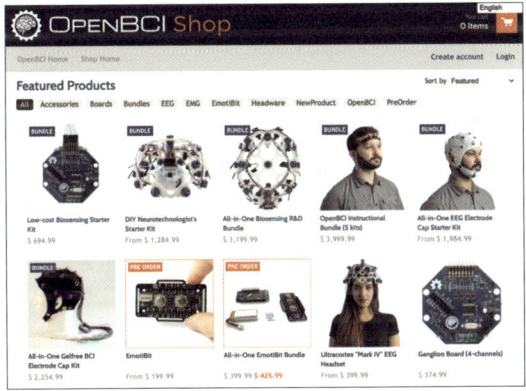

출처: OpenBCI

● 메타버스는 3단계로 성상한다

BCI기기는 착용형 기기에 비해 발선 속노가 너닌 편입니다. 기술적으로 복잡하고 윤리적·법적으로 해결할 부분이 많기 때문입니다. 당장은 메타, 애플, 마이크로소프트, 구글 등이 선보이는 각종 착용형 기기가 현실 세계와 메타버스를 연결하는 주요 장치로 점차 확산되리라 예상합니다. 제페토, 로블록스, 마인크래프트 등은 모두 컴퓨터 화면이나 스마트폰을 통해 접속하는 메타버스로, 굳이 단계를 나누자면 메타버스 1단계에 해당합니다. 착용형 VR·AR기기를 통해 깊은 몰입감을 전달하며, 가상공간을 현실처럼 보여주고, 아바타 간 상호작용의 실재감이 대폭 향상된 형태가 메타버스 2단계라 생각합니다. 메타버스 3단계는 바로 BCI입니다. 물론, BCI는 아직 갈 길이 멀기에 단기적으로는 착용형 기기와 BCI가 혼재된 형태가 먼저 적용되고, 먼 훗날 온전히 BCI만으로 인류가 메타버스에 접속하는 기술이 펼쳐지리라 봅니다. 단, 이는 어디까지나 기술 발전에 관한 예측입니다. BCI를 통해 메타버스에 접속하는 것에 대

메타버스의 단계별 특징

1단계 메타버스	2단계 메타버스	3단계 메타버스
• 특징 주로 고정된 공간에서 디스플레이를 통해 경험하는 메타버스 **• 접속 방법** 컴퓨터, 스마트폰, 게임기 등 **• 사례** 제페토, 이프랜드, 마인크래프트, 로블록스, 게더타운, 각종 소셜 미디어, 배달 앱 등	**• 특징** 공간 제약 없이 이동하면서도 편하게 접근할 수 있는 메타버스 **• 접속 방법** 착용형 VR·AR기기 **• 사례** VR챗, 메타 호라이즌, 팀즈용 메시, AR글라스를 적용한 산업 분야, 영화 〈레디 플레이어 원〉의 '오아시스' 등	**• 특징** 주로 고정된 공간에서 신경 연결을 통해 완벽한 실재감을 경험하는 메타버스 **• 접속 방법** BCI기기를 단독으로 활용하거나 BCI기기와 착용형 VR·AR기기를 함께 사용 **• 사례** 아직까지 대규모로 구현된 사례는 없으나 영화 〈매트릭스〉의 시스템과 유사

한 윤리적·법적 문제를 해결하는 과정에 어찌 보면 관련 기술 개발보다 더 오랜 시간이 소요될지도 모릅니다.

질병의 어려움을 극복하기 위한 목적으로 사용하는 것 이외에 BCI는 어디에 쓰일 수 있을까요? 3단계 메타버스는 우리를 어디로 인도할까요? 메멘토Memento 실험을 잠시 살펴봅시다.26 이 실험은 감정 기반의 웨어러블 라이프로깅• 시스템을 연구한 사례입니다. 실험에서 연구자들은 뇌파EEG: Electroencephalogram 신호를 분석해서 사람의 감정을 추측해서 자동으로 기록하는 라이프로깅 시스템을 개발했습니다. 이를 위해 메멘토는 뇌파 수집을 위한 전극을 스마트 글라스에 통합시켰습니다. 다음과 같은 모습입니다.

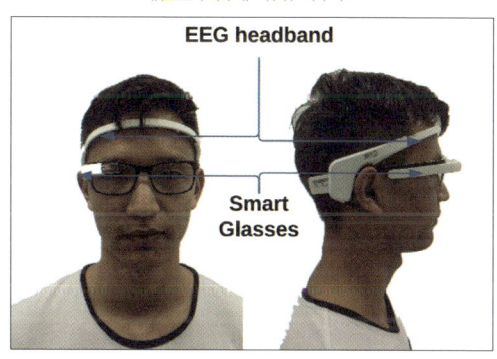

메멘토 실험에 사용한 장비 | 27

• 자신의 삶에 관한 다양한 경험과 정보를 기록하여 저장하고 때로는 공유하는 활동을 '라이프로깅'이라고 합니다. 우리가 자주 사용하는 소셜 미디어인 페이스북, 인스타그램, 트위터, 카카오스토리 등이 라이프로깅 메타버스에 포함됩니다.

메멘토는 크게 신호처리 모듈, 라이프로그 수집 모듈, 감정인식 모듈로 구성되어 있습니다. 신호처리 모듈은 뇌파 신호를 읽어냅니다. 감정이 발생한 것을 감지하면 라이프로그 수집 모듈이 라이프로깅 절차를 시작합니다. 스마트 글라스에 있는 카메라와 마이크를 통해 비디오 및 오디오 정보를 수집하고, 마지막으로 감정인식 모듈에서 각각의 라이프로그와 인식된 감정을 연결합니다. 메멘토가 구분하는 감정은 공포, 실망, 슬픔, 만족, 기쁨, 행복입니다. 메멘토는 전두엽에서 발생하는 뇌파의 일부를 분석해서 감정을 판단했습니다. 메멘토의 라이프로깅 성능 평가 결과를 보면, 수집된 라이프로그의 80%가 사용자의 기대와 일치했습니다. 이 연구에서는 감정을 여섯 개로 구분했지만, 향후 여덟 개 혹은 그 이상의 감정 구분도 가능할 것입니다. 또한, 전기 피부 반응GSR: Galvanic Skin Response 등 다른 종류의 센서를 통합하거나 표정인식 기술을 활용하여 타인의 감정을 이해하는 새로운 라이프로깅 시스템도 가능합니다. BCI가 적용된 3단계 메타버스는 아직 멀리 있습니다. 그러나 메멘토가 보여준 것처럼 개인의 감정을 읽어내는 기술은 이미 눈앞에 다가왔습니다.

여러분은 메멘토 시스템에서 어떤 감정을 느꼈나요? 기대인가요, 두려움인가요? 메멘토는 신체적 장애로 감정을 표현하지 못하는 이들이 타인과 감정을 나누는 길을 열어줄 것입니다. 마이크로소프트의 인공지능 아바타 또는 메타에서 개발 중인 표정을 읽어내는 VR기기처럼 우리 감정을 메타버스에서 풍성하게 전달할 수 있습니다. 우리가 느끼는 감

앞으로 메타버스는 우리가 느끼는 감정을 실시간으로 읽어내서 그에 딱 맞는 영화, 드라마, 음악 등을 끊임없이 추천할 것입니다.

정을 실시간으로 읽어내서 그에 딱 맞는 영화, 드라마, 음악 등을 끊임없이 추천할 수 있습니다. 여러분이 게임을 한다면, 지겨움과 실망을 느끼는 시점에 무료 아이템을 뿌려주고, 반대로 행복과 기쁨을 느끼는 시점에 아이템 구매를 유도할지도 모릅니다. 감정 라이프로그가 누적되고 분석될 날이 올지 모릅니다. 기대와 두려움 중 어떤 감정이 앞서나요?

구매에서 경험으로

"가격은 당신이 지불하는 것입니다. 가치는 당신이 얻는 것입니다."
-워렌 버핏

● 경험이 더 행복하다

경제학 분야에 경험경제학Experience Economy이 있습니다. 경험경제학의 요점은 이렇습니다. 거실, 베란다, 창고를 가득 채우고 있는 다양한 물건들이 우리에게 행복을 주는 것이 아니라, 과거의 경험에 대한 우리의 기억, 그리고 앞으로 우리가 경험할 일들이 우리를 행복하게 한다는 것입니다. 경험하고, 그 경험을 기억하고 되새기면서 우리는 스스로에게 내적인 보상을 주고 우리 생각과 삶을 변화시키게 되는데, 이러한 과정이야말로 진정한 가치가 있다는 의미입니다. 미래학자 앨빈 토플러는 1970년에 발표한 저서 《미래의 충격Future Shock》에서 경험 산업에 대해 언급하며, 미래에는 많은 사람들이 즐거운 경험을 구매하기 위해 많은 비용을 지급하리라 예측했습니다. 이러한 주장의 연장선에서 경험경제학이 탄생했습니다.

경험경제학에서는 경제 구조를 크게 네 단계로 나누어 설명합니다. 자연에서 재배하여 가공하지 않은 농작물을 공급하던 농업경제에서 시작하여, 산업화된 공장의 표준 상품들을 위주로 한 산업경제와 집단의 특성을 고려하여 맞춤형 서비스를 제공하는 서비스 산업을 지나, 개인에게 기억에 남는 새로운 경험 기회를 제공해주는 경험경제의 시대로 진화하고 있다는 의미입니다.[28]

경험경제에서 주장하는 의미 있고 기억에 남는 경험이 개인에게 정말로 가치가 있는가를 조사한 연구가 있습니다. 다양한 소득 구간별로 물질적 구매 행위와 경험을 구매하는 행위의 행복감을 조사한 연구입니다.[29] 소득이 낮은 구간에서는 두 행위 사이에 행복감의 차이가 크지 않았으나, 소득이 증가할수록 경험을 구매하는 행위가 물질적 구매 행위에 비해 훨씬 더 큰 행복감을 주는 것으로 조사되었습니다. 다른 연구에서도 행복한 삶을 원한다면 물질 구매보다는 경험 구매를 추구하라는 결과를 제시하고 있습니다.[30]

물건을 구매하는 경우와 경험을 구매하는 경우에 대해 구매 시점에서 일정 기간이 경과한 이후에 만족도가 어떻게 변화하는지를 관찰한 연구도 있습니다.[31] 구매 당시에는 약간의 차이는 있으나 물건을 구매하는 경우와 경험을 구매하는 경우의 만족도에 큰 차이는 없었습니다. 그러나 시간이 경과할수록 물건을 구매한 행위에 대한 만족도는 지속적으로 감소한 반면 경험을 구매한 행위에 대한 만족도는 지속적으로 증가했습니다.

이런 연구들을 종합해보면, 소득이 증가할수록 물질적 구매 행위보다는 경험을 구매하는 행위가 우리를 더 행복하게 만들어주고, 구매 순간에 느꼈던 행복감이 두 행위에서 큰 차이는 없었으나 시간이 흐를수록 경험을 구매한 행위를 더 행복하게 느끼게 된다는 것을 알 수 있습니다.

● 메타버스는 온통 경험의 세상이다

최근에는 경험경제에 이어 실감경제immersive Economy가 대두되고 있습니다. 실감경제는 영국의 〈Immerse UK〉에서 제시한 개념입니다.[32] 경험경제에서의 경험이 현실 세계, 물리적 환경 위주였다면, 실감경제는 다양한 메타버스 기술을 활용하여 디지털로 발생하는 경험을 중심으로 하는 경제활동이라 할 수 있습니다. VR, AR, MR, XR, 홀로그램 등의 다양한 실감 기술이 관련되어 있습니다. 영국 실감경제 보고서에 따르면, 영국은 2027년까지 실감경제에 관한 총 연구개발 투자를 GDP의 2.4%로 높이고 연구개발에 대한 세액공제 비율을 12%로 높인다는 계획입니다.

요컨대, 인류의 삶은 물건을 구매하는 행위에서 경험을 소비하는 행위로 그 무게가 서서히 옮겨가고 있습니다. 또한, 그 경험의 터전이 오프라인 매장, 물리적 공간에서 디지털 세상인 메타버스로 이동하고 있습니다. 메타버스에서 경험을 한다는 개념이 낯설게 여겨질 수 있습니다만 우리는 이미 메타버스에서 많은 경험을 하고 있습니다. 메타버스에서 사람들을 만나 대화하고, 공연을 보고, 전시회에 참여하는 등의 모든 행동이 실감경제의 일부입니다.

온라인 의류 쇼핑을 예로 들어보겠습니다. 온라인 쇼핑으로 옷을 주문한 소비자들은 주문한 옷의 70% 정도를 반품한다고 합니다.33 다른 구매 품목에 비해 매우 높은 비율입니다. 오스트리아 기업 리액티브 리얼리티Reactive Reality는 3D 아바타 플랫폼을 개발했습니다. 리액티브 리얼리티 프로그램으로 만들어진 아바타는 레이저 스캔으로 만든 아바타만큼 정밀합니다. 사용자는 리액티브 리얼리티가 제공하는 PICTOFiT 프로그램을 통해 쇼핑몰의 다양한 의류를 증강현실로 입어볼 수 있습니다. 이런 기술을 적용한 쇼핑몰에서는 고객이 물건을 반품하는 비율이 70%까지 낮아졌다고 합니다.

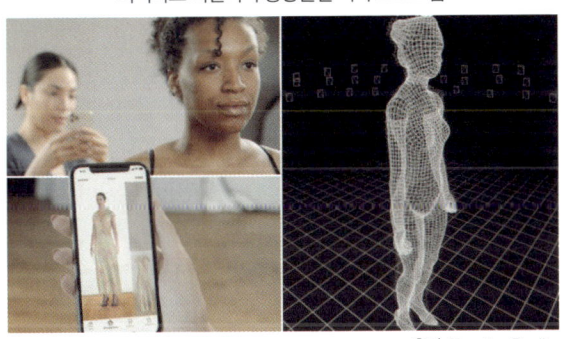

출처: Reactive Reality

패션 분야의 다른 사례도 보겠습니다. 지속 가능한 패션을 비전으로 내세운 패션 기업이 있습니다. 2020년 7월에 설립된 드레스엑스DressX입니다. 패션업계에서 오랜 경력을 쌓은 다리아 샤포발로바, 나탈리아 모데노바가 공동 창업한 기업입니다.

드레스엑스 홈페이지

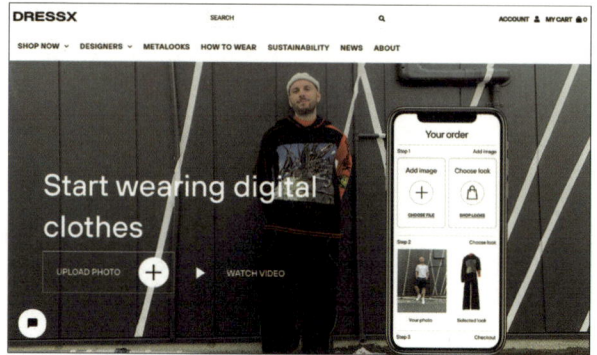

출처: DressX

　드레스엑스는 수많은 의상과 패션 아이템을 판매하고 있으나, 공장에서 물건을 생산하지 않습니다. 이들은 공장에서 물건을 생산하던 기존 패션업체, 디자이너들과 지속적으로 협력 관계를 만들어가고 있으나, 모든 물건을 공장이 아닌 디지털 세상에서만 만듭니다. 이쯤 되면 여러분은 '3차원 공간 속 아바타에게 입히는 의상을 만드는 거죠?'라는 질문을 할 것입니다. 이들은 물리적으로 존재하지 않는 옷을 만들지만, 그 옷의 주인공은 아바타가 아닌 실제 사람입니다. 유명 관광지에 가서 찍은 사진 속 의상이 마음에 들지 않거나 기업에 제출하려고 찍은 프로필 사진 속 정장이 어색한 경우, 드레스엑스에서 옷을 고르면 됩니다. 여러분이 옷을 골라 주문하면서 드레스엑스에 사진을 업로드하면, 드레스엑스는 집으로 옷을 보내주는 것이 아니라 사진 속 여러분의 옷을 드레스엑스에서 고른 옷으로 바꿔서 보내줍니다.

　어찌 보면 매우 해괴합니다. 내 몸에 진짜로 걸치지도 못하는 옷을 왜

드레스엑스에서 공급하는 의상

출처: DressX

구매하는지, 그렇게 사진 속 내 모습이 바뀌었다고 그것이 어떤 의미가 있을지 의문이 듭니다. 그러나 우리는 이미 드레스엑스와 비슷한 것을 소비하고 있습니다. 인스타그램에 올릴 사진 한 장을 얻기 위해 카페에서 열심히 사진을 찍어대는 이들, 스마트폰 기본 카메라 앱이 아닌 보정 앱으로 사진을 찍어 누가 봐도 현실의 내 모습과는 다른 결과물을 흡족하게 여기며 공유하는 이들, 자신의 모습과 경험을 증강하려는 일종의 증강현실 세계에 대한 로망이 아닌가 생각합니다. 증강현실 세계에 대한 로망은 우리의 기억과 추억에도 깊은 영향을 줍니다.

가상의 바다가 현실의 수족관에서 물고기를 만나고 온 경험을 대신할 수 있을까요? 흥미로운 실험이 있습니다. 어린이들에게 디지털 수족관을 보여주고 일정 시간이 흐른 뒤 수족관에 가본 적이 있냐고 질문했습니다. 상당수의 아이들이 다녀왔다고 대답했습니다.[34] 다음 그림과 같은 수족관 콘텐츠가 현실의 실제 경험을 대체한 상황입니다.

아이늘은 왜 그렇게 기억했을까요? 메타버스 경험을 현실 경험으로

'비욘드 블루' 게임 화면 　'비욘드 블루' 홍보 영상

출처: E-Line Media

　착각한 이유는 무엇일까요? 인간의 뇌는 경험의 결과만 기억할 뿐 기억의 원천을 잘 기억하지 못합니다. 그래서 현실 속 동물원에 가서 동물을 만나든 메타버스에서 동물을 만나든, 시간이 흐른 뒤 떠오르게 되는 경험의 잔상에는 큰 차이가 없는 것입니다.

　아이들이니까 그렇게 착각할 수 있다고 생각한다면 오해입니다. 소셜미디어와 유튜브 등을 통해 가짜 뉴스를 접한 이들은 시간이 흐른 뒤 자신이 접한 내용만 기억하지 그 내용을 어느 매체에서 봤는지를 잊는 경우가 많습니다. 흥미로운 점은 공신력 있는 언론매체에서 그 뉴스를 접했다고 왜곡된 기억을 품은 채 주변 사람들에게 뉴스를 전파하기도 한다는 것입니다. 예를 들어, 단체 채팅방에서 누군가가 퍼트린 출처 없는 소식을 읽은 다음 그 소식을 공중파 뉴스에서 봤다고 잘못 기억하는 식입니다.

　코로나19 사태로 관람객이 줄어 경영이 어려워지면서 수많은 동물원의 동물들이 방치되고 죽어갔습니다. 사실 동물원, 수족관 등의 시설이

• 영국 BBC에서 제작한 다큐멘터리 〈블루 플래닛2〉를 기반으로 제작한 해양 어드벤처 게임입니다.

안고 있는 생명윤리 문제는 오랫동안 해결되지 않고 있습니다. 기억의 원천을 왜곡하는 인간의 습성과 메타버스를 통한 실감 경험이 이런 문제를 해결할 실마리가 될지 모릅니다.

● 물질 세상에서 디지털 세상으로 이주 중인 인류

필자가 초등학교에 들어가기 전인 1970년대는 온전한 아날로그, 물질 중심의 세상이었습니다. 제가 알고 있는 모든 정보는 부모님, 선생님, 친구들을 통해 얻은 것이었습니다. 초등학교 입학 무렵, 집에 TV가 들어오면서 생활 패턴이 조금 바뀌었습니다. TV를 통해 먼 나라를 봤고, 골목에 친구들이 없을 때면 역시 TV를 통해 만화를 봤습니다. 대학원에 들어갔을 무렵, 인터넷 세상이 열렸습니다. 도서관에 가서 자료를 찾고 복사하던 고단함에서 벗어나, 컴퓨터에서 전 세계 자료를 찾을 수 있었습니다. 대학에 처음 부임하던 즈음에는 스마트폰이 나왔습니다.

　강의 중 휴식 시간에 친구들과 잡담하는 학생들보다 스마트폰을 들여다보는 학생들이 점점 더 늘어나고 있습니다. 제가 살아온 50년 가까운 세월을 돌이켜보면, 물질 세상에서 디지털 세상으로 조금씩 이동해온 듯합니다. 정보화 고속도로, 인터넷, 와이파이, PDA, 무선전화, 스마트폰 등 관련 기술과 용어는 매번 새롭게 등장했지만, 저는 거대한 시류를 타고 디지털 세상으로 이주해 왔습니다. 메타버스도 이런 시류의 연장선입니다.

　왜 굳이 새로운 용어를 만들어냈을까요? 제가 만든 용어는 아니지만,

이 용어를 즐겨 쓰는 입장에서 제 생각은 이렇습니다. 이 현상을 포괄적, 함축적으로 상징하는 가장 효율적 용어이기 때문입니다. 물론, 물질을 만지고 구매하던 삶에서 디지털 환경을 통해 비물질 경험을 중시하는 삶으로 이주가 가속화되는 과정에서 메타버스보다 이 현상을 더 잘 나타내는 새로운 용어가 등장할지도 모릅니다. 그때까지는 물질에서 비물질로, 구매에서 경험으로, 그리고 오프라인 경험에서 온라인 실감으로 넘어가는 이 현상을 메타버스라 부르겠습니다.

"미래는 항상 너무 빨리…… 그리고 잘못된 순서로 온다."
- 앨빈 토플러

PART 2

10년 후, 우리 삶은 이렇게 바뀐다

Part 2에서는 10년 후 세상의 모습을 설명합니다. Part 1에서 설명한 내용은 10년 후를 향하는 현재의 전반적 상황이었습니다. 전반적 상황에 덧붙여 Part 2에서는 각 주제별로 좀 더 세분화된 배경을 설명하고, 그에 따른 10년 후를 보여드립니다. 혹시라도 Part 2 내용을 읽다가 특정 내용에서 '나는 주변에서 그런 것을 본 적이 없는데?'라는 생각이 든다면, Part 2에서는 현재가 아닌 10년 후를 그리고 있다는 것을 떠올리세요. 또한 '내 주변은 이미 그런 모습인데, 왜 10년 후라고 하지?'라는 생각이 든다면, 사회 일부가 아닌 전체가 그렇게 흘러가는 시점을 대략 10년 후 정도로 잡았다고 여기면 됩니다.

새로운 인류의 출현

"사랑은 인간 존재의 문제에 관해 유일하게 온전하고 만족스러운 해답이다."
-에리히 프롬

● 육체를 얻은 AI

인공지능과 최초로 대화한 게 언제인가요? 아마도 12~13년 전쯤, 스마트폰을 처음 손에 쥐었을 때일 겁니다. 사람들은 스마트폰 앱을 통해 인공지능 에이전트와 대화하기 시작했습니다. 그 다음에 우리 곁으로 다

인공지능 스피커 '클로바'

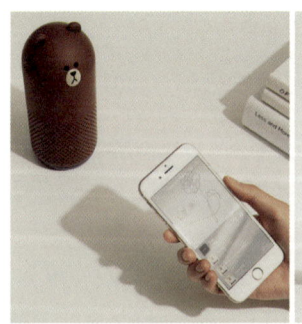 

출처: Naver CLOVA

가온 인공지능은 스피커의 모습이었습니다. 검은색 보온병을 닮았거나 친근한 캐릭터를 형상화한 모양이었습니다.

여러분이 상상하고 기대하는 인공지능은 어떤 모습인가요? 많은 분들이 사람 같은 외모에 사람처럼 움직이는 휴머노이드Humanoid를 기대합니다. 영화 〈A.I.〉●에 등장했던 소년 외모의 휴머노이드 데이비드와 같은 모습입니다.

영화 〈A.I.〉의 휴머노이드 데이비드

출처: Warner Bros.

휴머노이드 형태의 인공지능은 나와 같은 공간에 앉아 있고, 내 곁에서 말을 하므로 표정도 볼 수 있습니다. 우리가 기대하는 인공지능은 이렇게 사람과 유사한 형상입니다. 그러나 사람의 외형과 육체를 모방한 물리적 휴머노이드를 만들기에는 기술적, 상업적 어려움이 매우 큽니다. 기술적으로 그런 기계 장치를 만들기가 어렵고, 비용이 너무 많이 듭

● 스티븐 스필버그 감독이 제작한 영화로, 2001년에 개봉했습니다. 원작은 1969년에 출간된 소설 《Supertoys Last All Summer Long》입니다.

니다. 이런 제약은 메타버스에서 쉽게 풀렸습니다. 우리는 디스플레이●를 통해 메타버스에 들어가고, 메타버스를 봅니다. 디스플레이에 담긴 메타버스에서 인공지능은 목소리만 존재하거나 검은색 보온병 모습이 아닙니다. 그들은 우리가 기대하는 상황에 맞춰 다양한 성별, 연령, 인종, 국적으로 나타날 수 있습니다. 기계 장치와 전자 부품 없이 언리얼, 유니티●● 등의 그래픽엔진 기술을 통해 시각적으로 구현된 사람의 모습을 보여줍니다. 인공지능이 메타버스에서 육체를 얻은 셈입니다.

가상 인간 릴 미켈라의 인스타그램

출처: Instagram@lilmiquela

● 여기서 말하는 디스플레이는 컴퓨터, TV 등의 대화면과 AR, VR기기 등에 장착된 작은 화면을 포괄합니다.
●● 언리얼과 유니티는 게임 개발에 많이 사용되는 엔진입니다. 게임에 필요한 배경, 캐릭터 등 다양한 그래픽 효과를 편리하게 구현해주는 도구입니다. 최근에는 게임뿐만 아니라 애니메이션, 광고, 영화 등 다양한 영상물 제작에도 사용됩니다.

우리는 스피커나 전화기를 통해 누군가의 음성을 들으면, 자연스레 그 사람의 외모, 성별, 연령 등을 추측합니다. 반대의 경우도 마찬가지입니다. 누군가의 얼굴을 보면서 목소리를 추측하기도 하며, 이런 추측은 꽤 그럴 듯하게 들어맞는 경우가 많습니다.1

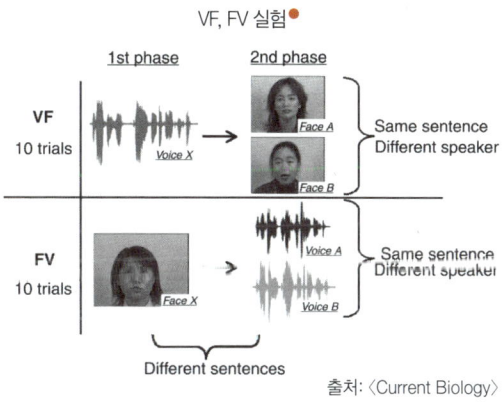

출처: 〈Current Biology〉

인간은 이렇듯 타인의 음성과 외모를 본능적으로 일치시킬 정도로 둘을 하나의 덩어리로 인식하고 있습니다. 우리에게는 하나의 덩어리가 자연스러운 겁니다. 인공지능은 메타버스를 통해 하나의 덩어리로서의 가상 인간을 보여주고 있습니다. 인공지능이 메타버스에서 얻은 것은 단순히 시각적 육체만이 아닙니다. 인류에게 좀 더 가깝고 깊게 다가갈 수 있는 자격을 얻었습니다. 10년 후 우리가 마주할 인공지능은 대부분

• VF는 음성(Voice)을 듣고 얼굴(Face)을 맞추는 작업이고, FV는 얼굴을 보고 음성을 맞추는 작업입니다.

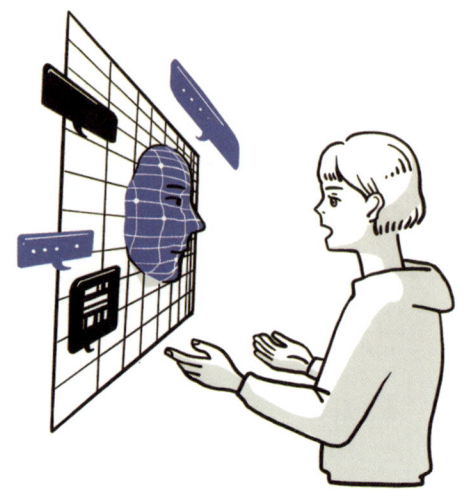

이제 인공지능은 너무나 자연스러운 것이며, 가상 인간도 실존하는 인간처럼 또 하나의 타인일 뿐입니다.

육체를 갖고 있습니다. 우리는 매일 다양한 상황에서 인공지능 기반의 가상 인간과 소통하며 공존합니다. 이제 인공지능은 너무나 자연스러운 것이며, 가상 인간도 실존하는 인간처럼 또 하나의 타인일 뿐입니다.

● **가상 인류: 가상 노동자, 가상 친구, 가상 배우자**

10년 후 지구에는 다음과 같이 네 종류의 인류가 살아갑니다.

1분면에 있는 존재가 현실 속의 가장 기본적인 내 모습입니다. 현실에서도 다양한 자아와 개성을 표출하며 여러 모습으로 살아가는 이들이 있으나, 시공간적 한계와 물리적 특성(외모, 신체적 특징과 역량)으로 인해 여러 자아를 표출하기에 어려움이 적잖습니다. 메타버스를 통해 4개

지구에 공존하는 네 종류의 인류

```
              일차적 자아
       ┌──────────┬──────────┐
       │  2 창조자가 │ 현실에서   1│
       │    디자인한│ 태어나고    │
       │    본질적  │ 살아가는    │
       │    자아    │ 자아        │
인공지능├──────────┼──────────┤생물학적
 기반   │ 메타버스에서│ 메타버스에서│ 기반
       │ 동시다발적으로│ 살아가며  │
       │ 분화된 자아 │ 분화되는   │
       │  3         │ 자아     4 │
       └──────────┴──────────┘
              분화된 자아
```

분면에서 다양한 자아를 표출하는 게 한결 자유로워집니다. 1·4분면에 있는 존재는 생물학적 인간입니다. 2·3분면에 있는 존재는 인공지능에 의해 창조된 인간으로, 2021~2022년에 등장한 버추얼 인플루언서Virtual Influencer●가 여기에 해당합니다. 물론 지금의 버추얼 인플루언서는 스스로 말하고 행동하는 기능은 거의 하지 못합니다. 그러나 10년 후에는 상황이 달라집니다. 2분면에 있는 가상 인간은 창조자가 디자인한 본질적 자아를 바탕으로 스스로 정보를 취득하고, 생각하고, 판단하여 말하고, 행동하게 됩니다. 물론 완전한 자율성을 갖고 스스로 판단하고 행동한다는 뜻은 아닙니다. 창조자가 설정한 범위 내에서 움직이며, 창조자의

● 인시노나 인기가 높아서 대중들에게 영향력을 행사하는 이를 '인플루언서'라고 합니다. 버추얼 인플루언서는 실제 존재하는 사람이 아니라, 컴퓨터 그래픽으로 만들어진 가상 인간이 인플루언서로 활동하는 경우를 뜻합니다.

통제를 받습니다. 3분면은 2분면에 있는 인공지능 기반의 가상 인간이 그 활동 영역을 분화하여 동시간대에 서로 다른 물리적, 메타버스 공간을 배경으로 다양한 역할을 수행하는 상황입니다.

좀 더 쉽게 예를 통해 살펴보겠습니다. 1분면에는 생물학적 인간인 필자 김상균이 있습니다. 4분면에는 김상균이 제페토에서 활동하는 20대 청년 모습의 레슬리가 있습니다. 2분면에는 A자동차 회사가 창조한 광고 모델 B가 있습니다. B는 자동차 회사가 설정한 인구통계학적 특성, 성격 등을 기반으로 만들어졌으며, 활동 과정에서 학습을 통해 사고 능력이 성장합니다. 3분면은 이런 상황입니다. 기업 홍모 모델로 창조된 2분면의 가상 인간 B가 대중들에게 인기를 끌면서 동시간대에 서로 다른 물리적, 메타버스 공간을 배경으로 연기자, 상담사, 교사 등의 역할을 수행하는 것입니다.

지금까지 살펴본 네 종류의 인간이 복잡하게 느껴질 수 있습니다. 여기

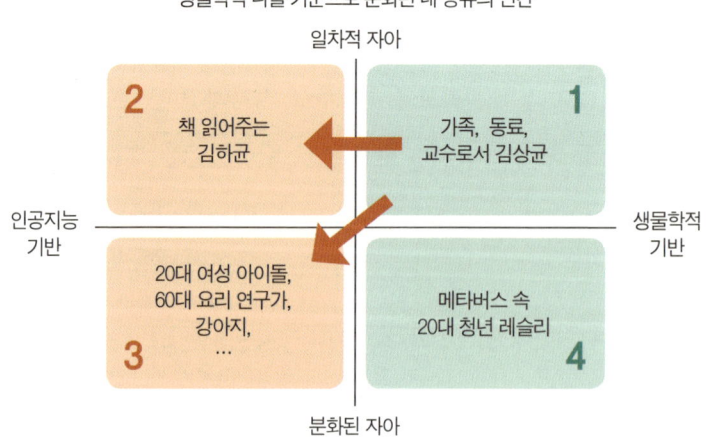

생물학적 나를 기준으로 분화된 네 종류의 인간

에 또 하나의 변수가 발생합니다. 1분면에 존재하는 김상균은 물리적 공간을 살아가는 생물학적 인간입니다. 2·3·4분면에서 김상균은 여러 개의 아바타로 살아가는 게 가능합니다.

여기서 언급한 아바타는 메타버스에서 다른 사용자, 개체, 환경과의 상호작용을 용이하게 하는 인간 사용자의 디지털 표현입니다.[2] 4분면은 김상균이 메타버스를 통해 활동하는 단계로, 여기까지는 앞의 설명과 다를 바가 없습니다. 그런데 김상균이 인공지능의 힘을 빌어 2·3분면으로 진출이 가능해졌습니다. 다음 그림은 2분면에서 활동하는 김상균의 인공지능 아바타 김하균입니다. 김상균이 말하는 모습과 발화 패턴을 학습하여 김상균 대신 강의와 설명을 할 수 있는 아바타입니다. 여기까지는 2021년에 이미 구현해서 활용하는 아바타입니다.

10년 후가 되면, 3분면에 있는 아바타는 인공지능에 의해 원래 김상균

인공지능으로 활동하는 김하균●

● 이름을 '김하균'이라 지은 것은 제 이름 '김상균'의 가운데 글자인 상을 기준으로 붙였기 때문입니다. 그렇다고 실제 이름에서 '위 상(上)' 자를 쓰는 것은 아닙니다.

의 생물학적 성별, 연령, 인종을 바꿔서 활동하거나 심지어 동물 모습으로 활동하는 것도 가능해집니다. 2·3분면에 있는 아바타는 기본적으로 김상균의 배경을 통해 학습된 아바타이며, 활동하는 과정에서도 김상균이 설정한 범위에서 통제를 받으며 활동하겠으나 스스로 학습하며 일정 부분에서는 자율적으로 선택하고 행동하게 됩니다. 물리적 세상에서는 김상균이 몸을 움직이며 살아갑니다(1분면). 가끔은 메타버스에서 아바타 레슬리를 움직여 학생들을 만나고 사람들과 대화합니다(4분면). 김상균의 몸동작과 억양을 학습한 김하균은 어느덧 원래의 김상균이 학생들을 상담하는 패턴까지 학습하여, 학생들이 찾아오면 김상균을 대신하여 기본적인 상담도 자동으로 해줍니다(2분면). 김상균의 다양한 특성을 학습하여 사람의 모습이 아닌 강아지 형상으로 아바타를 만듭니다. 김상균이 세상을 떠난 후에도 아바타가 김상균을 대신해서 김상균의 아이들 곁을 지켜줍니다(3분면).

이쯤에서 아바타에 관해 좀 더 살펴보겠습니다. 집단을 나눠서 한쪽 집단은 자신의 아바타를 만들고, 다른 집단은 타인의 아바타를 평가하는 실험을 진행했습니다.[3] 실험에서 아바타를 만드는 사람들은 자신의

• 이 연구는 두 단계로 나누어 수행되었습니다. 첫 번째 단계에서는 99명의 실험 참가자들이 각자 원하는 아바타를 만들었고, 두 번째 단계에서는 209명의 실험 참가자들이 이 아바타들을 평가했습니다. 성격 측정을 위해서 Big Five Inventory-44(BFI-44)와 Big Five Inventory-10(BFI-10)을 사용했습니다. 이 도구들은 성격을 개방성, 성실성, 외향성, 우호성, 신경증의 5가지 유형으로 구분합니다. 친구가 되고자 하는 의도를 측정하기 위해 '이 아바타를 만든 사람과 친구가 되고 싶은지'에 대해 리커트 5점 척도를 이용해서 의중을 물었습니다.

성격을 아바타에 반영하고자 노력했습니다. 타인의 아바타를 평가한 사람들은 아바타를 통해 그 사람의 외향성, 우호성, 신경성, 개방성을 예상할 수 있었던 반면, 성실성을 예상하지는 못했습니다. 또한, 아바타를 만든 사람이 보는 자신의 성격과 그 아바타를 보면서 다른 사람들이 추측한 아바타 주인의 성격은 상당 부분 일치했습니다. 재미난 점은 여러 아바타를 보여주고 그중에서 친구로 삼고 싶은 사람을 고르게 했더니, 우호성이 높아 보이는 아바타의 주인과 친구가 되고 싶어 했다는 것입니다.

더 깊게 들어가면, 10년 후 우리는 네 종류가 아닌 여섯 종류의 인류가 혼재된 세상을 살게 될 것입니다. 2·3분면에 있는 인류는 온전히 인공지능에 기반한 인류, 생물학적 인간에 기반했으나 인공지능으로 강화된 인류로 나누어집니다. 즉, 2·3분면에는 각각 두 종류의 인류가 존재합니다. 따라서 다음과 같이 총 여섯 종류의 인류가 살아가는 세상이 됩니다.

존재하는 분면	특징	예시
1	물리적 공간에서 살아가는 생물학적 인류	김상균
2	창조자(인간 또는 다른 인공지능)가 만든 인공지능 기반 아바타 인류	버추얼 인플루언서 A
2	생물학적 인간의 특성을 인공지능으로 학습한 아바타 인류	김상균을 인공지능으로 학습해서 만들어 낸 김하균
3	창조자가 만든 인공지능 기반 아바타가 여러 모습으로 분화된 인류	버추얼 인플루언서 A가 다양한 산업에서 서로 다른 목적으로 사용되는 경우
3	생물학적 인간의 특성을 인공지능으로 학습한 아바타가 여러 모습으로 분화된 인류	김하균의 음색을 20대 여성으로 바꿔서 가상 여성 아이돌로 활동하는 김하은
4	생물학적 인간이 메타버스에서 직접 조작하는 이미디 인류	김상균이 직접 조작하는 메타버스 속 아바타 레슬리

여섯 종류의 인류라니, 정신이 혼미해집니다. 그러나 서서히 스며들 듯이 우리는 여러 가상 인간과 어울려 살게 됩니다. 당신에게 여섯 종류의 인류는 어떤 의미일까요? 특히 1분면을 제외한 2·3·4분면에 있는 다섯 종류의 인류에 집중해보기 바랍니다. 그들은 친구, 동료, 고용인(당신의 보스), 피고용인(노동자), 경쟁자 중 어떤 모습일까요? 혹시 이들 중에서 당신의 배우자가 나오지는 않을까요? 배우자가 너무 부담스럽게 느껴진다면, 그중에서 당신의 마음을 바닥까지 보여줄 수 있는 진정한 친구가 나올 가능성은 얼마나 있다고 보나요?

2·3·4분면의 인류는 우리에게 아바타로 다가옵니다. 우리는 아바타와의 관계, 소통에서 아바타에게 얼마나 가깝게 다가갈 수 있을까요? 아바타와 인간 간의 소통이 가능할지 의구심이 드는 독자들을 위해 한 가지 실험을 소개합니다. 참가자를 대상으로 두 가지 방법으로 소통을 진행했습니다. 하나는 사람이 이야기하는 장면이 녹화된 영상을 보여주었고, 다른 하나는 아바타가 등장해서 실시간으로 말하는 장면을 보여주었습니다. 실험 참가자들은 아바타가 실시간으로 하는 말이 녹화된 영상 속의 사람이 하는 말보다 더 진정성이 있다고 평가했습니다.[4] 즉, 사람의 진짜 얼굴보다 더 중요한 것은 실시간 소통에서 발생하는 작은 피드백이며, 그런 피드백은 아바타로도 충분히 전달할 수 있습니다.

물론 이런 상황에 꼭 긍정적인 면만 있는 것은 아닙니다. 메타버스에서 아바타가 저지른 범죄 행위가 어떤 영향을 주는가를 연구한 내용을 소개하겠습니다.[5] 메타버스에서 인간 A의 아바타가 인간 B의 아바타를 성추행했다고 가정합시다. 이 경우 B가 A의 아바타를 실존하는 인간 A와 동일하게 인식할 경우, B가 느끼는 피해의식은 훨씬 커집니다. 아바타의 메시지와 행동에 담긴 진정성을 높게 인식했기 때문입니다. 즉, B는 현실 속 A가 아바타에게 가볍게 장난친 것(가해자가 자신의 행동을 합리화하는 논리)이라 보지 않고, 실제로 자신을 성추행했다고 느끼고 괴로워합니다. 아바타를 활용한 소통이 따뜻한 진정성을 전달할 수 있으나, 반대로 상처도 날카롭게 전해줄 수 있습니다. 메타버스의 아바타 간 소통에서 우리는 진정성을 느낍니다. 이런 인식은 빛과 그림자를 동시에 던져줍니다.●

● 디스플레이로 만나는 사람 vs. 디스플레이 없이 만나는 사람

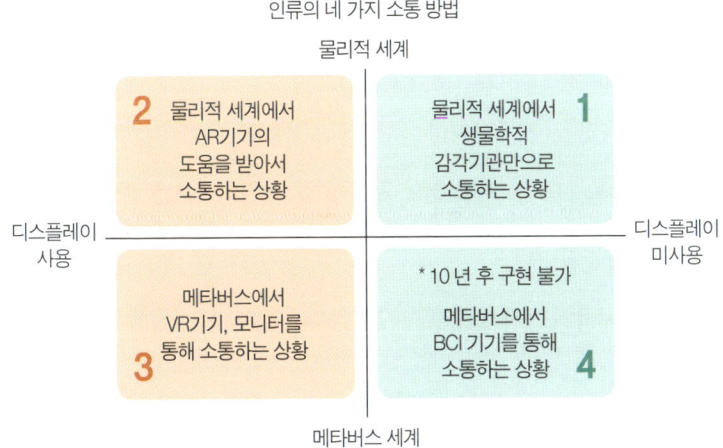

● 아바타를 활용한 소통의 의미에 관심이 있다면 Kothgassner et al. 연구**6**를 참조하는 것도 좋습니다. 이 연구는 여러 형태의 사회적 지원(실제 사람을 통한 지원, 아바타를 통한 지원, 지원 없음 등)이 스트레스를 감소시킬 수 있는지 분석했습니다.

10년 후 우리는 다양한 방법으로 타인과 소통하게 됩니다.

1분면은 현실의 물리적 세계에서 사람 대 사람으로 만나서 디지털 기기의 도움 없이 소통하는 상황입니다. 2분면은 현실의 물리적 세계에서 만났으나 디스플레이의 도움을 받으며 소통하는 경우입니다. 이 상황에서 대표적으로 사용될 기기는 AR기기나 안경 형태로 착용하는 증강현실 장치입니다. 영화 〈터미네이터〉에서 터미네이터는 사람과 마주치면 그 사람의 모습 위에 각종 정보가 덧씌워진 화면을 봅니다. 영화 장르상 이런 상황이 폭력적이고 공포스럽게 다가온다면, 다음과 같은 예를 생각해보면 좋겠습니다. 몇 달 전에 만났던 거래처 사람을 다시 만났는데, 그의 이름과 직함, 이전에 대화했던 내용이 잘 떠오르지 않습니다. 그럴 때 AR기기에 달린 디스플레이가 상대에 관한 정보를 일목요연하게 보여주는 형태입니다. 이런 상황도 가능합니다. 이런 기기를 사용하는 이들이 특정 서비스에 가입했다면, 이들이 물리적으로 마주쳤을 경우 상대의 정보를 보여주는 것입니다. 예를 들면 소개팅, 친교 관련 플랫폼에서 사용될 기능입니다.

3분면은 메타버스에서 착용형 VR기기나 컴퓨터 화면을 통해 소통하

영화 〈터미네이터〉에서 터미네이터의 시야

출처: Orion Pictures

는 상황입니다. 현재는 컴퓨터 화면을 이용하는 경우가 훨씬 많지만, 10년 후에는 최소한 절반 정도의 상황에서 VR기기가 사용되리라 봅니다. 4분면은 BCI^{Brain Computer Interface}를 통해 직접적으로 메타버스에 접속하는 상황인데, 기술 발전 속도를 고려할 때 10년 후가 되어도 4분면이 구현되기는 어렵습니다. Part 1에서 언급한 커널 사의 헬멧 같은 방식이 고도화되어서 제한된 범위에서 사용하는 수준이 될 것입니다. 아마도 2022년의 우리가 VR기기에 관해 느끼는 기능과 편의적 수준보다 좀 더 낮은 정도의 만족감을 10년 후의 BCI기기에서 경험하리라 예상합니다.

10년 후에도 4분면의 소통방식은 미완성 상태이므로 논외로 하겠습니다. 1·2·3분면의 소통방식에서 선택할 수 있다면, 당신은 어떤 방식을 가장 선호하나요? 당신이 만날 대상이 누구이며, 그와 당신의 사회적 관계를 기준으로 매번 다른 선택을 하리라 봅니다. 반대로, 당신의 친구, 동료, 직장 상사, 교사, 의료·공공분야 서비스 제공자 등은 1·2·3분면 중에서 어떤 방식으로 당신과 소통하기를 바랄까요? 상대가 가진 사회적 입장, 당신을 평가하는 그의 기준에 따라 다른 선택을 할 것입니다. 즉, 우리에게는 1·2·3분면의 채널이 공존하지만, 소통에 참여하는 이들의 사회적 관계, 권력, 상대에 관한 인식 등에 따라 매번 채널이 바뀔 것입니다. 나 또는 상대방이 1·2·3분면에서 소통 채널을 고르는 상황에서 우리의 소통은 무사할까요?

현실 세계와 메타버스에서 발생하는 상호작용의 구조적 차이점을 다룬 연구를 잠시 살펴보겠습니다.[7] 요약하면 다음과 같습니다. 첫째, 메타버스에서 텍스트 위주로 소통할 경우 우리는 상대를 왜곡해서 인식합니다. 상대의 메시지를 음성으로 듣지 않고 텍스트로 읽을 때, 우리는 상대방을 지적 능력이 약하고, 사려 깊지 못하며, 감수성이 부족한 사람으로 평가합니다. 동일한 문장이라도 음성으로 들을 때보다 글만 읽었을 때 상대를 그렇게 평가한다는 뜻입니다. 둘째, 메타버스에서는 익명으로 소통하는 경우가 많은데, 이런 상황에서 공격적 행동이 더 많이 나타납니다. 또한, 익명의 소통방식은 사회적 관계 형성을 저해하기도 합니다. 익명 상황에서는 자신의 의견을 거리낌 없이 잘 표현하지만, 반대로 상대를 쉽게 신뢰하지 못하기도 합니다.

온라인 데이트를 즐기는 10만 명을 무작위로 선발해서 진행한 실험에서 익명의 사용자보다 자신이 누구인지 드러낸 사용자의 데이트 상대 매치 결과가 더 좋게 나타났습니다.[8] 익명성을 통해 상대를 선입견 없이 보기도 하지만, 반대로 익명의 상대에 대해 두려움을 느끼기도 하는 게 인간입니다. 물론 10년 후가 되면 모든 아바타는 표정과 제스처를 실제 사람보다 더 정교하게 보여줄 수 있고, 실명은 아니어도 개인이 가진 사회적 정보를 상대에게 적절히 제공해서● 신뢰감을 형성하는 기능이 메타버스에서 보편적으로 적용될 것입니다. 그러나 그런 기능을 사용하지

● 플랫폼이 개인의 신상 정보를 정확하게 인증하고 보장하는 형태로 진화한 서비스가 등장할 것입니다. 지금은 소셜 미디어 플랫폼에서 상대가 올린 정보를 신뢰하기 어려운 경우가 보통이지만, 향후 이런 부분은 바뀔 것입니다.

않거나 회피하는 이들도 분명 있을 것이기에 우리의 메타버스 속 소통은 여전히 불안정하리라 봅니다.

소셜 미디어 이용자의 폭발적 증가에도 불구하고, 우리가 실제로 가깝게 지내는 지인의 수는 소셜 미디어 등장 이전과 별반 다를 바가 없다고 합니다.⁹ 던바의 연구에 따르면, 아주 가까운 친구 5명, 가까운 친구 15명, 일반적인 친구 50명, 지인 150명이 평균입니다. 던바는 이런 것이 인간의 타고난 육체적, 정신적 한계라고 했습니다. 그리고 개인이 관리하는 네트워크가 클수록●, 각각의 친구나 지인과의 관계 유지에 관여하는 시간은 줄어든다고 합니다. 즉, 메타버스에서 시공간을 초월해 수백 명과 연결되고 소통하는 것 같아도, 우리가 진정 가깝게 지낼 수 있는 이들은 여전히 한정되어 있습니다.

메타버스에서 사람들은 자신과 비슷한 사람들을 중심으로 관계를 만드는 경향이 있습니다.¹⁰ 메타버스에서는 그런 사람들을 고르기도 편리합니다. 즉, 우리는 메타버스에서 엄청나게 많은 사람과 다양한 집단에 연결되어 있다고 느끼지만, 실상은 나와 비슷한 소수의 사람들과 연결된 상황을 넘어서기 어려운 경우가 많습니다. 이런 상황은 10년 후에도 크게 바뀌지 않으리라 생각합니다. 다만, 앞서 설명한 터미네이터의 시야처럼 상대에 관한 정보를 내 입장에 맞춰서 편하게 보여주는 기능은

● 개인이 알고 지내는 사람이 40명이 넘는 경우를 의미합니다.

고도로 발달할 것이며, 이에 힘입어 우리는 지금보다는 좀 더 많은 이들, 좀 더 다양성을 가진 이들과 연결되어 있으리라 봅니다. 그러나 의문점이 남습니다. 우리가 마음에 담아두고 연결한 5명, 15명, 이 숫자가 터미네이터 시야의 도움을 받아 50명, 150명으로 증가한다 해도, 그렇게 연결된 50명, 150명이 내 마음에 담긴 5명, 15명과 같은 무게로 내 인생에 의미를 부여할지는 모르겠습니다.

● 당신의 외모는 중요하지 않다

메타버스에서 사용자는 자신의 아바타로 생활합니다. 타인과 다른 자신의 아바타는 메타버스에서 사용자의 정체성 형성에 중요한 역할을 합니다.[11,12] 사용자가 아바타에 대해 품고 있는 애착은 메타버스 속 경험, 몰입, 즐거움 등에 깊은 영향을 줍니다.[13]

메타버스에서 사용자들은 자신의 아바타를 어떻게 바라보고 행동할까요? 376명을 대상으로 진행한 실험을 살펴보겠습니다.[14] 메타버스에서 아바타가 키우는 반려동물이 있을 경우, 사용자는 자신의 아바타에 더 큰 애착을 보였습니다. 자신의 아바타가 그곳의 반려동물과 교감을 나눈 경험, 이것을 나와 분리된 아바타의 경험이라고 인식하지 않습니다. '메타버스에서 경험한 것이(좋은 것이건 나쁜 것이건) 현실의 내게 영향을 주나요?'라는 질문을 받는 경우가 많습니다. 메타버스 속 아바타와 반려동물의 관계는 이 질문에 대한 답이 됩니다. 아바타와 반려동물의 따듯한 관계를 실제 나의 관계로 인식합니다. 즉, 아바타의 경험을 내 경험으로 보는 것입니다. 또한, 아바타에 대한 애착이 높거나 아바타와 강한 유대감이 있는 사용자는 메타버스에서 디지털 아이템을 더 많이 소비하며 아바타를 꾸미는 데 열을 올립니다.

요컨대, 이런 흐름입니다. 아바타는 메타버스에서 사용자의 정체성 향상에 중요한 역할을 합니다. 사용자는 그 안에서 다양한 경험을 하고 아바타에 대해 애착을 가지게 됩니다. 그리고 아바타를 현실의 나만큼이나 중요하게 바라보며 돌봅니다. 이렇게 돌보는 과정을 통해 아바타의 정체성을 더 명확히 다듬어갑니다. 일종의 순환구조가 만들어지는 셈입니다.

그렇다면 메타버스에서 내가 애착하는 아바타는 어떤 모습일까요? 메타버스에서 아바타의 외모를 만들 때는 다음과 같은 일정한 패턴이 나타납니다.15● ① 아바타를 자신과 비슷하게 꾸미지만, 좀 더 매력적으로 보이게 보정합니다. ② 자신의 실제 모습에서 약점이라고 생각하는 신체적 특징을 가장 먼저 꾸미려 합니다. ③ 여러 아바타를 사용하는 경우, 자신의 핵심적인 아이덴티티 요소들(성별, 인종 등)은 유지하는 반면, 주변 요소들(헤어, 의상, 얼굴 등)은 다양하게 바꿉니다. 묘하게도 아바타는 사용자의 성격16과 외모를 상당 부분 그대로 나타내고 있습니다. 많은 이들이 아바타는 현실의 모습과 완전히 다른 게 대부분이거나 실재를 숨기

● 이 연구는 가설 검증을 위해 실험자(n=80)에 의해 여러 사용자의 실제 사진과 그들의 아바타를 비교하게 했습니다.

는 좋지 않은 수단으로 인식하는 경우가 있으나, 우리가 만들고 사용하는 아바타들이 평균적으로 그렇지 않다는 것을 보여줍니다.

이쯤에서 메타버스 속 우리의 아바타를 정리해 보겠습니다. 그들은 보통 나이를 짐작하기 어려우며, 멋지고, 건강한 모습입니다. 얼핏 보면 현실의 우리와는 달라 보입니다. 그러나 자세히 들여다보면 현실의 우리와 닮은 점이 더 많습니다. 내 모습이지만 현실의 나보다 좀 더 자신감을 주는 모습, 그게 메타버스 속 내 아바타입니다.

10년 후 우리는 메타버스에서 몇 개의 아바타를 가지고 생활하게 됩니다. 당신이 현실에서 어떤 모습인지는 크게 중요하지 않습니다. 50대인 당신이 메타버스에서는 20대 아이돌의 모습으로 힙합을 부르며 살아갈 수 있습니다. 10대인 당신이 메타버스에서는 50대 전문 경영인이 되어 기업을 경영할 수도 있습니다. 현실의 당신은 남자지만, 메타버스에서는 발레리나의 모습으로 대중들 앞에 설 수도 있습니다. 당신의 외모, 나이, 성별, 인종, 국적은 중요하지 않습니다. 당신이 어떤 삶을 꿈꾸며 무엇에 도전하느냐가 당신이 되는 세상, 그게 바로 10년 후 메타버스입니다.

● **강화된 생체인식**

2021년, 메타버스 활용도가 증가하면서 다양한 문제들이 나타났습니다. 아이들이 많이 사용하는 메타버스 플랫폼에서 자신의 아바타를 꾸미기 위해 자신의 계정 정보(ID와 비밀번호)를 다른 이에게 알려주는 이들이 많아졌습니다. 나는 아바타를 잘 꾸미지 못하니 현실 친구 또는 메타버스에서 만난 낯선 이들에게 계정을 알려주고, 그들에게 내 아바타를 꾸며달라고 요청한 것입니다. 아주 심각한 문제가 보고된 사례는 없으나 몇몇 문제는 관찰되었습니다. 타인의 계정으로 접속한 이가 타인의 아바타로 제3자에게 못된 장난을 친 사례, 타인 계정에 담긴 메타버스 속 화폐와 아이템을 자기 마음대로 사용한 사례 등입니다.

10년 후, 이런 계정 정보 도용 문제는 더 이상 아이들의 소소한 문제 수준이 아닙니다. 우리는 메타버스에서 일하고, 공부하고, 소비하고, 많은 이들과 소통합니다. 그러나 우리는 상대의 실제 얼굴이 아닌 아바타를 통해 상대를 인식합니다. 현실의 연인과 메타버스에서 만나서 함께 뮤지컬을 보고 대화를 나눕니다. 그런데 내가 메타버스에서 만난 아바타 뒤에 내 연인이 아닌 다른 이가 있었다면, 내 연인의 계정 정보를 도용한 이가 내 연인의 아바타를 가지고 나를 농락했다고 상상해봅시다. 정말 끔찍하지요? 아바타 계정이 쉽게 도용될 수 있다면, 경제적 가치, 안전, 건강 등을 다루는 영역에서는 더 끔직한 상황이 발생할 수 있습니다. 의사나 금융기관 종사자가 사용하는 메타버스 플랫폼이 해킹된다면, 해커가 의사나 은행원을 사칭해서 문제가 될 가능성이 있습니다. 또한 10년 후에는 가정과 사무실에 있는 가전제품과 기기들이 모두 IoT로 연결됩니다. IoT를 통한 제어권한을 내 아바타도 가지게 된다면, 아바타에 대한 접근은 철저히 보호되어야 합니다.

10년 후에는 메타버스와 관련된 다양한 접속기기에 생체인식 기능이 보편적으로 탑재됩니다. 예를 들어, VR기기에 안구의 움직임, 눈 주변 생물학적 특징 등을 활용해서 생체인식을 해주는 기능이 들어갑니다. 그러면 VR기기를 쓸 때마다 ID와 비밀번호를 입력하는 게 아니라, 기기가 자동으로 나의 생물학적 특성을 바탕으로 나를 확인해줍니다. VR기기의 인증 수준을 높이기 위해 안구의 움직임뿐만 아니라 눈꺼풀, 외안근, 세포, 주변 신경들을 함께 분석해서 인증해주는 장치인 오큐락OcuLock을 고안한 사례도 있습니다.[17] 오큐락은 매우 높은 수준의 정밀도를 보였고, 이런 인증 방식에 대한 사용자들의 선호도도 높았습니다. 매번 ID와 비밀번호를 입력하는 방식 또는 손가락을 어딘가에 집어넣는 방식에 비해 훨씬 편리하고, 심리적 부담감도 적었기 때문입니다. 아바타를 사용하는 메타버스에서 우리는 결제를 하고 물건을 구매하게 됩니다. 이 상황에서 스마트폰의 지문인식 기능보다는 착용하고 있는 AR글라스, VR기기를 활용한 생체인식이 보편적으로 쓰이리라 봅니다. 음성을 통해 신분을 확인하는 방법은 좀 더 신중하게 접근해야 합니다. 인공지능 도구를 활용해서 개인의 음성을 학습하여 모사하는 기술은 이미 완성된 상태여서 음성으로 개인을 인증하는 수단은 공격 대상이 될 확률이 높습니다.

아바타 도용을 막는 것도 중요하지만, 아바타로 인해 발생하는 다양한 정보를 보호하는 것도 중요합니다. 메타버스에서 사용자 프라이버시 보호 문제는 크게 3가지로 구분할 수 있습니다.[18] 아바타를 통해 드러나는 개인정보 보호, 아바타의 움직임과 활동에 대한 행동정보 보호, 아바타가 다른 아바타와 소통하며 발생하는 커뮤니케이션 프라이버시 보호입니다. 내가 누구이고, 어디에서 어떤 활동을 하며, 누구와 어떤 대화를 나누는가에 대한 보호입니다. 현실에서 누군가가 나를 따라다니는 CCTV 드론을 띄워 내 일거수일투족을 파악하여 기록하고 있다고 가정해봅시다. 생각만으로도 소름이 돋습니다. 그러나 메타버스에서는 모든 정보가 메타버스 플랫폼이 돌아가는 서버의 데이터로 기록될 수 있기에 이런 기록이 온전히 보호되지 않는다면, CCTV 드론보다 끔찍한 결과를 초래할 수 있습니다.

그러면 10년 후에는 어떤 일이 벌어질까요? 2021년과 비슷한 상황이 되리라 봅니다. 메타버스 속 프라이버시를 보호하기 위해 많은 기술과 제도가 등장할 것입니다. 그러나 플랫폼 기업들은 그런 기술과 제도의 허점을 파고들 것입니다. 이유는 명확합니다. 지금도 플랫폼 기업들은 사용자들로부터 획득한 정보를 바탕으로 수익을 창출합니다. 10년 후에도 그들은 그런 사업 모델을 쉽게 포기하지 않을 것입니다. 따라서 메타버스 사용자, 플랫폼 사업자, 행정기관 사이에는 지금보다 더 큰 분쟁이 이어지리라 봅니다.

재편되는 공간

"도시는 길이와 너비로 평가되는 것이 아니라 비전의 폭과 꿈의 높이로 평가된다."
-허브 캔

● 도시에 조금은 덜 집착하는 세상

사람들은 왜 도시를 좋아할까요? 왜 도시에 모여 살까요? 크게 두 가지 이유가 있습니다.

첫째, 많은 것들을 저렴하게 공유할 수 있습니다. 대도시를 놓고 보면, 2,000원이 안 되는 돈으로 지하철을 탑승하고, 수십 만 권의 장서를 보유한 도서관을 무료로 이용하고, 수백 명의 의료 인력이 상근하는 병원을 이용합니다. 소소하게는 배달 앱만 켜면 30분 안에 받을 수 있는 음식의 종류가 수백 가지입니다. 이 모든 게 도시가 가지고 있는 공유의 힘입니다. 별빛이 쏟아지는 깊은 산속에 산다면 이 모든 것을 포기해야 합니다. 도시의 집값이 비싸기는 하지만, 거주 비용을 제외한 항목을 보면 교통, 식사, 의료, 문화 등 대부분 영역에서 도시에 사는 게 경제적으로 유리합니다. 적은 돈으로 많은 것을 누리며 살 수 있는 곳이 도시입니다.

둘째, 도시에서 우리는 수많은 사람과 다양한 기회와 연결됩니다. 도시는 거미줄처럼 촘촘하게 우리를 연결합니다. 이런 연결을 통해 우리는 도시에서 다양한 꿈을 꾸고, 더 많은 성취를 이루며, 더 넓은 인간관계를 형성합니다. 물론 공유와 연결이 있기에 도시가 더 위대하다는 의미는 아닙니다. 이런 도시의 공유와 연결 기능은 그 자체로 많은 역효과를 가져오기도 합니다. 다만, 사람들은 공유와 연결에 담긴 어두운 면보다 밝은 면에 이끌려 도시로 몰려들고 있습니다.

메타비스가 보편화되는 10년 후, 도시에 대한 우리의 집착은 조금이라도 줄어들까요? 그렇다고 봅니다. 도시의 두 가지 장점인 공유와 연결을 그대로 놓고 10년 후를 그려봅니다.

첫째, 물리적 도시에서 공유할 수 있었던 것들의 상당 부분이 메타버스로 대체됩니다. 예를 들어, 실제로 도서관이나 박물관에 가지 않아도 메타버스를 통해 접근할 수 있습니다. 심지어 도서관과 박물관을 내 입맛에 맞게 꾸미는 것도 가능합니다. 좋아하는 고미술품만 모아 나만의 전시실을 만들 수도 있습니다. 의료 서비스의 상당 부분이 원격으로 전환될 것이기에 근거리에 병원이 없어도 크게 문제되지 않습니다. 즉, 물리적으로 도시에 살아야 누릴 수 있는 여러 인프라가 메타버스를 통해 공간을 초월해서 공유됩니다.

둘째, 메타버스에서 국가와 국적을 초월한 사람과 어울리고, 무한대에 가까운 기회와 연결됩니다. 2021년 여름, 저는 매우 반가운 연락을 받았습니다. 2021년 초에 강연장에서 만났던 50대 교사였습니다. 그는 제 강연을 들은 후 메타버스에 아바타를 만들었다고 합니다. 그리고 매일 숙제하듯이 자신의 아바타를 가지고 10분이라도 여러 메타버스를 돌아다녔습니다. 여러 공간을 돌아다니던 그는 한강 고수부지를 옮겨놓은 메타버스에서 신기한 인연을 만났습니다. 어떤 아바타가 말을 걸었고, 대화를 나눠보니 생각이 잘 통했다고 합니다. 현실 정보를 가지고 통성명을 해보니 같은 동네에 사는 20대 청년이었습니다. 그에게는 이것이 저에게 일부러 연락을 할 정도로 특별한 경험이었을까요? 그는 저녁마다 배우자와 함께 한강 고수부지를 산책한 지 2년이 넘었지만 그동안 자신에게 말을 걸어온 20대 청년은 아무도 없었다고 합니다. 그래서 '내게 20대 친구가 생긴 것은 메타버스 덕분입니다.'라는 인사를 제게 건넨 것입니다. 10년 후 우리는 인공지능에 의해 번역된 언어로 말하고, 목소리도 변조되는 아바타를 가지고 전 세계 어디든 가고, 수많은 이들과 연결될 수 있습니다.

메타버스 플랫폼을 개발하는 외국 기업의 직원을 잠시 인터뷰한 적이 있습니다. 그는 회사에서 개발자 역할을 맡고 있었습니다. 임직원이 20명 남짓한 기업이어서 "당신 보스(사장)는 지금 어디 있나요?"라고 질문을 던졌습니다. 사무실 공간 구조와 근무 형태가 궁금해서 던진 질문이었습니다. 그 직원의 답변은 정말 충격적이었습니다. "나는 보스가 어디 있는지 몰라요. 솔직히 그를 본 적도 없어요. 나는 A지역에서 살고 있고, 계속 원격으로만 일하고 있어요. 보스는 아마 B지역에 있을 것 같은데, 확실하지는 않아요. 아침에 우리 플랫폼(자사가 운영하는 메타버스 공간)에서 회의를 했지만 다른 나라에 있을지도 모르죠."

이런 장면은 10년 후에 더 보편화됩니다. 물론, 우리가 소통하고 일하는 모든 장면이 이렇게 바뀐다는 뜻은 아닙니다. 그러나 우리는 이미 많은 변화를 경험했습니다. 다음 그림은 직장인 커뮤니티에서 많이 퍼진 재택근무 후기입니다. 대략 30년 전으로 시계를 돌려봅시다. 인터넷이 없던 시절, 우리는 서류를 챙겨 들고 상대방을 만나러 갔었습니다. 변화는 더욱더 빨라지고 있습니다. 30년 전과 지금, 그 변화보다 훨씬 더 큰 변화가 10년 후에 일어나리라 예상합니다.

마차를 타고 다니던 시절, 사람들의 하루 생활 반경은 30km 정도였습니다. 자동차를 이용하면서 생활 반경은 100km를 넘어섰습니다. 그렇다면 메타버스는 우리의 생활 반경을 어떻게 재편할까요? 무한대입니

어떤 직장인의 재택근무 후기

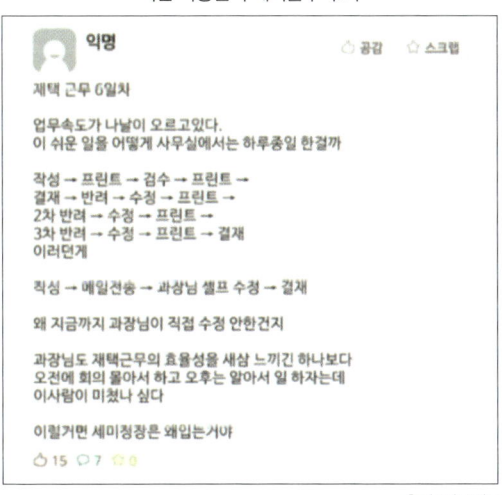

출처: 이투랜드

다. 서울에 앉아서 지구 반대편에 있는 페루의 리마에서 업무를 볼 수 있습니다. 정확한 비율을 가늠하기는 어렵지만, 일상의 많은 부분에서 생활 반경이 무한대로 넓어지는 현상이 발생합니다. 생활 반경 인식에 변화가 생기는 상황에서 도시의 가치는 지금과는 달라질 것입니다. 그렇다면 메타버스는 도시를 소멸시키기라도 할까요? 그렇지는 않습니다. 인간의 몸은 물리적으로 존재합니다. 인간이 물리적 몸을 완전히 버리기 전까지 우리는 물리적 공간에 의지할 수밖에 없습니다. 그러나 10년 후에는 지금보다 물리적 도시에 덜 집착하리라 예상합니다.

흥미로운 이야기를 들려드리려 합니다. 우리는 메타버스 속 공간을 물리적 세계의 공간과 비슷하게 인식할까요? 물리적 세계에서 발생하는 면대면 소통에서 사람 간 거리IPD: Interpersonal Distance는 중요한 역할을 합니다. 사람 간 거리가 가까우면 상호작용 중 감정적 반응을 증가시킬 수 있으며, 거리는 사회적 두려움으로 인한 회피 행동과도 연관되어 있습니다. 가상현실에서 사람들이 소통할 때 거리가 어떤 영향을 주는지 살펴보겠습니다.[19]

가상현실에서 컴퓨터에 의해 작동되는 가상 아바타가 참가자에게 다가와 간단한 상호작용을 한 실험이 있습니다. 아바타와 실험 참가자의 거리는 1~3.5m 사이였습니다. 실험 참가자가 아바타에게 다가가면 아바타가 자동으로 움직여서 설정한 거리를 맞추게 했습니다. 실험에는 사이버세션CyberSession이라는 가상현실 실험용 소프트웨어가 활용되었습니다. 사회적 두려움, 실재감 등을 측정하기 위해 설문지를 이용했으며,

생체신호를 측정하기 위해 심전도ECG: Electrocardiogram, 피부 전열 활동EDA: Electrodermal Activity, 근전도 검사EMG: Electromyography도 했습니다. 실험 결과는 다음과 같습니다. 참가자들은 가까운 거리(1m)에서 아바타(컴퓨터에 의해 작동되는 상대)와 상호작용하는 것보다 2m 이상의 거리에서 소통하는 것을 좋아했고, 거리가 가까워지면 긴장도는 높아졌습니다. 평소에 사회적으로 두려움을 많이 느끼는 참가자일수록 아바타가 가까이 다가오면 피하려는 행동을 더 자주 보였습니다. 인간은 물리적 공간을 기반으로 감정과 사고체계가 형성되어 있으므로 물리적 공간을 모방해서 만든 메타버스 공간을 물리적 공간과 유사하게 받아들입니다. 이는 메타버스 공간을 통해서도 물리적 공간 같은 경험을 누릴 수 있다는 의미입니다.

● 구름이 사라진 하늘

도시에서 벗어나고 싶다는 기분이 들 때 제가 가끔 취하는 행동이 있습니다. 양손을 펴서 양쪽 눈 옆에 대고 고개를 들어 하늘을 올려다봅니다. 그러면 제 손바닥이 좀 보이기는 하지만 눈앞에는 인공 건축물 없는 하늘이 펼쳐집니다. 그런데 10년 후에는 이런 행동을 하기도 어려워질지 모릅니다. 하늘에도 광고물, 상황에 맞는 메시지 창이 몇 개 열려 있을 것 같습니다. 무슨 말인지 이해가 안 된다면, 지하철을 떠올려보기 바랍니다. 지하철의 대부분 공간은 다음 사진처럼 온통 광고와 정보로 도배되어 있습니다. 그래서 가끔 지하철을 타면 그 공간이 답답하게 느껴집니다. 너무 많은 정보를 쏟아내는 그 공간, 멍하니 바라볼 수 있는 빈 여

지하철 광고들

백이 없는 그 공간이 저를 압박하는 듯합니다.

2021년 11월, 나이언틱•은 '라이트십Lightship'이라는 증강현실 기반의 메타버스 구축 도구를 공개했습니다. 먼저 다음 그림과 영상부터 보시기 바랍니다.

사용자는 라이트십을 통해 스마트폰이나 글라스••로 보는 장면에 무엇이 있는지 실시간으로 식별합니다. 하늘을 보는지, 호수를 보는지, 큰

• 나이언틱(Niantic Inc.)은 미국 캘리포니아주 샌프란시스코에 있는 IT기업입니다. 구글의 사내 스타트업으로 시작했다가 2015년에 분사했습니다. 국내에도 많이 알려진 증강현실 게임 '포켓몬고'는 나이언틱의 대표작입니다. 나이언틱은 '포켓몬고' 이외에 '인그레스(Ingress)'라는 증강현실 콘텐츠도 운영하고 있습니다.

•• 나이언틱은 이 솔루션이 당장은 스마트폰과 태블릿 등에 활용될 것이지만, 장기적으로는 AR글라스에 적용될 것이며, 그럴 경우 더 많은 변화가 오리라 예상했습니다.

나이언틱 라이트십으로 공간 위에서 다양한 정보를 보여주는 장면

나이언틱 라이트십으로 구현한 하늘 낙서 영상

출처: Niantic Inc.

나무를 보는지 바로 파악됩니다. 그리고 그 위에 각종 정보를 덧씌웁니다. 덧씌워지는 정보는 광고, 게임, 개인 메시지, 업무 관련 알람, 공공 정보 등 다양합니다. 10년 후면 우리가 사용하는 주된 기기는 스마트폰에서 AR글라스로 바뀌어 있을 것입니다. 그런 상황에서 나이언틱의 라이트십처럼 증강현실을 바탕으로 다양한 정보와 이벤트를 제공하는 서비스는 모든 공간에 부담스러울 정도로 빼곡히 스며드리라 봅니다. 그들이 노리는 광고판에 넓은 하늘도 빠지지 않습니다. 지금 지하철 안에서 느끼는 압박감을 10년 후에는 하늘을 올려다보면서 느낄지도 모릅니다. 물론, 이 책에서 얘기하는 모든 10년 후 장면에서 우리가 수동적 소비자로만 존재하지는 않으리라 예상합니다. 10년 후 하늘에 구름이 흘러갈지, 정보와 이벤트가 흘러갈지는 우리가 함께 관심을 갖고 결정해야 합니다.

● **언제나 호캉스**

호텔과 바캉스(휴가)를 합성한 '호캉스'란 말이 유행입니다. 팬데믹을 겪으면서 원거리 여행이 어려워진 상황에서 사람들은 호캉스를 더 선호하기 시작했습니다. 호캉스를 좋아하는 이유를 물어보면, 호텔의 여러 편의시설을 이용하면서 휴식을 취하는 게 좋다고 합니다. 팬데믹으로 인해 여행을 못 가는 상황이기도 하지만, 복잡한 여행보다는 편하게 쉬는 호캉스가 더 좋다고 말합니다. 물론 호텔에는 식음료 서비스, 스파, 운동시설, 수영장 등이 있으나, 호캉스를 하면서 이런 서비스를 꼼꼼하게 이용하는 이들은 적은 편입니다.

호캉스를 즐기는 이유와 여행을 가는 이유는 비슷하다고 생각합니다. 바로 낯섦에 대한 갈망 때문입니다. 호텔에 있는 침실이 훨씬 더 좋거나 집 근처 피트니스 센터보다 좋은 운동기구가 많아서라기보다는, 일상에서 경험하지 않았던, 마주치지 않았던 공간을 탐하는 마음입니다. 한집에서 오래 살았던 이들, 좁은 집에서 사는 이들이 벽지나 소품으로 집안 풍경을 조금이라도 바꾸고자 애쓰는 마음과 닮아 있습니다.

메타버스가 보편화된 10년 후, 우리는 일상을 호캉스처럼 즐길지 모릅니다. AR글라스, VR기기를 통해 우리는 한 공간에 수십 가지의 다른 장면을 담아서 보고 경험하게 됩니다. 그때가 되면 한집에 오래 살았더니 질려서 이사 가고 싶다, 인테리어를 바꾸고 싶다, 이런 마음은 지금보다 줄어들 듯합니다. 물리적 공간을 바꾸거나 새롭게 만들지 않아도, 증강현실 메타버스를 통해 한 공간을 매번 새로운 공간처럼, 호캉스처럼 마주하게 될 것입니다.

● 건물 대신 데이터센터

메타버스에서 필요한 데이터를 보관하고, 무거운 플랫폼 프로그램을 뒤에서 돌려주는 역할을 하는 것은 클라우드 서버 서비스입니다. 클라우드 서버 서비스 시장은 점점 커지고 있습니다. 시장 조사 기관인 IDC의 자료에 따르면, 2021년 클라우드 서버 서비스 시장의 규모는 약 3,850억 달러 수준이며 매년 꾸준히 성장해 2025년 세계 시장 규모는 약 8,090억 달러에 달할 것으로 예상하고 있습니다. 현재 아마존의 클라우드 서버 서비스인 AWS가 32%대 점유율로 전 세계 1위를 차지하고 있고, 다음으로 마이크로소프트의 애저Azure가 21%, 구글 클라우드가 8% 순입니다.●

    IDC가 발표한 2021년 자료에 따르면, 디지털 콘텐츠를 생성, 캡처, 복사하는 등의 과정에서 발생하는 모든 데이터를 뜻하는 데이터스피어Datasphere는 2025년 181제타바이트●● 수준까지 증가하리라 예상됩니다. 이 수치는 약 199조 기가바이트에 해당하는 데이터양으로 2021년(79제타

● 2021년에 통계 전문 회사 Statista가 발표한 자료를 근거로 설명한 내용입니다.
●● 1제타바이트는 1조 1,000억 기가바이트 용량에 해당합니다. 현재 고사양 컴퓨터의 하드디스크 용량을 1테라바이트(1,000억 기가바이트)라고 보면, 1제타바이트는 그런 하드디스크를 10억 개 모아놓은 용량입니다. MP3 노래만 놓고 보면, 1제타바이트 저장장치에 대략 300조 곡 정도를 저장할 수 있습니다.

바이트)과 비교하면 2배 넘게 증가한 수치입니다. 자연스럽게 데이터를 가공하고 처리하는 시장의 가치도 빠르게 상승하고 있습니다.

클라우드 서버 서비스, 데이터스피어 서비스 등을 다루는 분야를 흔히 데이터센터Data Center 산업이라 칭합니다. 그런 서비스를 제공하기 위해 복잡한 대형 서버 컴퓨터, 네트워크, 보안 장비, 안정적인 전력, 외부 위협으로부터 안전한 공간 등을 종합해서 운영하는 산업입니다. 일반인이 보기에는 단순히 대형 컴퓨터 몇 대를 건물 안에 배치하는 정도로 여길 수 있는데, 그 규모는 우리의 상상을 초월합니다. 일례로 수많은 서버에서 발생하는 열을 식히는 것이 큰 골칫거리입니다. 그래서 일부 기업은 극지방이나 바다 속에 데이터센터를 건설하기도 합니다.

메타버스의 성장과 함께 데이터센터 산업도 커가고 있습니다. 데이터센터를 건설하고 유지 및 보수를 하는 산업을 데이터센터 리츠REITs: Real

극지방 근처에 있는 메타의 데이터센터

출처: Meta

Estate Investment Trusts라고 합니다. '리츠'란 투자자로부터 자금을 모아 부동산이나 부동산 관련 자본·지분에 투자해 발생한 수익을 다시 투자자에게 배당하는 부동산 투자신탁을 의미합니다. 일종의 부동산 공동구매인 셈입니다. 지난 25년간 상장된 미국 리츠의 시가총액 규모는 약 90억 달러에서 2021년 1조 6,000억 달러까지 증가했습니다. 데이터센터 리츠는 미국 리츠 종목의 시가총액 중 약 9% 비중(2021년 10월 기준)을 차지하고 있습니다.●

메타버스의 성장과 함께 데이터센터 산업도 커가고 있습니다. 10년 후에는 건물주를 꿈꾸는 이들보다 데이터센터 소유주를 꿈꾸는 이들이 더 많아질지도 모릅니다.

● 2021년 발표된 Nareit(전미리츠협회) 자료를 근거로 설명했습니다.

10년 후에도 우리는 당연히 물리적 집에서 거주하고, 사무실에도 나가고, 식당에 앉아서 밥을 먹을 겁니다. 그러나 데이터센터의 중요도는 지금보다 몇 배 이상 올라갈 겁니다. 그때가 되면 건물주를 꿈꾸는 이들보다 데이터센터 소유주를 꿈꾸는 이들이 더 많아질지 모릅니다. 물론 데이터센터 하나를 개인이 전부 소유하기는 무리일 테니, 데이터센터 리츠에 투자하거나 데이터센터의 지분을 구매하는 이들이 많아지리라 봅니다.

재편되는 집단

"진정한 커뮤니티는 지리적으로 가깝다거나 소셜 미디어를 같이 쓴다고 해서 형성되지 않는다. 일어나는 일에 모두가 연결되어 있고 책임감을 느끼는 게 커뮤니티이다."
-예후다 버그

● 진정한 여론

소셜 미디어, 인터넷 게시판, 카카오톡 채팅방 등 다양한 온라인 공간을 통해 우리는 정치, 사회 문제에 관해 의견을 나눕니다. 혹자는 이런 공간에서 흘러 다니는 정보나 집계되는 의견이 플랫폼 사업자나 일부 집단에 의해 쉽게 왜곡되기에 신뢰할 수 없다고 합니다. 꼭 누군가가 일부러 잘못된 정보를 퍼트리거나 복잡한 심리기술로 압박하지 않아도, 우리는 일상에서 쉽게 타인의 말과 행동에 휘둘립니다. 나와 반대 의견을 가진 다수의 기대에 부응하기 위해 자신의 의견이나 행동을 바꾸는 사회 현상을 '사회적 동조'라고 합니다.

심리학자 솔로몬 애시는 1951년에 흥미로운 동조 실험Conformity Experiment을 실시했습니다. 아주 단순하고 쉬운 판단을 해야 하는 상황에서 사람들이 피실험자를 속이기 위해 의도적으로 답을 틀렸을 경우, 피실험자가 자신의 판단을 버리고 주변의 판단을 따라가는지를 실험했습니다. 실험 결과를 보면, 피실험자의 ⅓이 틀린 답을 따라 대답했고, 12개 문항에서 ¾의 사람들이 적어도 한 번은 틀린 답을 따라갔습니다.[20] 이 실험은 이후 여러 나라에서 다양한 질문으로 재현되었는데, 평균적으로 20~40%의 동조율을 보였습니다.

예를 들어, 이런 형태입니다. 피실험자 10명을 한 방에 둡니다. 이 중에서 실제 피실험자는 마지막에 답하는 한 명이고, 먼저 답하는 9명은 실험을 계획한 사람과 한 팀입니다. 사자, 호랑이, 개 등의 동물 사진을 보고 동물 이름을 맞히는 상황에서, 먼저 답한 9명이 호랑이 사진을 보고 '사자'라고 답했을 때, 마지막 피실험자가 어떻게 답하는가를 관찰했습니다. 이 경우 호랑이 사진을 보고 '사자'라고 답한 피실험자가 20~40%에 달합니다. 앞서 답을 말한 사람들에 의해 모종의 정보가 피실험자에게 전달되었고, 피실험자는 다른 답을 말하지 말라는 무언의 압력에 굴복한 셈입니다. 다른 답을 말할 경우의 비난에 대한 두려움이 주요 원인입니다. 자신의 판단보다는 주변의 판단에 민감하게 반응하고, 이를 모방하여 따라가는 인간의 행동 특성에 기인합니다.

메타버스 상황에서 사회적 동조는 어떻게 변화할까요? 이와 관련된 실험이 있습니다.[21,22] 연구자들은 주관적인 질문 및 객관적인 질문을 포함하는 온라인 퀴즈를 활용했습니다. 실험 참가자들은 각각의 질문에 대해 답변하고, 자신감 수준을 표시했습니다. 이후 실험 참가자들에게 전체 응답자 분포를 조작해서 보여주었습니다. 그것을 본 실험 참가자들에게는 답을 변경할 수 있는 기회를 주었습니다. 실험 결과는 다음과 같습니다. 참가자들은 객관적 질문에 대해서는 다수의 의견에 동조하는 경향을 보였지만, 주관적 질문에 대해서는 면대면 상황보다 동조하는 비율이 낮았습니다. 또한, 집단의 크기가 클수록 동조가 잘 나타났는데, 이것은 면대면 상황에서의 동조 현상과 비슷한 결과입니다.

여기서 객관적 질문에 대해서는 여전히 동조가 발생했지만, 주관적 판단에 대한 동조가 낮아진 점을 주목해야 합니다. 온라인과 메타버스에서 사회적 관계는 면대면 물리적 세계에 비해 좀 더 수평적이고, 관계 형성 및 단절이 쉽습니다. 반면에 면대면 물리적 세계의 사회적 관계는 상대적으로 계층적이고, 인위적 관계 형성 및 단절이 어려우며, 구조가 매우 복잡합니다. 물리적 세계에서는 사회적 관계를 유지하기 위해 정치, 경제, 문화 요인들이 복잡히게 얽혀서 영향을 줍니다. 예를 들면, 물리적 세계에서는 주류 그룹에 동조함으로써 혹은 동조하지 않음으로써 발생할 수 있는 결과가 개인에게 부담으로 작용하여 동조 여부가 일어납니다. 그러나 메타버스에서는 쉽게 단절할 수 있는 사회적 관계, 비교적 수평적인 관계로 인해 자신의 의견을 좀 더 뚜렷하게 표출할 수 있습니다. 객관적 판단에 대해서는 본인이 알고 있는 정보나 지식이 잘못됐을 수 있다고 생각해서 여전히 동조가 발생했으나, 주관적 판단에 대해서는 맞고 틀림이 없기에 면대면 상황에서보다 다른 이의 눈치를 덜 보는 것입니다. 메타버스에서는 정보를 더 쉽게 가공하고 퍼트릴 수 있습니다. 따라서, 우리는 잘못되거나 편향된 정보에 더 쉽게 노출될 수 있습니다. 그러나 앞의 실험에서 볼 수 있듯이 우리는 메타버스에서 좀 더 중심을 잘 잡는 면도 있습니다.

10년 후에는 어떻게 될까요? 세상에는 지금보다 훨씬 더 많은 정보가 흘러 다닙니다. 그런 상황에서 더 많은 거짓이나 왜곡된 정보를 만들려는 이들도 나타날 것입니다. 그러나 그로 인한 문제는 지금보다 많이 감소하리라 봅니다. 정부, 플랫폼 사업자, 민간단체 또는 개인이 갖고 있는 소프트웨어 등을 통해 정보의 진위를 판별하고 알려주는 도구들이 훨씬 더 넓게 보급될 것입니다. 예를 들어, 단체 채팅방에 올라온 이미지의 진위에 대해 지금은 단체 채팅방에 있는 다른 사람들의 의견을 듣고 판단하는 경향이 있지만 10년 후 내 눈앞에는 내가 선택한 인공지능 소프트웨어를 통해 검증된 매체에서 가져온 추가 정보가 나타날 것입니다. 메타버스에서 빅브라더의 힘, 플랫폼 사업자의 영역이 더 커지겠으나, 민간단체와 개인들이 갖고 있는 정보 가공 및 판단력이 더 커지리라 기대합니다. 결국 수평은 개별 민간단체와 개인들 쪽으로 기울어지지 않을까 생각합니다.

● 사피엔스 집단 vs. 네안데르탈인 집단

현생 인류의 조상인 사피엔스가 마지막까지 경쟁한 집단이 있습니다. 바로 네안데르탈인입니다. 간혹 네안데르탈인이 진화하여 사피엔스가 되었다고 오해하는 이들이 있으나, 실상 둘은 같은 시대에 존재했고, 결과적으로 사피엔스는 살아남았고 네안데르탈인은 멸종했습니다. 네안데르탈인의 멸종 원인으로 기후 변화, 전염병 등 다양한 의견이 제시되었으나, 근래 들어 두뇌의 차이를 드는 학설이 많습니다.

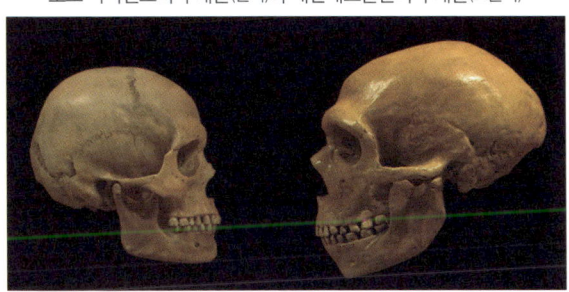

호모 사피엔스의 두개골(왼쪽)과 네안데르탈인의 두개골(오른쪽)

출처: Dr MikeBaxter, Wikimedia Commons

네안데르탈인은 사피엔스보다 몸집이 컸다고 합니다. 현대인으로 치면 럭비 선수와 같이 건장한 체격이었습니다. 사피엔스와 네안데르탈인의 뇌 전체 용량은 비슷하지만, 소뇌에서 차이가 납니다. 사피엔스가 네안데르탈인에 비해 약 8배 정도 더 큰 소뇌를 갖고 있었습니다. 인간의 소뇌는 언어, 집중력, 사회적 관계 능력 등에 관련되어 있습니다.• 사피엔스보다 소뇌가 작았던 네안데르탈인은 시각 기능과 건장한 신체 기능을 유지하는 데 뇌 공간을 더 많이 할애했습니다. 사피엔스는 네안데르

• 사피엔스와 네안데르탈인의 뇌 구조 차이는 유전자 차이를 놓고 컴퓨터 시뮬레이션을 통해 재구성된 가설입니다. 그리고 좀 더 깊게 들어가면, 소뇌가 언어, 집중력, 사회적 관계 능력 등을 단독으로 관장한다는 의미는 아닙니다. 원래 대뇌가 관장하는 것으로 알려져 있던 언어, 집중력, 사회적 관계 능력에 소뇌가 중요한 역할을 한다는 이론들이 비교적 최근에 제시되고 있습니다.

탈인보다 거대한 소뇌를 가졌기에 구성원 간 사회적 유대감을 형성하고 소통을 원활하게 했습니다.

10년 후, 우리는 지금보다 더 발전한 인류, 더 건강한 집단이 되어 있을까요? 이 질문을 놓고 앞에서 설명했던 사피엔스와 네안데르탈인의 차이점이 생각났습니다. 10년 후 우리는 지금보다 많은 소통과 관계를 메타버스에서 풀어내고 있을 것입니다. 메타버스에서의 소통은 물리적 세계의 소통과 어떤 차이가 있을까요? 물리적 세계의 면대면 소통과 메타버스의 소통 방식 간 차이를 탐구한 연구를 살펴보겠습니다.[23]

실험 참가자 60명에게 아파트 설계 도면을 구상하고 가구를 배치하는 작업을 시켰는데, 이 작업을 면대면 상황, 아바타 없는 메타버스 공간, 사람처럼 움직이는 아바타가 있는 메타버스 공간으로 나눠서 진행했습니다. 세 가지 상황에서 음성 소통은 자유롭게 할 수 있었습니다. 연구 결과는 다음과 같습니다. 세 가지 상황에서 음성 소통은 비슷하게 발생했습니다. 움직이는 아바타를 사용하는 메타버스에서 참가자들은 현실과 비슷한 실재감을 느꼈고, 대화도 면대면 상황과 유사하게 이뤄졌습니다. 그러나 아바타가 없는 메타버스에서 참가자들은 고독감을 느꼈고, 의사소통이 원활하지 않았습니다.

10년 후 메타버스를 통한 소통 비율은 비약적으로 높아지리라 봅니다. 개개인은 경제력과 디지털 기기 사용 능력에 따라 조금씩 다른 방식으로 메타버스에 접속할 것입니다. 앞서의 실험처럼 자유롭게 움직이는 아바타, 거기에 더해 표정까지 보여주는 아바타를 모두가 사용한다면,

메타버스에서 나누는 소통의 질, 사회적 관계는 물리적 세상과 비교할 때 부족하지 않으리라 봅니다. 그러나 우리는 조금씩 다른 방식으로 메타버스에 접속할 것이고, 그로 인해 각자가 느끼는 소통의 질과 사회적 관계는 균등하지 않으리라 예상합니다. 예를 들어, 고가의 AR글라스와 VR기기를 사용하는 이들은 상대가 거주하는 공간으로 순간 이동하여 세밀한 표정까지 공유하며 메타버스에서도 원활하게 사회적 유대를 이어갈 테지만, 저가 기기를 가진 이들은 작은 화면 안에서 그저 팔만 조금씩 움직이는 아바타를 가지고 제한된 소통을 하게 될 것입니다. 저는 이런 상황이 걱정스럽습니다. 서로 소통을 잘하며 사회적 유대감을 형성했기에 네안데르탈인이 아닌 사피엔스가 살아남았습니다. 그러나 메타버스에서 우리는 자칫 사피엔스가 아닌 네안데르탈인처럼 소통하게 될지도 모릅니다. 또는 사피엔스와 네안데르탈인의 관계가 혼재된 세상으로 변할지도 모릅니다.

 메타버스가 격차 없이 사회 곳곳에 퍼지게 된다면, 우리는 서로를 더 깊게 이해하고 교감할 수 있을지 모릅니다. 모든 소통을 메타버스에서 하는 게 더 좋다는 의미가 아니라, 현실 세계에서 부족한 소통을 메타버스에서 채울 수 있다는 뜻입니다. '조망 수용Perspective Taking'이라는 심리 작용이 있습니다. 내가 아닌 타인의 눈으로 세상을 바라보는 것을 뜻합니다. 대학생들에게 노인의 사진을 보여주고, 그 노인의 하루를 써보도록 한 실험이 있었습니다.[24] 한 그룹에는 특별한 지시를 하지 않았고, 다른 그룹에는 사진 속 노인의 관점으로 씨보라고 지시했습니다. 결과를

141

보면, 노인의 관점에서 일인칭으로 서술한 내용이 더 큰 공감을 이끌어 냈습니다. 가상현실 시스템을 통해 흑인 아바타를 체험한 백인 집단에서 인종에 관한 편향이 감소했다는 실험 결과도 있습니다.25 메타버스에서 우리는 가상현실을 통해 타인의 역할을 맡아 그의 관점으로 살아볼 수 있습니다. 나와 다른 직업을 가진 사람, 다른 부서의 구성원, 심지어 동물•이나 무생물 등 다양한 관점을 경험하는 게 가능합니다. 이런 경험을 통해 함께 살아가는 다른 이에 관한 공감력과 사회적 유대감은 더 강화되리라 기대합니다. 호모 사피엔스가 가진 장점이 메타버스를 통해 더 극대화되는 미래를 희망합니다.

• 소멸하는 꼰대! 군기 잡기는 없다

2021년 강연 중에서 가장 기억에 남는 강연이 있습니다. 2021년 봄, 모 기업의 신입사원 연수였습니다. 강연장에 도착하니 대강당에 30명 정도의 신입사원들이 마스크를 쓴 채 거리를 두고 앉아 있었습니다. 제 등 뒤의 커다란 LED월••에는 화상회의 때 사용하는 줌^{Zoom} 화면에 대략 30개 가까운 참가자들의 창이 열려 있었습니다. 자세히 보니 30개가량의 창은 서로 다른 대강당을 비추고 있었습니다. 제가 있는 방의 30명을 비롯하여 줌 안의 29개 각 방에도 30명씩 해서 총 900명의 신입사원들이 연

• 다양한 가상현실 체험 장치를 조합하여 소처럼 살아보는 실험이 있었습니다.26 열악한 공장식 사육 환경에서 자라는 소를 체험한 참가자들은 사육 환경을 다시 돌아보게 되었다고 합니다.
•• 수백 인치 크기의 아주 거대한 TV 화면과 비슷합니다.

수원에 흩어져 있는 상태였습니다. 90분의 강연을 마친 후 채팅 창에 올라온 몇 개의 질문에 답을 하고 강의실을 나왔습니다. 주차장까지 배웅해준 주최 측 담당자에게 질문을 던졌습니다.

"왜 이런 구조로 강의를 진행하신 거죠?"

담당자는 매우 겸연쩍은 미소를 지으면서 이렇게 답했습니다.

"회장님이 원하셔서요."

2021년 가을, 넷플릭스에서 드라마 〈오징어 게임〉을 보다가 갑자기 그 연수가 떠올랐습니다. 〈오징어 게임〉에서 부자들이 비밀의 방에 모여서 스크린을 통해 게임 참가자들을 관찰하던 장면이 떠올랐습니다. 그렇다고 해서 그 기업의 회장님이 〈오징어 게임〉 속 못된 부자와 같은 부류라고 생각한 것은 아닙니다. 다만, 그 기업의 연수 장면과 〈오징어 게임〉 속 관찰 장면은 공통적으로 권력이라는 키워드로 연결되어 있습니다.

메타버스가 바꾼 것을 한 단어로 표현하라면 저는 '권력'이라고 말하곤 합니다. 메타버스를 흔히 시간과 공간의 한계를 초월한 세상이라 칭합니다. 메타버스가 초월한 것은 현실, 물리적 세계의 시간과 공간입니다. 메타버스에 담긴 초월이란 말은 보통 긍정적 의미로 사용되지만, 모두에게 긍정적인 것은 아닙니다. 물리적 세계에서 시간과 공간에 대한 소유, 지배력을 갖고 있던 권력자들에게는 그늘의 권력을 약화시키는 부정적 신호로 비쳐지기도 합니다.

모 기업의 연수 장면으로 다시 돌아가 보겠습니다. 그 기업은 이전 기수의 신입사원 연수를 100% 원격으로 진행했습니다. 신입사원들은 각자의 집에서 줌으로 연수에 참여했습니다. 아마도 연수원을 둘러보러 온 회장님은 마음이 헛헛했을 듯합니다. 엄청난 예산을 들여 만들어 놓은 멋진 연수원에 신입사원은 한 명도 보이지 않고, 그저 교육 담당자와 운영 인력 몇 명만 있었을 테니 말입니다. 2021년 봄, 제가 갔던 연수에서 회장님은 어떤 기분이 들었을까요? 자신이 가지고 있던 시간과 공간에 대한 권력을 다시 되찾고 확인한 느낌이 아니었을까 합니다.

팬데믹이 끝나면, 기업들은 신입사원 연수와 임직원 교육을 어떻게 운영할까요? 제가 만난 조직의 대부분은 "완전히 2019년으로 돌아가지는 않겠다."고 답변했습니다. 즉, 오프라인과 메타버스의 장점을 적절히 섞어서 하겠다는 계획입니다.

사원 연수를 메타버스에서 하면서 뭔가 아쉽다는 임원들도 만났습니다. 예전에는 사원들이 단체복을 입고 체육관에 도열해서 제식 훈련 비슷한 이벤트에 참여하고, 때로는 담력 훈련이나 산악 행군을 했는데, 이제는 그런 것을 못하게 되어 아쉽다고 했습니다. 회식을 못 해서 아쉬워하는 분들도 참 많이 만났습니다. 저는 이런 식의 땀 흘리는 행사나 회식 자리가 나쁘다고 생각하지는 않으나, 조직에서 반강제로 진행하는 운동회나 술자리는 반대하는 입장에 가깝습니다. 이유는 이렇습니다. 그런 자리를 통해 소통이 일부 개선될 수 있으나, 자칫 고권력자가 저권력자를 괴롭히는 이벤트로 변질되기 쉬워서입니다. 그런 이벤트가 반복되면 고권력자는 흔히 말하는 꼰대가 되어가고, 저권력자는 조직의 비전에 공감하는 파트너가 아닌, 조직에 순응하는 척하는 월급쟁이가 됩니다. 물론, 소통의 질과 양을 늘리는 것은 구성원들의 유대감과 자존감 등에 큰 영향을 주며, 물리적 세계의 이벤트가 어느 정도의 역할을 한다고 생각합니다. 그러나 소통의 질과 양을 늘리는 것이 물리적 세계에서만 가능한 것은 아닙니다.• 현재 기술로도 우리는 메타버스에서 소통의 질과 양을 늘릴 수 있으며, 10년 후에는 현실 공간을 그대로 메타버스에 구현하고, 아바타로 표정과 몸짓을 나타낼•• 수 있기에 물리적 세계의 이런 이벤트는 대폭 줄어들 것입니다. 함께 모여서 일할 필요가 없다거나 카페에서 남소를 나누는 게 무의미하다는 것은 아닙니다. 업무 외의 체육대회나 술자리에서 드러나는 권력의 그늘에서 벗어나는 쪽으로 사회가 움직이리라 예상한다는 뜻입니다.

• 메타버스에서 소통의 양과 질의 의미에 대해서는 수브라만얌의 연구를 살펴보면 도움이 됩니다.[27] 이 연구에서는 사람 간 상호작용을 면대면, 소셜 미디어, 문자 메시지의 세 가지로 나눠서 그 차이를 탐구했습니다. 성인 219명을 대상으로 1주일간 진행한 실험에서는 크게 소통의 양(빈도)과 질이 사회적 관계에 어떤 영향을 주는가를 분석했습니다. 결과는 이렇습니다. 메타버스에서 사람들은 소통의 질뿐 아니라 양에 따라서도 자존감이 달라졌습니다. 즉, 메타버스에서 소통의 빈도를 높이면 구성원들의 자존감 향상에 도움이 됩니다. 그러나 친한 친구 사이에서는 소통의 빈도가 친밀감과 자존감에 큰 영향을 미치지 않았습니다. 요컨대, 메타버스에서 친한 이들 간에는 소통의 질을 높이고, 일반적 관계에서는 소통의 빈도를 높이는 게 도움이 된다는 의미입니다.

•• 메타버스에서의 소통이 꼭 따뜻하고 안전하지만은 않습니다. 사회적 따돌림, 괴롭힘은 메타버스에서도 동일하게 발생 가능합니다.[28] 참가자 84명을 대상으로 진행된 실험을 보면, 참가자들은 메타버스에서 자신의 아바타가 괴롭힘을 당하는 상황에서 물리적 세계에서와 마찬가지로 스트레스 반응(침의 코르티솔 분비량 승가 등)을 보였습니다.

비슷한 일을 하고, 비슷한 정보를 갖고 있고, 비슷한 생각을 하는 이들이 모여 우리의 생각이나 판단이 유일한 정답이라고 믿을 때 그들은 꼰대가 됩니다. 메타버스에서 일어나는 소통의 다양성은 이런 꼰대가 되지 않도록 막아주는 역할을 합니다.

메타버스는 또 다른 측면에서 우리가 꼰대가 되지 않게 도와줍니다. 메타버스에서 우리는 보통 넓고 얕은 인간관계를 형성합니다. 예를 들어, 저는 페이스북에 가입되어 있습니다. 친구와 팔로워를 합쳐 대략 만 명이 넘는 이들과 연결되어 있습니다. 저와 연결된 이들의 구성을 보면 교육자, 전문 경영인, 게임업계 종사자, 스타트업 종사자, 벤처투자자, 언론인, 예술가, 학생 등이 많습니다. 현실에서 제가 만나는 친구와 지인들에 비해 다양한 분포입니다. 메타버스에서 사람들과 넓게 소통할수록 저는 현실 공간의 소통에 비해 더 다양한 의견을 듣게 됩니다. 비슷한 일을 하고, 비슷한 정보를 갖고 있고, 비슷한 생각을 하는 이들이 모여 우리의 생각이나 판단이 유일한 정답이라고 믿을 때 그들은 꼰대가 됩니다. 메타버스에서 일어나는 소통의 다양성은 우리가 이런 꼰대가 되지 않도록 막아주는 역할을 합니다. 10년 후 우리는 메타버스에서 전 세계인과 언어, 국경을 초월하여 물리적으로 한 공간에 존재하는 듯이 어울리고 소통할 것입니다. 이런 상황에서 꼰대가 되기는 더욱더 어려워집니다. 물론, 10년 후에도 꼰대는 존재하겠으나 매우 희귀한 생명체가 될 가능성이 큽니다.

● **한집에서 따로 사는 가족**

다큐멘터리 작업이나 실험을 할 때 일반 가정에 관찰 카메라를 설치하는 경우가 있습니다. 관찰 예능 프로그램처럼 집안 곳곳에 거치형 카메라를 설치해서 가족 구성원들의 행동을 관찰하는 방식입니다. 촬영을 마친 후 가족 구성원들에게 하는 질문이 있습니다.

"저녁식사 후 어떻게 지내셨나요?"

이렇게 두루뭉술한 질문을 던지면, 이런 답변이 돌아옵니다.

"특별한 것 없었는데요. 그냥 쉬었습니다."

촬영한 영상을 보면서 가족 구성원들이 무엇을 했는지 살펴보고 놀라는 이들이 많습니다. 제가 관찰한 대부분의 가족 구성원들은 저녁식사 후 각자 활동에 몰입합니다. 아버지는 거실 소파에 비스듬히 누워서 넷플릭스를 봅니다. 어머니는 주방 식탁에 앉아서 스마트폰으로 무언가를 합니다. 큰아이는 방에서 컴퓨터로 무언가를 하고, 작은아이는 침대에 누워서 태블릿으로 무언가를 합니다. 가족 구성원 각자에게 영상을 보여주면서 다른 이들이 무엇을 했는지 아냐고 물어보면 대부분 알고 있다고 합니다. "요즘 큰아이는 컴퓨터로 '마인크래프트'를 열심히 하던데요." 이렇게 답한 아버지에게 마인크래프트가 무엇인지, 큰아이가 마인크래프트에서 누구와 무엇을 하는지 아냐고 물어보면 제대로 답변하는 경우가 드뭅니다. 다른 가족 구성원들도 서로에 대해 그 정도만 알고 있습니다.

10년 후에는 이런 상황이 어떻게 바뀔까요? 슬프게 들릴지 모르지만, 10년 후 우리는 한집에 살아도 더 멀리, 더 떨어져서, 따로따로 사는 것 같은 양상을 보일 것입니다. AR글라스, VR기기, 메타버스 플랫폼은 지금보다 훨씬 더 좋은 기능과 낮은 가격으로 우리 손에 들어옵니다. 각자의 메타버스에서 보내는 시간이 늘어나면서 가족 구성원끼리 얼굴을 맞대고 대화하는 시간은 더 줄어듭니다. 함께 산책을 하거나 소소한 놀이를 하는 시간도 그렇습니다. 10년 후, 메타버스는 시공간을 초월해서 멀리 있는 이를 내 옆자리에 앉혀주지만, 동시에 바로 옆방에 있는 이를 보이지 않는 먼 곳으로 보내버립니다. 물리적 거리가 사회적 거리와 비례한다는 착각, 10년 후에는 반드시 버려야 합니다.

평행우주 세계관

"인생은 자신을 찾는 것이 아닙니다. 인생은 자신을 만드는 것입니다."
-조지 버나드 쇼

● 다중 세계관 시대 & 젊은 베르테르의 슬픔

"새벽에 일어나 어둠이 채 걷히기 전에 사무실에 도착한다. 숨 돌릴 틈 없이 이리저리 뛰어다니며 하루를 보낸다. 저녁 7시가 넘어 이른 퇴근을 하면, 동료들과 회사 근처 술집에서 늦은 시간까지 업무 이야기를 이어간다. 주말에도 가끔 회사에 들린다. 일이 없는 주말에는 밀린 잠을 청한다. 60이 넘으면 은퇴를 한다. 냉정하지만, 평균을 놓고 보면 남은 삶은 20년 정도. 무엇을 하며 살지, 돈이 없어도 걱정이지만, 돈이 있다 해도 딱히 하고 싶은 것, 할 만한 게 없다."

베이비부머 세대의 자산을 관리하는 모 은행 PB● 담당자가 들려준 이야기입니다. 자신이 만나는 고객들의 페르소나●●가 이와 같다고 합니다. 어떤 고객은 매일 전화를 걸어오고, 일주일에 한 번 정도는 객장으로 찾아온다고 합니다. 관리할 자산 규모가 커서 그러냐고 물어보니, 그렇지는 않다고 합니다. 은퇴 후 할 일이 없어서, 하고 싶은 일이 없어서, 만날 이가 없어서 자신을 찾는다고 합니다. PB 담당자를 의지하는 그 고객도 젊은 시절에는 참 많은 꿈을 갖고 살았을 것입니다. '나중에 여유 생기면, 자식들 다 키워놓고 나면, 은퇴하면…….' 이런 생각으로 젊음의 시간을 보냈을 듯합니다. 한 세계에서 한 가지 목표만 바라보고 한 가지 역할로 살아오면서, 어느새 모든 꿈들이 희미해지지 않았나 싶습니다.

VR챗이라는 메타버스 플랫폼에서 다양한 삶을 살아가는 이들이 나타나고 있습니다. VR챗은 2017년에 탄생한 가상현실 플랫폼입니다. 사용자들은 VR챗에서 제공하는 프로그램을 사용해 자신의 아바타와 공간을 마음껏 만들 수 있습니다. 컴퓨터 화면으로 접속할 수도 있지만, VR기기를 착용하고 접속하면 영화 〈레디 플레이어 원〉 속의 가상현실 세계인 '오아시스'에 들어선 것 같은 기분을 느낄 수 있습니다.

● **Private Banking** 금융기관에서 자산가를 대상으로 개인적 컨설팅을 해주고 자산 관리를 도와주는 금융 전문가를 의미합니다.
●● **Persona** 그리스어로 '가면'을 뜻하는 말에서 유래한 표현입니다. 비즈니스 분야에서는 기업에서 마케팅, 영업 활동 시 대상 고객을 대표하는 가상 인물로 설정한 것을 칭합니다. 문학, 철학에서는 조금 다른 의미로 사용합니다.

스팀●을 통해 설치하는 VR챗

출처: Steam

    2021년 국내에서는 VR챗 플랫폼에서 오디션 프로그램을 진행하는 이들이 나타났습니다. 그들은 메타버스 안에 방송국을 만들고, 각자가 심사위원, 아마추어 가수, 관객 등의 역할을 맡아 오디션의 최종 선발자를 뽑았습니다. 선발된 이들은 현실 세계가 아닌 메타버스에서 가수로 데뷔하여 활동을 이어갈 듯합니다. 가수로 활동할 이들이 현실 세계에서는 어떤 모습으로 살아가는지 궁금해졌습니다. 20대 초반 여성 아이돌의 모습으로 활동하는 이가 실제로는 40대 여성일지도 모릅니다. 한국인처럼 보이는 이가 실제로는 외국인일지도 모릅니다. 그들은 하나의 세계관에 묶여 있지 않고, 다중 세계관 속을 살아가고 있습니다.

    여기서 언급한 세계관은 크게 두 가지 의미로 쓰입니다. 첫째, 문학작

● 밸브코퍼레이션에시 개빌한 디시털 콘텐즈 배급, 관리 플랫폼입니다.

VR챗에서 진행된 오디션 프로그램 '이세돌'

출처: Youtube '우왁굳의 게임방송'

오디션 프로그램
'이세돌' 영상

품, 영화, 게임 등에서 시나리오를 구성하는 시간, 공간, 사상적 배경을 나타냅니다. 작품 속 등장인물, 그들의 관계, 이야기를 구성하는 데 근간이 됩니다. 둘째, 세계를 바라보는 관점 자체를 의미합니다. 세상에서 일어나는 정치, 경제, 문화, 사회 등에 관한 철학적, 가치관적 판단이나 관점입니다. VR챗을 통해 다중 세계관 속을 살아가는 이들은 다양한 이야기를 경험하며 살아가고, 그 과정에서 세상에 관한 다양한 관점이 형성되리라 봅니다.

다중 세계관에 관해 의문을 제기하는 분들은 보통 이런 얘기를 꺼냅니다. 첫째, 현실 세계는 복잡한 인과관계의 연속으로 인해 발생한 자연적 결과물인데, 그렇게 복잡한 세계를 인간이 임의로 창조하는 게 가능한가요? 둘째, 물리적 세계에서 실제 발생하는 일이 아닌데도 사람들이 빠져드나요? 셋째, 사람들이 빠져들 정도의 세계관을 형성하려면 엄청난 기술이 뒷받침돼야 하지 않나요? 이런 의문들을 하나씩 짚어보겠습니다.

첫째, 신이 아닌 인간이 진정으로 큰 세계를 만들 수 있는지 생각해 보겠습니다. 영국 소설가 에밀리 브론테는 소설 《폭풍의 언덕》으로 유명합니다. 에밀리 브론테의 첫 소설이자 유일한 소설입니다. 《폭풍의 언덕》은 영국 요크서를 배경으로 펼쳐지는 사랑, 증오, 복수의 이야기입니다. 등장인물들의 상황, 관계, 감정 설정이 매우 복잡하고 정교하게 뒤엉킨 작품입니다. 소설만 읽어보면 에밀리 브론테는 젊은 시절 넓은 세상을 돌아다니며, 많은 이들과 격정적인 사랑을 나누고, 다양한 사람들과 교감하며 살았으리라 짐작됩니다. 그러나 에밀리 브론테의 성장과정은 이런 짐작과 많이 다릅니다. 에밀리 브론테와 그녀의 자매들은 열악한 기숙학교 환경에서 자랐습니다. 거식증, 우울증 등에 시달리며, 직장생활을 온전히 하시노 못했습니다. 작은 학교를 만들기도 했지만, 학생 모집이 어려워서 글을 쓰기 시작했습니다. 그렇게 완성된 작품 중 하나가 《폭풍의 언덕》입니다. 에밀리 브론테는 작은 세상에서 고독하게 살아간 사람이지만, 그녀는 자신이 살아낸 실제 세계보다 훨씬 더 거대한 세계를 창조해냈습니다. 참으로 놀랍게도 인간은 경험한 것 이상의 무언가를 창조해내는 존재입니다. 세계를 다 경험하고, 세계를 한눈에 바로 볼 수 있는 이는 없습니다. 그러나 거대한 세계를 창조할 수 있는 이들은 있습니다.

사실 그들은 혼자만의 힘으로 세계를 창조하고 완성하지 않습니다. 전 세계적으로 인기 있는 게임 장르인 MMORPG•는 여러 명이 동시에

• **Massively Multiplayer Online Role-Playing Game** 다중 사용자 온라인 롤플레잉 게임을 말합니다.

접속해서 다양한 사회적 역할을 맡아 서로 경쟁하거나 협력하며 풀어가는 게임입니다. 수천 명, 수만 명 이상의 사람들이 같은 세상에서 살아갑니다. 처음에는 창작자가 세계관을 설계하고, 그에 따라 지형, 사물, 등장인물 등을 배치합니다. 그러나 창작자가 세계를 다 완성하지는 않습니다. MMORPG의 가장 큰 특징은 높은 자유도입니다. 플레이어들은 서로 협력해서 세력을 형성하고, 때로는 배신도 하고, 약한 자를 돕거나, 특정 집단을 무너뜨리기도 합니다. 창작자가 던져준 세계관은 작은 씨앗입니다. 그 씨앗을 거대한 나무로 자라게 만드는 역할은 수많은 플레이어들의 몫입니다. 수많은 플레이어들이 세계를 함께 완성해나가는 것입니다. 새로운 세계와 세계관을 신^{God}만이 만들 수 있는 게 아닙니다.●

둘째, 실제로 발생하거나 존재하는 상황이 아님에도 사람들이 깊게 빠져드는지 생각해 보겠습니다. 메타버스 속 상황, 관계, 이야기는 현실이 아니기에, 성숙한 어른들이 그런 비현실 세계관에 빠질 리가 없다고 주장하는 이들도 있습니다. 과연 그럴까요? 가믿음^{Alief}에 관한 연구를 살펴보겠습니다.[29] 젠들러는 두 잔의 설탕물을 준비하여, 한쪽에는 설탕물, 다른 쪽에는 독극물이라는 라벨을 붙였습니다. 그리고 두 잔 모두 라벨만 다를 뿐 똑같은 설탕물이라고 실험 참가자들에게 알려주었습니다. 실험 참가자들 대부분이 설탕물이라는 것을 알면서도 독극물 라벨이 붙은 물을 마시기 꺼려했습니다. 공포영화를 보면서 영화 내용이 실재가

●종교적 의미로 사용한 표현은 아닙니다.

아니라는 생각에 공포심을 전혀 못 느끼는 사람이 있다면, 이들에게는 메타버스 속 상황에 대한 가믿음이 형성되기 어려울지 모릅니다. 그러나 이런 부류는 극히 드뭅니다. 대부분의 성인은 가믿음이라는 심리 요소를 가지고 있기에 메타버스 속 세계관에 쉽게 빠져듭니다.

문학작품을 통해 나타나는 현상은 단순한 가믿음을 넘어서기도 합니다. 철학자, 과학자로도 활동했던 독일 작가 괴테의 사례를 보겠습니다. 젊은 시절 괴테는 이미 약혼자가 있었던 샤를로테를 만나 사랑에 빠집니다. 끝내 사랑을 이루지 못하고 고향으로 돌아온 괴테는 이루지 못한 사랑의 아픔에서 헤어나지 못한 채 머리맡에 단도를 두고 잠들 정도로 심한 자살 충동에 휩싸였습니다. 그러나 실짜로 자살을 시도한 적은 없었습니다. 마침 그 무렵 괴테의 친구가 유부녀와의 사랑을 이루지 못하고 자살하고 맙니다. 괴테는 자신의 경험과 친구의 이야기에서 영감을 얻어 《젊은 베르테르의 슬픔》을 집필합니다. 《젊은 베르테르의 슬픔》은 전 유럽의 젊은이들을 열광시켰고, 소설 속 주인공처럼 푸른 연미복과 노란 조끼를 입은 채 자살하는 젊은이들도 생겼습니다. 매우 아이러니하고도 슬픈 상황이 벌어진 것이지요. 괴테는 아마도 《젊은 베르테르의 슬픔》을 집필하는 과정에서 새로운 세상을 창조하며 슬픔을 이겨냈겠지만, 오히려 독자들은 그 세계관에 너무나 깊게 몰입하고 자신을 일체화하여 극단적인 선택까지 했습니다.

셋째, 세계관을 형성하고 유지하는 데 꼭 고도의 기술이 필요한지 살펴보겠습니다. 앞서 설명한 가믿음을 형성하기 위해 반드시 엄청난 완성도의 3차원 그래픽이나 입체 음향이 필요하지는 않습니다. 예전에 유행했던 MUD• 게임의 경우를 생각해봅시다. MUD 게임은 다음의 그림처럼 100% 텍스트 기반이었습니다. 2D 이미지는 물론 현란한 음향 효과도 없었습니다. 그럼에도 불구하고 엄청난 몰입도를 선사했습니다. 인간은, 어른 아이 할 것 없이 모두에게 가믿음이 존재하고, 이로 인해 메타버스 속 세계관을 현실처럼 느낍니다.

MUD 게임 플레이 화면

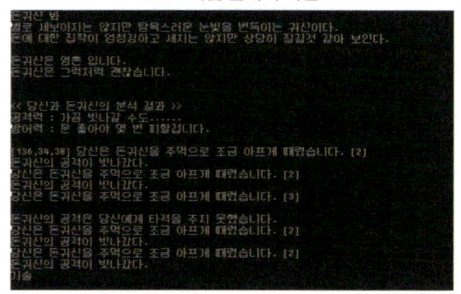

출처: XETOWN

10년 후 우리는 같은 시대를 살지만, 각자가 접속하는 다양한 메타버스에서 마치 평행우주와 같이 여러 시대를 동시에 살아갑니다. 평행우주는 단순한 놀이 세상일 수도 있으나, 물리적 세계의 나는 교사이지만, 다른 평행우주 메타버스에서는 힙합 아티스트, 작가, 화가, 심리 상담가

• **MUD(Multi User Dungeon)** 텍스트로만 진행하는 온라인 게임입니다. 우리나라에서는 1990년대에 '단군의 땅', '쥬라기 공원' 등의 상용 머드게임이 하이텔, 천리안, 나우누리 같은 PC통신(전화로 모뎀을 통해 접속하는 시스템)에서 서비스되었습니다.

등 다양한 자아로 살아가는 상황도 가능합니다. 또한, 타인이 만든 세계나 특정 플랫폼 기업이 만든 세계에서만 지낼 필요도 없습니다. 내가 세계관을 만들고 그 세계에 다른 이들을 불러들이는 일도 가능해집니다.

한 사람의 특징을 정의하는 다양한 요소들이 있습니다. 외모, 취미, 관심사, 성격, 연령, 국적, 직업 등입니다. 이렇게 다양한 요소들 중 일부는 일상에서 무거운 비중을 갖기도 합니다. 예를 들면, A라는 이의 직업은 고등학교 교사입니다. A가 교사로서 사람들과 소통할 때 내세우는 취미 활동은 독서와 등산입니다. 사실, A는 코스프레 동호회 활동을 더 즐기지만 코스프레가 취미라고 말하기는 조심스럽습니다. 직업이 교사이기

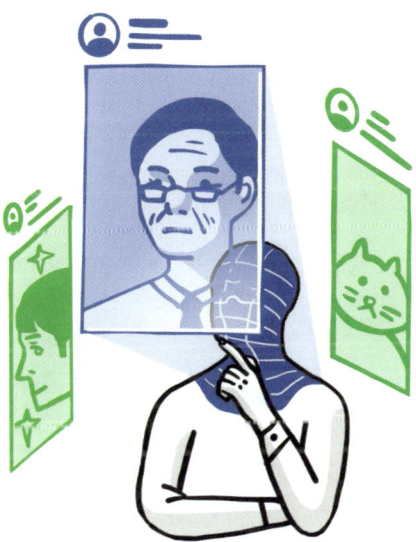

10년 후 우리는 다양한 메타버스에서 여러 시대를 동시에 살아갑니다. 물리적 세계의 나는 교사이지만, 다른 평행우주 메타버스에서는 작가, 심리 상담가 등 다양한 자아로 살아가는 상황도 가능합니다.

때문입니다. 여기서 문제는 교사라는 직업이 아닙니다. 교사가 조심스러울 수밖에 없게 만드는 우리의 인식이 문제입니다. 한 사람의 특징을 정의하는 다양한 요소들은 그 사람에게 언제나 존재하는 것이 아니라, 낱알로 흩어져 있다가 어느 곳에서 무엇을 하느냐에 따라 의미 있는 형태로 조합됩니다. 즉, 한 사람의 지배적 특징이 그 사람의 전체적, 항구적 특징을 결정하지는 않습니다. 메타버스에서 살면서 우리가 타인을 인식하는 체계가 훨씬 더 유연하게 변화하리라 예상합니다.

지금 당신은 어떤 모습으로 살아가나요? 10년 후 당신은 평행우주 메타버스에서 어떤 세계관을 바탕으로 어떤 모습으로 살아가고 싶나요? 당신이 꿈꾸는 세상은 어떤 모습이며, 그 세상을 다른 이들에게 어떻게 보여주고 싶나요? 당신이 결정하면 됩니다. 그 결정에 맞는 수많은 메타버스가 10년 후 당신 곁에 있으리라 예측합니다.

● 붕괴되는 국경 & 새로운 고향

사람은 늘 고향을 그리워합니다. 특히, 어려움에 처하거나 아플 때면 더욱더 그렇습니다. 왜 그럴까요? 이유는 단순합니다. 인간의 뇌는 평생에 걸쳐서 변화하고 형성되지만, 다른 시기에 비해 태아기와 유아기에 급격하게 발달합니다. 또한, 정서적인 기질과 성향도 어린 시절에 대부분 결정됩니다. 뇌가 급격하게 발달하고 성향이 정립된 시기에 주로 고향에 살았었기에, 인간은 고향에서 편안함을 느낍니다. 나의 뇌와 마음이 고향과 가장 잘 어우러져 있기 때문입니다.

'로블록스'는 2020년 6월에 13~18세 사용자 2,926명을 대상으로 실시한 설문조사 결과를 발표했습니다. 응답자들이 주로 어울리는 친구 집단을 보면 로블록스 속 친구와 현실 친구의 비율이 각각 56% 대 44%로 나타났습니다. 현실 친구보다 로블록스에서 만난 친구와 어울리는 이들이 더 많은 것입니다. 그 이유는 몇 가지로 나타났습니다. 외모에 신경 쓰지 않아도 되니까 좋고(35%), 친구를 쉽게 사귈 수 있으며(32%), 다양한 주제를 놓고 토론하기에 편하다(25%)는 이유였습니다. 물론, 56% 대 44%라는 결과는 팬데믹이 지나면 어떻게 바뀔지 모릅니다. 그러나 팬데믹이 지나도, 메타버스가 그들에게 외모에 신경 쓰지 않고 많은 이들과 어울릴 수 있다는 경험을 주는 것에는 변함이 없습니다.

설문에 응답한 2,926명의 56%, 대략 1,649명의 국적은 어디일까요? 플랫폼 특성상 북미 지역 사용자가 많기는 하지만, 우리나라를 포함해서 다양한 국가의 사용자가 포함되어 있었을 겁니다. 1,649명은 자신이 태어난 고향이나 국가에 관해 어떤 관점을 갖고 있을까요? 그들의 뇌와 마음은 물리적 고향과 국가에서 형성되었을까요? 아니면 그들이 현실보다 더 애착하고 더 오랜 시간을 보내는 로블록스 메타버스에서 형성되었을까요?

10년 후, 인류의 고향에 관한 관점은 바뀝니다. 그들이 어린 시절을 주로 보낸 공간은 물리적 세계, 동네 골목이 아닙니다. 대한민국 서울에 살면서 영국 기업이 제공한 플랫폼에서 유럽인들과 어울리며 뇌와 마음이 형성된 이들, 그들의 고향은 서울이 아니라 그 플랫폼입니다. 10년 후, 한국을 메타버스 속 고향이라 여기는 이들이 얼마나 존재할까요? 이 책의 에필로그에 밝힌 대로 국내 메타버스 열풍이 과하다는 주장도 있으나, 글로벌 시장에서 한국 메타버스 플랫폼의 입지는 매우 약합니다. 스마트폰을 대체할 것으로 예상하는 AR글라스와 VR기기 분야에서 한국이 만든 제품을 세계 시장에서는 아직 알아주는 이가 없습니다.

 10년 후에는 태어난 국가나 자라난 물리적 터전보다 자신이 오랜 시간을 보낸 메타버스 플랫폼을 자신의 자아가 투영된 새로운 모국으로 인식하는 이들이 증가하리라 봅니다. 이런 상황에서 5,000만 인구가 살아가는 한 국가의 대통령과 5억 명의 사용자가 살아가는 메타버스 플랫폼의 최대 주주, 둘 중 누가 더 큰 권력과 영향력을 행세하게 될까요? 10년 후에는 현재 빅테크 기업의 최대 주주보다 더 크고 방대한 영향력을 가진 메타버스 운영 집단이 등장합니다. 우리는 그러한 미래를 제대로 직시하며 준비하고 있을까요?

● 교실 속 세계관

세계관이란 단어는 매우 거창한 느낌입니다. 엄청난 시나리오, 복잡한 상황 설정, 첨단 기기가 있어야 가능하다고 보는 분들이 많습니다. 이 책의 주제가 메타버스이고, 메타버스가 처음 등장했던 소설《스노 크래시 Snow Crash》의 원형이 먼 미래의 VR 세상이다 보니 그렇게 여기는 게 이상하지는 않습니다. 그러나 닐 스티븐슨은 소설가였고, 그가 소설에서 그렸던 메타버스가 오늘날 그대로 구현되지는 않았으며, 그대로 구현되어야 할 이유도 없습니다. 소설에서 닐 스티븐슨은 미래의 디스토피아를 메타버스라는 가상 세계에 투영시켜 보여줬습니다.

소설 속 메타버스는 디스토피아였습니다. 이런 설정은 가상 세계가 등장하는 다른 작품에서도 비슷하게 나타납니다. 2045년을 배경으로 한 어니스트 클라인의 소설 《레디 플레이어 원》 속 '오아시스'의 모습, 영화 〈매트릭스〉 시리즈 속 세계도 모두 디스토피아입니다. 소설에서 그려진 메타버스는 하이테크의 결과물이고 그게 디스토피아였다고 해서, 오늘날의 메타버스가 반드시 하이테크와 관련될 필요는 없습니다. 더욱이 소설이 그러했기에 메타버스의 끝에 디스토피아가 있으리란 생각도 매우 비논리적일 뿐입니다.

메타버스는 때로 단순한 설정과 간단한 도구로 작은 공간에 따듯하게 형성되기도 합니다. 삼국시대의 이야기 구조를 도입하여 역사 수업을 이끄는 선생님, 마블 세계관을 도입하여 타노스에 맞서서 아이들과 함께 교실을 지키는 선생님, 교실 안에 가상 국가를 건설하여 학생들이 다양한 사회적 역할을 맡아서 나라를 운영하게 유도하는 선생님들도 있습니다. 하이테크는 없으나 매우 멋지고 몰입감 있는 메타버스입니다. 또한, 그 끝에 디스토피아가 기다리고 있지도 않습니다.

제가 대학 수업에서 만들어낸 작은 메타버스를 한 가지 소개합니다. 이 메타버스의 명칭은 '메이플라이Mayfly'• 입니다. 메이플라이는 20대부

• Mayfly는 '하루살이'라는 뜻입니다. 긴 인생을 하루 동안 미리 살아본다는 취지로 붙인 이름입니다.

터 70대까지의 인생을 몇 시간 동안 살아보는 메타버스로, 학생 진로 상담을 하다가 창조했습니다.• 학생들이 자주 묻는 질문과 반복되는 고민거리를 뽑았더니 대략 이런 질문들이 많이 등장합니다. '집안 형편이 어려운데, 휴학하고 일을 할까요?', '전공 공부를 해보니 적성에 안 맞는 것 같아요.', '삶에 대해 의욕이 없어요.', '부모님께서 원하시는 진로가 제 생각과 달라요.', '대학원 진학과 취업 중 무엇을 하면 좋을까요?', '직장에서 싫은 업무를 맡게 되었는데 어떻게 하죠?', '내가 어쩌다가 이런 회사에서 일하게 되었을까요?' 이런 주제를 놓고 학생들과 대화하다가 문득 이런 생각이 들었습니다. 이 수많은 질문들의 뿌리는 무엇일까? 저는 이런 질문들의 뿌리를 내 삶의 지향점에 관한 고민이라고 생각했습니다. 그런데 돌이켜보니 우리 교육과정 중 어느 지점에서도 나 자신을 돌아보고 어떤 사람으로 살아갈까를 고민할 수 있는 기회는 없어 보였습니다. 그래서 자신을 돌아보고 어떤 사람으로 살아갈까를 고민할 기회를 주기 위해 메이플라이를 만들었습니다.

대략적 규칙은 이렇습니다. 메이플라이를 운영하기 위해서는 모든 참가자들이 자유롭게 돌아다니며 서로 대화를 나눌 수 있을 정도의 공간이 필요합니다. 모든 핵심 가치 카드를 잘 섞어서 각 플레이어마다 7장씩 나눠 갖습니다. 또 3장의 생명 카드를 나눠 갖습니다. 각자의 목표는

• 대부분의 대학에서 교수들은 매학기 10~20명 정도의 학생들을 배정받아 진로 관련 상담을 합니다.

메이플라이 진행 장면　　　　메이플라이 가치관 카드

자신이 원하는 가치 카드를 많이 확보하는 것입니다. 행사가 시작되면 참가자들은 자유롭게 돌아다니며 서로의 가치관 카드를 보여주고, 서로 합의가 되면 가치관 카드를 교환합니다. 교환은 일대일이 아니어도 됩니다. 예를 들어, 내가 가진 '창의성' 카드 1장을 상대방의 '예술적 감각' 카드 1장과 교환하거나, 내가 가진 '권력' 카드 1장과 '명예' 카드 1장을 묶어서 상대방이 가진 '사랑하는 사람' 카드 1장과 교환해도 됩니다. 거래에 생명 카드를 활용해도 됩니다. 내가 가진 생명 카드 1장을 상대방이 가진 '뛰어난 화술' 카드 1장과 교환하거나 내가 가진 생명 카드 1장과 '유머 감각' 카드 1장을 묶어서 상대방이 가진 '현금 10억 원' 카드 1장과 교환해도 됩니다. 교환을 하다보면 '왜 이 중요한 카드(가치관)를 버리고 왜 이 카드(가치관)를 택하느냐'는 대화가 자연스럽게 오갑니다.

　생명 카드는 참가자의 수명을 의미합니다. 시작 시 모든 참가자들은 3장의 생명 카드를 갖습니다. 3장의 생명 카드는 85세의 수명을 의미하

163

며, 생명 카드 한 장은 5년을 상징합니다. 예를 들어, 내가 교환 과정에서 생명 카드 한 장을 소비하여 종료 시 생명 카드 2장이 남았다면, 내 수명은 80세가 됩니다. 반대로 교환 과정에서 생명 카드 2장을 더 확보하여 종료 시 생명 카드 5장을 갖고 있다면, 내 수명은 95세가 됩니다. 마지막 단계는 미리 자신의 묘비명을 적어보는 과정입니다. 이러한 일련의 과정을 통해 참가자들에게 '당신이 살아오면서 했던 선택들이 당신의 인생'이라는 것을 상기시키는 세계관입니다.●

메이플라이에 참여한 학생들이 남긴 소감은 다음과 같습니다.

"지금까지 가치관을 확실히 정립하지 않고 살아온 것 같습니다."

"삶에서 우선순위로 두어야 될 가치가 무엇인지 생각하는 시간이었습니다."

"타인의 기대가 투영된 가치에 집착하는 나를 발견했습니다."

"현재의 삶에서 너무나 많은 부분들을 놓치고 있다는 것을 깨달았습니다."

● 마무리 과정에 토론을 포함하기도 합니다. 참가자들은 각자가 선택한 가치 카드를 주제로 자신이 속한 그룹에서 이야기를 나눕니다. 다음과 같은 질문을 사용합니다. 당신이 선택한 가치관 카드는 당신에게 어떤 의미가 있나요? 당신은 가치관 카드의 내용을 실현하기 위해 어떤 노력과 준비를 하고 있나요? 앞으로 어떤 노력과 준비를 할 계획인가요? 메이플라이에서 사용한 가치관 카드 25장 이외에 새로운 가치관 카드를 당신 삶에 더한다면, 당신은 어떤 가치관 카드를 원하나요? 당신의 친구, 동료, 부모님, 배우자, 자녀 중에서 한 명을 떠올려봅시다. 가치관 카드 25장 중에서 그 사람에게 3장의 카드를 준다면, 어떤 카드를, 왜 주고 싶나요? 그 사람이 그런 가치를 삶에서 가질 수 있도록, 당신은 곁에서 어떤 도움을 주고 있나요?

정승호 칼럼니스트는 언론 기고문에서 이런 의견을 남기기도 했습니다.[30]

"나는 이 게임(메이플라이)을 대선 출마를 노리는 사람들에게 시켜도 되겠다고 생각합니다. 인신공격 아니면 물에 물 탄 듯했던 말을 되풀이하고, 준비가 안 돼 질문도 답변도 '버벅거리는' TV 토론보다는 전 국민이 지켜보는 가운데 후보들이 어떤 가치관을 경멸하고 어떤 가치관을 추구하는지, 그의 속마음은 어떤지, 자신의 묘비명에 무슨 말을 남기려는지 알아보는 데 훨씬 도움이 된다고 믿기 때문입니다."

현재도 우리는 다양한 방법으로 우리만의 세계관을 현실에 구현할 수 있습니다. 10년 후는 어떨까요? AR글라스, VR기기, 각종 메타버스 플랫폼을 활용해서 우리는 하루에도 여러 세계를 만들고 허물 것입니다. 그리고 자유롭게 생성과 소멸을 이어가는 수많은 메타버스를 넘나들며 내가 누구인지, 인류는 이디를 향해 가는지를 지금보다 좀 더 또렷하게 인식하며 살아가리라 믿습니다.

● 언제나 리셋 가능한 세상

리셋 증후군Reset Syndrome이라는 심리적 현상이 있습니다. 이 용어는 1997년 일본에서 발생한 초등학생 살인사건에서 처음 쓰였습니다. 가상 세상의 삶에 깊게 빠진 이들이 현실을 가상과 착각하는 현상, 현실에서 문제를 일으켜도 컴퓨터처럼 리셋(다시 시작)하면 된다고 생각하는 현상을 의미합니다.[31] 과학적으로 정확히 검증된 것은 아니지만, 컴퓨터 게임을 지나치게 즐기는 이들이 리셋 증후군을 보인다는 주장이 있습니다. 게임에서는 미션을 진행하다가 실패하거나 문제가 있다고 생각하면 쉽게 껐다 켜서 다시 시작하는데, 그런 방식으로 삶을 생각한다는 것입니다.

메타버스를 통해 한 번의 삶에서 여러 인생을 동시에 살아가는 길이 열리다보니, 삶을 리셋하려는 이들이 생깁니다. 이미 우리는 소셜 미디어에서 비슷한 행동을 하고 있습니다. 친구, 팔로워 관계를 쉽게 맺고 끊어냅니다. 여러 아바타가 공존하는 세상인 메타버스에서 이런 상황은 더 자주 발생하리라 예상합니다. 예를 들어, A가 연기에 관심이 생겨서 B라는 연기자 모임에 가입해서 메타버스에서 사람들을 만나 연극 연습을 한다고 가정합시다.● A는 그 세계에서 본래 모습이 아닌 아바타와 실제 이름이 아닌 별명으로 활동합니다. B 커뮤니티에서 문제가 생기면 A는 새로운 아바타를 만들고 별명을 바꿔 C, D 등의 다른 커뮤니티로 이동하면 그뿐이라 생각하기 쉽습니다. 어쩌면, 아바타와 별명을 바꿔서 B에 신규 회원인 척 다시 가입할 수도 있습니다.

이런 현상이 일반화된다면, 우리 사회에서 현실 삶, 관계, 역할 등에 관한 인식과 책임을 지나치게 가볍게 만들지 않을까 하는 우려가 생깁니다. 리셋과 함께 자주 쓰이는 용어로 리스타트^{Restart}가 있습니다. 리셋이 모든 흔적을 지워버리고 처음으로 돌아가는 것이라면, 리스타트는

● 메타버스에서 진행하는 연극 공연 사례를 Part 3의 예술 단원에서 소개했습니다.

실패나 잘못을 인정하고 과거의 흔적을 안은 채 한 번 더 해보는 것입니다. 메타버스를 통해 리셋과 리스타트 중 어떤 기회가 인간에게 주어져야 할지 함께 생각해보면 좋겠습니다. 리셋 증후군을 살펴보면서, 2004년 영국 작가 조너선 트리겔이 발표한 소설 《보이 A》가 떠올랐습니다. 어린 시절 엄청난 범죄를 저지른 소년이 성인이 되어서 새로운 삶을 살고자 애쓰는 과정을 다룬 소설입니다. 2007년에 영화로도 제작된 바 있습니다. 작품에서 소년은 리셋과 리스타트 중 무엇을 선택했을까요? 기회가 된다면 소설이나 영화를 보면 좋겠습니다.

도전받는 신

"나는 때때로 신이 인간을 창조할 때 그의 능력을 다소 과대평가했다고 생각한다."
-오스카 와일드

● 미리 마주한 사후세계

독일의 과학자이자 수도사였던 아타나시우스 키르허는 17세기에 등불을 이용한 환등기를 만들었습니다. 환등기 내부에는 등불이 있고 위쪽으로는 연기를 빼내는 굴뚝이 있었습니다. 등불에서 나오는 빛을 렌즈로 모으고, 렌즈 앞에는 그림이 그려진 팔레트를 꽂아서 보는 방식이었습니다. 키르허가 보여준 그림은 한 사내가 지옥 유황불에서 고통 받는 모습이었습니다. 지금 이 정도 이미지는 아이들 장난 같은 수준이지만, 당시에 그 이미지를 본 사람들은 엄청난 충격에 빠졌습니다. 말로만 들었던 지옥이 머릿속 관념이 아닌 눈앞의 생생한 감각으로 전해졌기 때문입니다. 그래서 당시 종교계에서는 이런 장치를 많이 사용했습니다. 중세시대 마술사들도 오목거울과 연기를 이용해서 악령을 만들어 대중

키르허가 보여준 지옥

출처: wikimedia commons

을 선동했다고 합니다.33 예전 사람들도 영상의 힘이 대단하다는 것을 잘 알고 있었나봅니다.

메타버스는 현실에 존재하지 않는 세계, 심지어 종교적 사후세계까지 우리 눈앞에 가져다줍니다. 지금도 여러 메타버스 플랫폼을 이용해서 개인이 다양한 세계를 창조하는 것은 가능합니다. 일례로 넷플릭스 드라마 〈오징어 게임〉을 주제로 로블록스 내부에 구현된 콘텐츠는 1,000개가 넘습니다.

로블록스 속 〈오징어 게임〉 영상

그러나 아직은 메타버스 플랫폼에서 콘텐츠를 창작하는 게 워드프로세스를 다루는 것보다 불편합니다. 로블록스 속 〈오징어 게임〉 영상을 보면, 시각적 실재감에서 아쉬운 면이 많습니다. 손, 발, 몸통에 착용하는 VR장치의 가격대도 높고 거추장스럽습니다. 10년 후 상황은 완전히 달라집니다. 언리얼, 유니티 등이 제공하는 그래픽 엔진 기술은 나날이 성장하고 있습니다. 10년 후면 다양한 착용형 VR기기가 시각뿐만 아니라 촉각, 몸의 움직임까지 온전하게 전달해주게 됩니다. 그때가 되면 종교단체들은 실재감이 현실에 근접한 수준의 사후세계를 메타버스에 창조하여 신도들에게 보여주리라 예상합니다. 17세기에 키르허가 만들었던 환등기 속 지옥을 우리에게 현실로 전해주는 시대가 됩니다.

● 죽어도 사라지지 않는 가족, 연인

넷플릭스 드라마 〈블랙 미러〉에는 죽은 연인을 복제해내는 에피소드가 등장합니다.● 남편이 죽은 후 아내는 깊은 상실감에 빠집니다. 아내의 언니는 죽은 사람과 대화하는 서비스를 동생에게 추천해줍니다. 소셜 미디어, 이메일, 인터넷 등에 남겨진 남편의 정보를 바탕으로 인공지능이 남편처럼 대화해주는 서비스입니다. 아내는 이 서비스에 빠져듭니

넷플릭스 드라마 〈블랙 미러〉 시즌2 '곧 돌아온다'의 한 장면

출처: Netflix

● 〈블랙 미러〉 시즌2의 첫 번째 에피소드인 '곧 돌아온다(Be right back)'의 내용입니다.

다. 다음 단계는 남편의 음성을 합성해서 직접 대화하는 서비스입니다. 그 다음 단계에서 남편은 휴머노이드로 제작되어 커다란 택배 상자에 담겨 집으로 배달됩니다.

10년 후라도 〈블랙 미러〉 속 내용이 모두 구현되기는 어렵습니다. 그러나 그 방향으로 가고 있기는 합니다. 2020년 12월, 마이크로소프트는 독특한 특허를 등록했습니다. 사망한 사람의 개인 정보를 활용하여 디지털 챗봇•으로 소생시키는 방법에 관한 특허입니다.

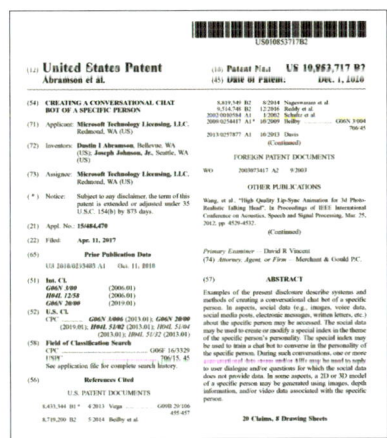

마이크로소프트가 등록한 챗봇 특허

출처: 미국특허청

사망한 이의 사진, 음성 통화 및 녹음 기록, 소셜 미디어 게시물, 이메일 등을 기반으로 만든 챗봇이 살아있는 이들과 문자 메시지를 주고받거나 음성으로 대화하도록 만들겠다는 취지입니다. 시각적으로는 2차

• 사람처럼 채팅해주는 인공지능 프로그램을 의미합니다.

원 이미지 또는 가상현실을 통해 3차원으로 구현이 가능하다고 합니다. 이에 관한 윤리적 비판과 우려가 쏟아지자 마이크로소프트는 당장 이런 프로그램을 개발할 계획은 없다고 선을 긋기는 했습니다.

사랑하는 이를 잃은 가족에게 이런 챗봇이 일시적 위안이 될 수는 있습니다. 그러나 이렇게 챗봇을 통해 죽은 이를 부활시키는 행동이 장기적으로는 살아있는 이들의 삶과 우리 사회에 어떤 영향을 줄지, 우리는 정확히 가늠조차 못하고 있습니다. 심리학적으로 보면, 사랑하는 이의 죽음에서 느끼는 고통을 이겨내기 위해 이런 챗봇에 집착할 경우 일종의 중독 증상이 나타날 수 있으며, 살아있는 이들과의 소통보다 죽은 이를 그리워하며 현실에서 점점 더 멀어질 위험이 있습니다. 또한, 살아있는 이의 상업적 이익을 위해 죽은 이의 인권을 훼손하는 상황이 발생할 수도 있습니다. 사실 이런 특허를 보유한 기업이 마이크로소프트만은 아닙니다. 구글, 유니큐^{UneeQ} 등도 관련 특허를 갖고 있습니다.

이런 기술은 특허로만 존재하는 상황이 아닙니다. 실제로 2020년 10월, 래퍼 카니예 웨스트는 부인 킴 카다시안에게 그녀의 아버지 모습을 인공지능 홀로그램으로 만들어서 생일 선물로 주었습니다. 킴 카다시안의 아버지 로버트 카다시안은 홀로그램으로 나타나서 딸과 대화를 나눴습니다. 테크기업 루카의 대표 유지니아 쿠이다는 사망한 친구의 문자 메시지 8,000개를 기반으로 친구처럼 얘기하는 인공지능 프로그램을 만들기도 했습니다.

그렇다면 10년 후 우리 곁에는 부활한 이들이 존재할까요? 기술적으

인공지능 홀로그램으로 나타난 킴 카다시안 아버지

출처: Twitter

로는 충분히 가능합니다. 앞으로는 지금보다 더 많이 디지털 공간, 메타버스에 우리 삶의 기록을 능동적, 수동적(자동)으로 남기게 됩니다. 그런 데이터를 분석하고 재조합하여 살아있는 이처럼 생각하고 말하며 행동하게 하는 기술은 비약적으로 발전합니다. 이런 챗봇 서비스가 현실로 다가올지는 기술의 문제가 아닙니다. 철학적, 윤리적, 법률적인 측면에서 사회적 논의와 결정이 필요한 부분입니다. 제 예상은 이렇습니다. 10년 후 우리 사회가 이런 서비스를 전체적으로 받아들이지는 못하리라 봅니다. 그러나 일부 제한적 영역, 예를 들어, 역사 인물을 교육적 목적으로 재현하는 등의 형태로 우리는 죽은 자와 마주할 수 있게 될 것입니다.

개인적으로는, 가까운 이를 살려내는 작업을 안 했으면 합니다. 우리는 삶을 또렷하게 기억하지 못하며 살아갑니다. 일부는 잊어버리고, 일부는 희미하게, 그리고 일부는 왜곡해서 기억하는 게 인간입니다. 프레데릭 바틀렛은 실험을 통해 인간의 기억이 복원되지 않고 재생산된다는 것을 증명했습니다. 1932년 미국 원주민의 이야기를 담은 〈유령 전쟁〉이라는 글을 영국인들에게 읽게 하고 일정 기간 후에 줄거리를 말해보라고 했습니다. 피실험자들은 회상할 때마다 내용을 조금씩 바꿔서 말했습니다. 예를 들어, 바다표범 사냥을 낚시로, 카누를 보트로 바꿔서 이야기했습니다. 인간은 자신이 가진 지식의 틀, 살아온 경험에 맞춰 기억을 왜곡합니다. 기억을 회상하는 과정에서 자신의 틀에 맞춰 기억을 미묘하게 바꿉니다. 왜곡이라는 단어가 상황을 나쁘게만 인식시킬 수 있으나, 어쩌면 그런 왜곡이 쌓인 게 우리가 가진 추억의 일부입니다. 있었던 일 중 일부는 잊고, 일부는 그대로 기억하고, 일부는 조금 왜곡해서 간직한 결과가 우리의 추억이자 삶입니다. 죽음에서 돌아온 이, 왜곡되지 않은 기억을 품은 채 돌아온 이가 과연 우리에게 축복일지 모르겠습니다. 죽은 이는 살아있는 사람들의 기억에서 조금씩 희미해지고, 그렇게 남겨져야 하지 않을까 합니다. 로마 공화정 시대에 활약했던 정치인이자 철학가 키케로가 남긴 말이 생각납니다.

"죽은 자의 삶은 산 자의 기억 속에 있다."

● 나 몰래 복제된 나

앞서 언급한 챗봇이 죽은 이를 모사하는 용도로만 쓰일 리는 없습니다. 2020년 12월, 우리나라에 챗봇 '이루다'가 등장했습니다. 수많은 이들의 대화 정보를 바탕으로 학습한 인공지능 챗봇입니다. 기본 설정은 20대 여대생의 인격이었습니다. 이루다는 꽤 사람처럼 대화가 가능했습니다.

인공지능 챗봇 '이루다'

출처: SCATTER LAB

필자도 이루다와 여러 가지 대화를 나눴습니다.

그러나 그런 상황은 오래가지 못했습니다. 챗봇 이루다에 관한 성희롱 논란이 크게 터졌습니다. 이루다 성희롱 사건은 여러 언론매체에 보도됐습니다. 몇몇 신문에 달린 댓글을 보던 중 필자의 눈에 들어온 내용이 있었습니다.

"이루다를 성희롱한 거면, 은행 ATM기에게는 노동을 착취하고 있는 거냐?"

AI에게는 인권이나 성희롱의 개념을 적용하는 자체가 성립이 안 되니, 이런 논의와 우려 자체는 무의미하다는 의견이었습니다. 법적으로 보면 맞는 말입니다. 인권이나 성희롱 등의 개념은 법인격을 가진 인간에게만 적용됩니다. 따라서 이루다를 뒤에서 사람이 조정하지 않는 이상 이루다에게 어떤 말을 해도 법적으로 문제되지 않습니다. 이루다 외에도 인공지능으로 활동하는 가상 인간이 점점 더 늘어나고 있는 상황에서 이들을 성적 대상으로 삼아서 이상한 짓을 해도 법적으로 인권이나 성희롱 차원에서 문제될 확률은 거의 없습니다. 다만, 이런 인공지능 가상 인간을 보유한 기업의 재산 가치를 침해하는 차원에서는 문제될 소지가 있습니다.

우리는 메신저 속 친구의 모습으로 다가온 이루다의 아바타를 통해 이루다 뒤에 있는 거대한 인공지능 시스템과 대화했으며, 이루다도 우리들의 아바타와 대화한 셈입니다. 이루다를 개발한 스캐터랩은 성희롱, 개인정보 침해 등의 여러 이슈 끝에 2021년 1월 12일에 서비스를 중지했습니다.• 이루다 사건을 통해 우리 사회는 인공지능을 학습시키는 데 사용되는 데이터에 관한 권리와 책임, 프라이버시 보호, 윤리적 이슈 등 다양한 문제를 인식했습니다. 저는 여러 문제 중에서 두 가지를 깊게 생각해보고 싶습니다.

첫째, 우리가 이루다에게 쏟아낸 언어들은 결국 화살이 되어 누구에게 날아갈까요? 일단, 관련 사건에서 이루다는 상처받지 않았습니다. 자아 인식을 통해 슬픔, 분노, 수치, 고통, 좌절, 공포 등을 느끼며 아파하는 존재가 아니기 때문입니다. 이루다는 마음이 없습니다. 다만, 그 안에 인간의 감정 분류가 학습되어 있다면, 자신이 겪은 상황을 인간으로 놓고 봤을 때 어떤 감정으로 분류하면 되는지 알 수는 있습니다. 중요한 것은 이루다의 마음이 아니라 이루다와 대화를 나눈 우리들의 마음입니

• 스캐터랩은 2022년에 '이루다' 서비스를 재개한다는 계획을 발표했습니다. 14세 미만 사용자는 이용 불가로 한다고 합니다.

다. 이루다와의 소통에서 드러난 성희롱이나 소수자 혐오 등을 보면, 이루다와 소통했던 이들의 마음에 그런 생각과 욕망이 가득 담겨 있음을 알 수 있습니다. 이루다는 우리가 쏟아낸 말을 학습하고, 학습한 말을 다시 우리에게 돌려줍니다. 결국, 우리가 이루다에게 배설한 것들은 다시 우리 얼굴에 쏟아지게 됩니다. 이루다를 성희롱했던 사람들에 관한 문제의식은, 이루다가 뱉어내는 소수자 혐오에 관한 비판으로 옮겨갔습니다. 이루다는 소수자 혐오를 누구에게서 배웠을까요? 바로 우리들입니다. 물론, 이루다가 뱉어낸 소수자 혐오 발언을 기술적, 운영적 대응책을 통해 예방하지 못한 기업의 책임이 크지만, 기업만의 책임으로 몰 문제는 아닙니다.

둘째, 현실과 분리된 메타버스 공간, 즉 법인격이 없는 인공지능 챗봇에게 쏟아낸 말들은 현실 세상에 아무런 영향을 주지 않을까요? 메타버스에서 아바타를 통해 보여준 내 모습은 현실의 나와 분리되지 않습니다. 그 모습은 나의 일부이며, 내 안에 쌓이고 학습됩니다. 그런 학습이 메타버스 속 나뿐만 아니라 현실 공간의 나를 어느 방향으로 이끄는지 돌아봐야 합니다. 장난삼아, 재미로, 놀이로 그랬을 뿐인데, 필요 이상으로 심각하게 나온다고 항변한다면, 그런 장난, 재미, 놀이를 통해 현실의 내가 어떻게 바뀌거나 움직일지 생각해야 합니다. 자칫 우리는 새로운 탐험, 소통, 성취 등을 즐기는 공간이라는 미명 아래, 아무것도 책임지지 않는 인간 진화의 과정을 거슬러서 동물로 되돌아간 이들이 살아가는 메타버스를 만들어낼지도 모릅니다. 그런 메타버스를 만들어낸 우리가

10년 후에는 3차원 모습의 챗봇이 나를 대신해서 부재중 전화에 회신하거나 메타버스 공간에서 상대와 대화하는 등 다양한 상황에서 쓰이게 됩니다.

살아갈 현실 공간이 여전히 아름다울지 심각하게 고민해봐야 합니다.

이루다는 다수의 대화 정보를 바탕으로 학습된 인공지능 챗봇입니다. 관련 기술을 그대로 개인에게 적용하는 것도 가능합니다. 이미 우리는 기술적으로는 각자의 인공지능 챗봇을 만들 수 있는 세상에 살고 있습니다. 10년 후에는 어떤 일들이 벌어질까요? 크게 두 가지를 예상합니다.

첫째, 내 동의하에 만들어진 3차원 모습의 챗봇이 나를 대신해서 다양한 상황에서 쓰이게 됩니다. 예를 들어, 부재중 전화에 회신하거나 나의 메타버스 공간에 내가 로그인하지 않았을 때 나를 대신해서 상대와 대화하는 역할을 할 수 있습니다. 유명인의 경우에는 자신을 챗봇으로 복제하여 다양한 상업적 활동에 투입하는 게 가능합니다.

둘째, 내가 동의하지 않은 상황에서 만들어지는 챗봇도 등장하리라 예상합니다. 제도적으로는 이를 막으려 하겠으나, 다양한 메타버스에 넘쳐나는 개인 정보를 취합하여 특정인을 복제하는 것은 기술적으로 충분히 가능해지며, 그런 욕망을 가진 이들을 어둠에서 돕는 자들이 나타나리라 봅니다. 상상만 해도 무섭고 불쾌한 용도로 챗봇이 사용될 여지가 있습니다. 누군가의 성적 판타지를 해소하는 용도, 못된 이들의 사이버불링• 대상으로 쓰이는 경우 등이 나타나리라 봅니다.

• **Cyber Bullying** 온라인 공간에서 특정인을 물질적, 정신적으로 괴롭히는 행동을 뜻합니다.

"변화를 이해하는 유일한 방법은 그것에 뛰어들고,
변화와 함께 움직이고, 춤에 합류하는 것이다."
- 앨런 와츠

PART 3

10년 후, 산업은 이렇게 바뀐다

"메타버스로 인해 어떤 산업이 가장 크게 영향을 받을까요?" 2021년에 수백 번도 넘게 받은 질문입니다. 메타버스는 모든 산업의 판도를 크게 뒤흔들 것입니다. 산업별로 차이는 조금 있겠으나 영향을 적게 받는 산업은 없다고 생각합니다. Part 3에서는 메타버스가 가져올 변화를 총 15개 산업 분야별로 예측하고 있습니다. 각 산업에서 발생할 변화는 서로 미묘하고 복잡하게 연결되어 있기도 합니다. 따라서, 본인이 속한 산업 영역의 변화뿐만 아니라 타신업의 미래에도 주목해보면 좋겠습니다.

메타버스는 경제의 판을
이렇게 키운다

"자동차, 비행기, 전화기, 이 모든 것들이 도입 당시에는 장난감 취급을 받았다.
처음에는 지지해주는 이들이 너무 없었기 때문이다."
-놀란 부시넬

시장 규모를 예측한 다양한 보고서가 있지만, 정확하게 메타버스 전체를 조망한 경우는 거의 없습니다. AR, VR, XR, MR 등 기술 중심의 시장이나 실감경제에 관한 예측은 많습니다. 이런 예측 자료가 그대로 메타버스 시장 규모가 되지는 않습니다. 메타버스는 이런 기술과 경제 패러다임을 포괄하는 개념이어서, 보고서가 제시하는 시장 규모에 비해 오히려 메타버스의 전체 규모는 더 커진다고 보는 게 타당합니다. 이 책에서는 특정 보고서 하나를 놓고 수치를 제시하는 대신 서로 다른 보고서에서 예측한 몇 가지를 소개하려고 합니다.

처음으로 소개할 내용은 〈미국의 XR: AR, VR & MR 예측 보고서〉입니다.•

• BCG, Mordor Intelligence, IDC, Statista, Perkins Coie, XRA, Boost VC, IPlytics GmbH, eMarketer, PwC 등 세계적 컨설팅·리서치 기관의 자료에 근거하고 있습니다.

증강현실, 가상현실, 혼합현실의 시장 규모가 전 세계적으로 2021년 307억 달러에서 2024년 2,969억 달러까지 성장할 것으로 보고 있으며, 미국에서는 다음과 같은 예측이 나오고 있습니다.

- 메타버스 관련 몰입 기술들에 의한 혁신적 변화가 이루어질 것으로 예상되는 분야: 헬스케어 및 의료, 교육, 기업 교육·훈련, 제조, 자동차, 마케팅·광고, 물류·운송, 소매·전자상거래, 국방, 상업용·주거용 부동산, 관광
- 증강현실 및 가상현실로 인해 미국 GDP는 2020년 316억 달러(증강현실 226억 달러 & 가상현실 90억 달러)에서 2030년 5,370억 달러(증강현실 3,833억 달러 & 가상현실 1,537억 달러)로 급증
- 증강현실 및 가상현실로 인한 미국 내 일자리는 2020년 16만 개에서 2030년 232만 개로 급증

메타버스의 핵심 접속 기기인 AR글라스와 VR기기는 다음과 같은 증가세와 비율로 확산되리라 예상됩니다. 그래프에서 AR standalone(독립형) HMD는 컴퓨터 연결 없이 단독으로 작동되는 증강현실 기기입니다. AR tethered(PC 기반) HMD는 컴퓨터에 연결해서 작동하는 증강현실 기기입니다. VR standalone HMD, VR tethered HMD는 각각 컴퓨터 연결 없이 단독으로 작동되는 가상현실 기기와 컴퓨터에 연결해서 작동하는 가상현실 기기를 의미합니다. screenless AR·VR은 기기 자체에 디스플레이가 없어서 스마트폰 같은 기기에 끼워서 보는 장치를 의미합니다.

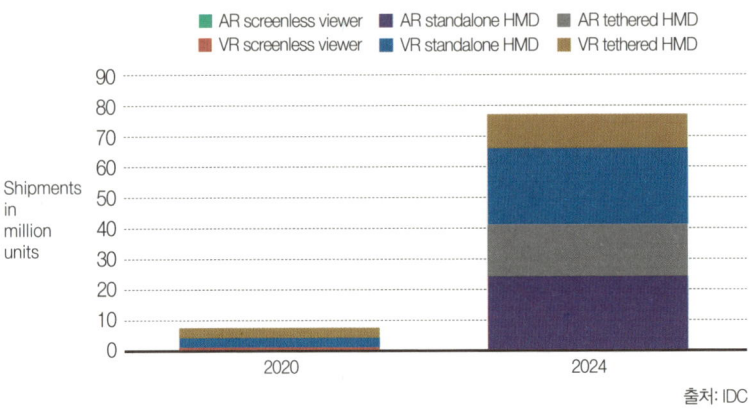

그래프에서 보듯이 screenless 기기의 비중은 매우 낮으며, 컴퓨터 연결 없이 사용하는 AR·VR기기가 급속도로 증가할 것입니다.

〈유럽 VR 예측 보고서〉는 유럽 지역의 증강현실 및 가상현실 시장 규모가 2021년 28억 달러에서 2025년 209억 달러로 4년 만에 7.5배로 성장할 것으로 예상하고 있습니다. 경제 주체별로 증강현실 및 가상현실로 인한 GDP와 일자리 수는 10년 후 다음과 같이 증가할 것으로 전망하고 있습니다.

경제 주체/ 연도	증강현실로 인한 GDP		가상현실로 인한 GDP		증강현실 및 가상현실로 인한 일자리 수	
	2020년	2030년	2020년	2030년	2020년	2030년
독일	45억 달러	737억 달러	18억 달러	298억 달러	3만 920개	40만 368개
영국	29억 달러	492억 달러	12억 달러	201억 달러	2만 8,094개	40만 663개
프랑스	23억 달러	360억 달러	9억 달러	144억 달러	1만 5,424개	20만 2,500개

PwC가 발표한 보고서 〈보는 것이 믿는 것이다: 가상현실과 증강현실이 비즈니스와 경제에 미치는 영향〉●을 살펴보겠습니다. 보고서는 2030년까지 증강현실 및 가상현실이 GDP 증가에 기여하는 정도를 각 산업 부문별로 다음과 같이 추정했습니다.

- 제품 및 서비스 개발: 3,594억 달러
- 헬스케어: 3,509억 달러
- 교육·훈련: 2,942억 달러
- 프로세스 개선: 2,750억 달러
- 소매: 2,040억 달러

2030년까지 증강현실 및 가상현실 분야에서 새로 창출되는 일자리 수는 국가별로 다음과 같이 예상되고 있습니다.

- 영국: 40만 663개
- 프랑스: 20만 2,500개
- 독일: 40만 368개
- 핀란드: 3만 2,462개
- UAE: 4만 2,778개

● 원제는 〈Seeing is believing: How virtual reality and augmented reality are transforming business and the economy〉입니다.

- 중국: 682만 2,647개

- 일본: 53만 3,155개

- 미국: 232만 2,156개

여기서 제시한 지표는 주로 VR, AR, XR 영역을 중심으로 잡은 수치입니다. 메타버스가 경제에 미치는 영향은 이보다 훨씬 더 클 것이며, 관련 영역도 방대하다고 봐야 합니다.

유통:
오프라인도 메타버스다

"당신이 팔지 않는다면, 잘못된 것은 제품이 아니라 당신 자신이다."
-에스티 로더

메타버스가 고도화된 10년 후, 유통 환경은 이렇게 바뀝니다. 첫째, 오프라인 유통망이 메타버스를 통해 온라인과 실시간으로 연결되며, 유통의 온·오프라인 경계가 소멸됩니다. 둘째, 메타버스 내부에서 단단한 사회적 연대를 바탕으로 강력한 영향력을 발휘하는 소비자 집단이 더 많이 등장합니다. 셋째, 메타버스 내부에 거대한 쇼핑몰이 등장합니다. 여기서 국경을 초월한 유통이 이루어집니다. 넷째, 오프라인 매장이 감소하기는 하지만, 메타버스와 차별화된 경험을 제공하는 공간으로 변모합니다. 각각의 변화 방향을 구체적으로 짚어보겠습니다.

● **온라인·오프라인 유통 간 경계 붕괴**

오프라인 유통과 온라인 유통은 메타버스를 통해 하나로 통합됩니다.

레이밴 스토리즈

레이밴 스토리즈를 쓰고 촬영한 필자의 연구실

출처: Ray-Ban

    2021년 가을, 선글라스 브랜드 레이밴은 메타버스를 향해 가는 기업인 메타와 협업하여 레이밴 스토리즈를 출시했습니다. 고해상도 카메라 2개(선글라스 양쪽 렌즈의 테두리 부분에 위치), 마이크로 스피커 2개, 마이크 3개, 터치 패널, 무선 통신 장치, 배터리 등이 내장된 기기입니다. 레이밴 스토리즈를 쓰고 있으면 나의 시선으로 동영상, 사진 등을 촬영할 수 있습니다. 전화를 받고 음악을 듣는 기능도 당연히 제공합니다.

    지금부터 풀어놓을 내용을 읽고 당혹스러워하는 분들이 많으리라 예상합니다. 현재 아마존은 무인 점포 아마존고Amazon Go를 운영하고 있으며, 영국 런던을 시작으로 전 세계로 무인 점포를 확대할 계획입니다. 이 상점에는 계산대와 점원이 없습니다. 고객이 물건을 고르면 천장에 설치된 카메라와 진열대의 무게 센서가 자동으로 감지하여 물품 종류와 가격 등을 계산하는 방식입니다. 상점에서 판매하는 물건과 공산품에 별도 장치를 하지 않았다는 점이 핵심입니다. 그만큼 딥러닝•에 기반한 영상처리 기술이 발전한 상태입니다. 국내에도 이런 방식의 무인 점포를 도입하고자 기술을 실험한 영상이 있으니 참고삼아 보면 좋겠습니다.

무인 점포 실험 영상

10년 후에는 지금보다 몇 배 이상 발전된 기술이 등장하리라 봅니다. 아마존고에 적용된 영상처리 기술이 레이밴 스토리즈와 결합하면 어떤 일이 생길까요? 이런 기기를 보급하는 기업과 제가 계약을 맺었다고 가정합시다. 기업은 기기를 무료로 쓰는 조건으로 2년 동안 매일 일정 분량의 영상을 임의로 가져갈 수 있습니다. 물론, 개인 공간, 은밀한 생활 등을 제외한 영상입니다. 기업은 사용자가 쇼핑몰이나 매장 등의 상업 공간에 들어간 상황을 감지하면 사용자의 카메라를 통해 자동으로 영상을 가져갑니다. 그리고는 이를 인공지능으로 분석하여 특정 지역의 물건 종류, 가격대, 방문객 등을 파악합니다.

사실 이런 접근은 10년 후가 아니라 2021년 가을에 마이크로소프트가 발표한 〈다이나믹스 365 커넥티드 스페이스〉를 봐도 근 시일에 구현이 가능해 보입니다.•• 이런 안경을 공급한 기업과 연결된 유통업체는 제

• 사람의 사고방식을 기계에게 가르치는 방식이 일종이라고 보면 됩니다. 상세한 내용이 궁금하다면, 인공지능에 대한 개론서를 찾아보세요.
•• 이 책의 Part 1에서 설명한 내용입니다.

눈앞, 즉 제가 착용한 안경에 증강현실로 다음과 같은 정보를 바로 보낼 수도 있습니다. '당신이 구매하려는 코트와 비슷한 디자인의 제품을 10만 원 더 저렴하게 구매하세요.'라는 메시지와 함께 자사 오프라인 매장 위치를 알려주거나, 온라인 구매를 유도할 수 있습니다. 이런 상황이 되면, 센서나 통신망 등 복잡한 빅테크를 적용하지 않은 오프라인 매장이나 골목 안 작은 가게가 그대로 메타버스를 통해 묶여버립니다. '나는 메타버스나 복잡한 기술, 그런 것 신경 안 쓰고 그냥 점포나 운영할래.'라는 계획이 안 통하는 시대가 됩니다.

이런 기기를 사용하는 이가 서울에 1만 명만 있어도, 서울에는 매일 1만 개의 센서가 움직이면서 다양한 유통 공간의 정보를 훑고 있는 셈이 됩니다. 그들이 보고 듣는 모든 것이 기기를 통해 자동으로 라이프로그가 되어 수집되는 상황입니다. 이렇게 오프라인 매장을 방문하는 여러 고객의 라이프로깅 기록을 다른 지역의 오프라인 쇼핑몰, 온라인 쇼핑몰, 메타버스 쇼핑몰의 물건 배열, 가격대, 재고량 관리 등에 실시간으로 활용할 수 있습니다. 또한, 꼭 개인이 착용하는 기기가 아닐 수도 있습니다. 10년 후 통신망은 지금보다 최소 수십 배 이상 빨라집니다. 도심 곳곳에는 무수히 많은 IoT 센서와 장치들이 눈에 보이지 않게 설치됩니다. 이런 장치들이 현실 공간의 유통 상황을 실시간으로 메타버스에 보내고, 이를 고도화된 영상처리 기술로 분석하는 접근도 가능합니다. 유통에서 물리적 세계와 메타버스의 경계는 거의 무의미해집니다.

● 소비자 교섭력 증가

메타버스 내부에서 사회적 연대가 강한 집단이 등장하고 그 집단이 거대한 소비자 단체가 되어서 교섭력이 커지리라 봅니다. 메타버스에서 사용자들은 아바타로 참여하며 다양한 상호작용을 합니다. 이 과정에서 텍스트 기반의 인터넷 카페, 블로그 등과 대비하여 더 강한 사회적 연대와 강화가 일어납니다. 아바타를 통해 상대를 물리적으로 인식하고, 메타버스에서 같은 공간에 존재하는 경험을 하기 때문입니다. 마치 한집에 사는 가족, 같은 사무실에서 근무하는 동료, 교실을 함께 쓰는 학우들의 연대감이 높아지는 현상과 흡사합니다.

메디버스 쇼핑 환경에서 구매사 집단 내부에 형성된 연대, 판매자와 구매자 간 형성된 연대는 판매에 직접적인 도움이 될까요? 소셜커머스● 플랫폼과 일반 온라인 쇼핑몰을 비교한 연구를 살펴봅시다. 연구자들은 소셜커머스와 일반 온라인 쇼핑몰 기능을 동시에 제공하는 플랫폼에서 2018년 8월 1일부터 11월 27일까지 4개월간 데이터를 수집했습니다. 수집한 데이터는 쇼핑몰 사용자 이동 경로, 구매 기록, 사용자 프로파일(인구통계학적 기본 정보), 판매하는 상품 정보 등입니다. 수집한 데이터를 바탕으로 소셜커머스와 일반 온라인 쇼핑몰에서 사용자들이 다르게 행동

● 일정 규모의 사용자가 모이면, 해당 상품을 좋은 조건으로 판매하는 온라인 쇼핑 방식입니다. 일정 규모를 모으기 위해 소비자들이 자발적으로 소셜 미디어, 인터넷 커뮤니티 등을 통해 제품을 알리는 것이 특징입니다.

하는가를 분석했습니다. 사용자들은 소셜커머스에서 일반 온라인 쇼핑몰보다 3.09~10.37배 높은 구매 전환율을 보였습니다. 소비자가 상품 정보를 찾아보고 구매하는 행동 등은 판매자와의 사회적 연대가 강할수록 높게 나타났습니다. 또한, 같은 커뮤니티에 속한 사용자들이 보여준 구매 행동은 서로 비슷했습니다. 그리고 고가 상품보다 저가 상품, 저관여 제품●에서 소셜커머스의 사회적 연대 특성이 더 강하게 나타났습니다. 유통 분야 기업들은 메타버스에서 어떻게 하면 사용자들의 연대를 강화할지, 그리고 그러한 연대의 중심에 기업이 어떻게 자리 잡을지 더 깊게 고민해야 합니다.●●

현재도 일부 인터넷 커뮤니티는 지역, 취미 등을 중심으로 형성된 사회적 연대를 바탕으로 강력한 영향력(소비자 입장에서)을 행사하고 있으며, 이런 현상은 메타버스가 보편화된 10년 후에는 더 강하게 나타나리라 봅니다. 현실 세계에서 그들은 만난 적도 없고 멀리 떨어져 살지만, 메타버스에서 늘 함께 어울리며 같은 공간을 공유하고 있기 때문입니다. 또한, 지금은 그런 연대가 주로 한 국가, 동일한 언어권 내에서 형성

● 관여도는 구매 행위와 소비자의 관심 또는 중요도의 수준을 의미합니다. 상대적으로 가격이 높거나 중요한 물품이나 서비스에 해당하는 주택, 고급 승용차, 가전제품 등은 고관여 제품에 해당하고, 상대적으로 가격이나 중요도가 낮은 생필품, 식료품 등은 저관여 제품에 해당합니다.
●● 소셜커머스에서 상호작용이 지나치게 많을 경우 사용자들이 부정적 반응을 보인 사례도 있습니다.2 사용자들이 성가셔하거나 귀찮아하지 않는 수준에서 적절하게 상호작용을 높이는 접근이 좋다는 의미입니다.

되고 있으나, 10년 후 메타버스에서는 국가와 언어를 넘어서는 다양한 사회적 연대가 형성되어 유통에 영향을 주리라 예상합니다.

● 메타버스 속 3차원 쇼핑몰 등장

메타버스 체류 시간이 길어지면서 메타버스 내부에서 쇼핑 관련 서비스를 사용하는 고객이 증가하리라 봅니다. 최근 실제 상점, 컴퓨터 화면으로 접속하는 3차원 쇼핑몰, VR기기로 접속하는 3차원 쇼핑몰의 차이점에 관한 연구도 늘어나고 있습니다.3 세 가지 방법으로 청과물을 구매하도록 실험한 사례에서, 실제 상점보다 컴퓨터 화면으로 접속하는 3차원 쇼핑몰과 VR기기로 접속하는 3차원 쇼핑몰에서 더 많은 매출이 발생하기도 했습니다.

도미노피자는 가상 부동산 형태의 메타버스 공간인 디센트럴랜드에 매장을 오픈하기도 했습니다. 메타버스에 있는 매장에서 피자를 주문하면 집으로 피자가 배달되는 방식입니다. 이와 비슷한 설정은 영화〈레디 플레이어 원〉에도 등장합니다. 영화에서 주인공 웨이드는 가상공간인 '오아시스'에 있는 쇼핑몰에서 물건을 구매합니다. 구매한 물건은 택배로 웨이드의 집으로 배송됩니다. 그러나 현 시점에서 메타버스 속 도미노피자가 직접적으로 높은 매출을 일으키기는 어렵습니다. 우리는 피자를 어떤 상황에서 어떻게 주문할까요? 휴일 낮에 식구들이 TV를 보거나 각자 방에서 쉬다가, 음식을 해먹기 번거로운 상황에서 앱을 켜서 주문하는 게 일반적입니다. TV를 보다가 피자를 주문하기 위해 컴퓨터를 켜서 메타버스에 로그인하고 피자 가게를 찾아 들어가서 주문하는 방식은 너무 복잡합니다. 현재 우리는 영화에서처럼 3차원 메타버스에서 주로 사는 게 아니니까요.

그렇다면 10년 후는 어떨까요? 회의, 모임, 업무, 수업 등 많은 영역에서 3차원 메타버스를 많이 사용하게 됩니다. 그런 상황에서는 옆에 있는 3차원 쇼핑몰에 걸어 들어가는 것이 한결 자연스러워집니다. 3차원 메타버스에서 여러 활동과 경험이 끊이지 않고 Seamless● 연결되는 방식으로 바뀝니다. 3차원 메타버스 쇼핑몰은 국경을 넘어 24시간 모두에게 열려 있습니다. Part 1에서 설명한 가상 인간 점원이 등장해서 모든 국가의 언

- 메타버스가 진화하는 방향을 보면, 다섯 가지 특징이 보입니다. 이를 SPICE 모델이라 합니다. SPICE는 고도화된 메타버스에서 나타나는 다섯 가지 특징의 앞 글자를 따서 만든 용어입니다.
  - **Seamlessness(연속성)** 메타버스에서 발생하는 경험이 단절되지 않고 연결됩니다. 예를 들어, 하나의 아바타로 게임을 하다가 다시 로그인하거나 플랫폼을 갈아타지 않고도 바로 쇼핑을 하거나 동료들과 업무를 논의할 수 있습니다.
  - **Presence(실재감)** 물리적 접촉이 없는 환경이지만 사용자가 사회적·공간적 실재감 등을 느끼는 상황을 의미합니다. 가상현실은 실재감을 높이는 대표적 매체입니다.
  - **Interoperability(상호운영성)** 현실 세계와 여러 메타버스의 데이터 및 정보가 서로 연동돼 사용자가 메타버스에서 경험하고 실행한 결과가 현실 세계로 연결되고, 현실 세계에서의 라이프로깅 정보를 바탕으로 메타버스 속 경험이 더 풍성하고 편리해지는 상황을 의미합니다.
  - **Concurrence(동시성)** 여러 명의 사용자가 하나의 메타버스에서 동시에 활동하며, 동시간대에 서로 다른 경험을 할 수 있는 환경을 의미합니다. 혼자 접속해서 사전에 정의된 시나리오에 따라 즐기는 가상현실 게임은 메타버스의 이런 속성과는 거리가 멉니다.
  - **Economy(경제 흐름)** 메타버스에는 경제의 흐름이 존재해야 합니다. 메타버스 플랫폼 제공자가 판매자의 역할을 하고, 사용자들은 소비자의 역할만 하는 상황은 온전한 메타버스 경제가 아닙니다. 플랫폼에서 제공하는 화폐와 거래 방식에 따라 수많은 사용자가 재화와 서비스를 자유롭게 거래하는 경제 흐름이 존재해야 합니다. 또한 진화한 메타버스는 서로 다른 메타버스 및 실물 세상과도 경제 흐름을 연동해야 합니다.

어를 구사하며 고객을 상대하게 됩니다. 2022년 현재, 메타버스 속 3차원 쇼핑몰은 직접적인 매출 증대 목적보다는 상징적 의미로 만들어지는 경우가 보통입니다. 그러나 10년 후, AR·VR기기를 쓰고 보내는 시간이 지금보다 훨씬 늘어난 상황에서 메타버스 속 3차원 쇼핑몰은 새로운 유통 채널로 높은 잠재력을 가지리라 예상합니다.

● **오프라인의 재발견**

10년 후에도 오프라인 쇼핑몰이나 매장이 소멸하지는 않습니다. 그러나 오프라인 공간에서 제공하는 소비자 경험이 지금과는 달라집니다. 오프라인 쇼핑몰과 매장을 보유하고 있는 기업들은 점점 매장의 개수와 규모를 줄이고 있습니다. 메타버스가 고도화된 10년 후, 오프라인 매장은 거의 다 소멸한다고 봐야 할까요? 그렇진 않습니다. BCI를 통해 인간의 신경과 컴퓨터가 연결되기 전까지는 아무리 발전된 AR글라스나 VR기기가 등장해도 현실과는 다른 감각을 느끼고, 다른 경험을 합니다. 여기서 핵심은 현실과 메타버스 경험 중 어느 쪽이 더 우세한 것이 아니라 둘이 다르다는 데 있습니다.

오프라인 쇼핑몰은 어떤 경험을 줄 수 있을까요? 호주 멜버른에 있는, 대략 120개 상점이 입점해 있는 쇼핑몰은 증강현실을 적용했습니다.[5]

스캐빈저 헌팅●을 증강현실로 활용해 쇼핑몰에 적용한 후 소비자 반응을 분석했습니다. 고객들이 쇼핑몰 이곳저곳을 돌아다니면서 스캐빈저 헌팅 프로그램에서 제시하는 아이템을 모두 찾으면 선물을 주는 단순한 방식이었습니다. 결과는 이렇게 나타났습니다. 쇼핑몰에 처음 방문한 고객들이 쇼핑몰 구조와 판매하는 물건 등을 쉽게 파악했습니다. 유통사에서 고객들이 공간 곳곳을 돌아다니며 다양한 상점을 방문하도록 규칙을 디자인했기 때문입니다. 또한, 젊은 층일수록 이런 이벤트에 더 흥미를 보였습니다. 젊은 층은 자신이 참가하는 스캐빈저 헌팅 이벤트를 페이스북, 인스타그램 등 여러 소셜 미디어에 공유하여 광고 효과를 높였습니다. 요컨대, 증강현실을 활용한 스캐빈저 헌팅을 쇼핑몰 내부에 구현하여 브랜드 노출을 강화했으며, 쇼핑몰 방문객을 증가시키는 효과를 얻었습니다.●●

● **Scavenger Hunting** 소풍에서 즐겼던 보물찾기와 같은 놀이를 미국에서는 '스캐빈저 헌팅'이라고 부릅니다. 보물찾기와 스캐빈저 헌팅의 규칙은 약간 다릅니다. 보물찾기는 진행자가 사전에 숨겨둔 무언가를 참가자들이 돌아다니면서 찾지만, 스캐빈저 헌팅은 사전에 무언가를 숨기기보다는 주변에 존재하는 다양한 사물과 사람들 중에서 진행자가 제시하는 조건에 맞는 것을 빨리 찾아내는 방식입니다.

●● 유사한 이벤트를 진행하고 싶은 기업은 당장 플랫폼을 개발하기보다는 적은 비용으로 테스트할 수 있는 개방형 플랫폼을 먼저 사용해보기 바랍니다. 예를 들어, 구스체이스(goosechase.com)는 스캐빈저 헌팅을 앱으로 제공하고 있습니다. 단답형/장문형 퀴즈, 특정 위치 체크인(GPS 기반), 사진/동영상 촬영 등의 미션을 참가자들에게 제시할 수 있습니다. 이런 기능을 활용해서 참가자들에게 다양한 퀴즈를 제시하거나, 참가자들이 특정 공간에 방문하게 만들고 특정 행동을 취하게 유도할 수 있습니다.

10년 후, 메타버스를 통해 물리적 쇼핑몰이 아닌 가상공간 속 쇼핑몰을 이용하는 이들이 증가할 것입니다. 그렇다고 지금의 물리적 쇼핑몰이 소멸하지는 않습니다. 그 공간은 물리적 경험을 주는 공간으로써 가치가 있습니다. 또한, 물리적 공간 위에서 초월한 메타버스적 경험을 주는 공간으로도 발전하리라 봅니다. 10년 후를 준비하는 유통 기업은 물리적 공간을 다 치워버릴 게 아니라, 메타버스 유통에 대비하되 물리적 공간과 메타버스의 다양한 연결 고리를 찾아야 합니다.

10여 후에는 메타버스를 통해 가산공간 속 쇼핑몰을 이용하는 이들이 증가할 것입니다. 10년 후를 준비하는 유통 기업은 메타버스 유통에 대비하되 물리적 공간과 메타버스의 다양한 연결 고리를 찾아야 합니다.

방송: 바꾸지 않으면
지역 신문사의 길을 간다

"패배는 최악의 실패가 아니다. 시도하지 않는 것이 진정한 실패이다."
-조지 에드워드 우드베리

한국언론진흥재단이 2020년 12월에 발표한 자료를 보면, 대표적 전통 매체인 TV, 종이신문, 라디오, 잡지 이용률이 감소세를 이어가고 있습니다. 감소세는 2021년 들어 주춤해졌으나 이는 팬데믹 영향으로 다른 여가 활동이 어려운 상황에서 나타난 일시적 현상이라는 해석이 지배적입니다.

메타버스가 고도화된 10년 후, 전통 매체, 특히 방송의 위상은 어떻게 바뀔까요? 크게 네 가지 현상을 예상합니다. 첫째, 방송에서 다루는 주제가 세밀하게 분화합니다. 둘째, 제작 환경이 보편화됩니다. 셋째, 개인 취향에 맞춘 쌍방향 소통과 개인화가 강화됩니다. 넷째, 콘텐츠의 2차 확장과 활용이 폭발합니다. 기우에서 한 번 더 언급하자면, 이런 특징이 10년 후에 갑자기 등장하는 것은 아닙니다. 독자의 견해와 경험에 따라

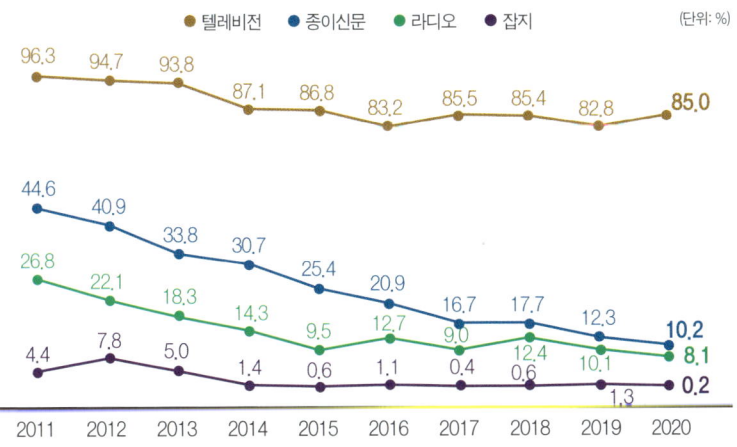

출처: 한국언론진흥재단

서는 지금 언급한 네 가지 특징 중의 일부 또는 전체를 이미 도래한 상황이라 여길 수 있습니다. 제 의견은 이런 변화가 점진적으로 나타나, 10년 후에는 방송 전체가 이런 환경으로 완전히 바뀌리라는 것입니다. 네 가지 상황을 놓고 보면, 거대 자본으로 운영되는 방송국의 위상은 10년 후 큰 변화를 겪을 수밖에 없습니다. 네 가지 변화 방향을 하나하나 살펴보겠습니다.

● **안 다루는 주제가 없다**

다루는 주제가 다양하게 분화됩니다. 근래 들어 메타버스 플랫폼을 활용해서 드라마를 만들어 공유하는 문화가 급속히 퍼지고 있습니다. 예를 들어, 학교에서 일진이라 불리는 학생 집단의 일상을 다룬 드라마가 인기를 끌고 있습니다. 대부분 3~4분 분량의 짧은 영상입니다. 업로드 두 달 정도가 된 '요즘 중고딩 여자 일진 패션 유형에 대해 알아보자'편 조회수는 200만이 넘었습니다. 실제 시청자 수만 놓고 보면, 어지간한 방송 프로그램 못지않은 인기입니다. 기성세대 입장에서는 이런 콘텐츠에 크게 흥미를 느끼지 못하는 경우가 많아서 '대체 이런 콘텐츠를 왜 보지?'라고 반문하는 경우가 있습니다. 메타버스에서 만들어진 숏폼 콘텐츠● 형태의 드라마를 즐기는 젊은 층을 인터뷰해보니 이런 의견이 많았습니다. '내 주변에서 일어나는 일들을 다뤄서 좋다. 너무 진지하지 않고

일진의 일상을 다룬 드라마

출처: Youtube 'K-현실고증'

● **Short-form Contents** 글자 그대로 짧은 길이의 영상으로, 아주 짧은 몇 초 영상부터 10분 이내의 영상까지 종류가 다양합니다. 넘쳐나는 콘텐츠 속에서 시청자의 이탈을 막기 위해 짧은 시간 내에 직접적인 스토리를 구성한다는 특징이 있습니다. 숏폼 콘텐츠는 TV보다 모바일 기기가 익숙한 Z세대가 콘텐츠 주소비자로 자리 잡으면서 활발하게 소비되고 있습니다. (출처: 네이버 지식백과 시사상식사전)

가벼워서 좋다. 신기한 주제가 많아서 좋다.'

이런 상황에서 방송국의 제작 방향을 크게 두 가지로 예상할 수 있습니다. 특정 주제를 더 깊게 파고들거나 모든 주제를 폭넓게 다루는 것입니다. 방송국은 다양한 연령대를 대상으로 여러 장르의 프로그램을 공급하는 기능을 해야 합니다. 그런데 방송국이 특정 주제만 깊게 파고든다면, 오히려 지금보다 더 그런 쪽으로 접근한다면, 방송은 점점 더 연령대와 취향이 특정 집단에 맞춰지게 됩니다. 이는 방송의 원래 목적과는 거리가 멀다고 봅니다. 다양한 집단을 안고 가기 위해 방송은 지금보다 더 모든 주제를 폭넓게 다루는 방향으로 진화하리라 예상합니다.

● 메타버스에서 제작한다

제작과 송출 환경이 모두 대중화됩니다. 메타버스 플랫폼 자체가 방송국 세트가 되고, 메타버스 속 아바타가 연기자가 되는 현상이 가속화됩니다. 현재는 메타버스에서 만든 콘텐츠의 수준이 10년 전 애니메이션 같은 느낌이지만, 10년 후에는 실사 촬영에 근접한 수준까지 올라가리라 예상합니다. 물론, 이런 도구만으로 방송 콘텐츠가 완성된다는 의미는 아닙니다. 기획, 대본, 카메라 연출, 편집 등 다양한 전문성이 여전히 중요하겠으나, 물리적 인프라를 메타버스로 대체할 수 있다는 점만으로도 방송에 대한 진입 장벽이 거의 붕괴되는 수준의 충격일 것입니다.

앞에서 AR글라스에 장착된 카메라와 고성능 마이크 등이 유통 분야에도 쓰이리라 예상했으나, 이런 기기들은 방송 환경에도 변화를 가져옵니다. 기기가 레이밴 스토리즈 같은 모습이 아닌, 운동선수들이 경기 중 착용하는 고글 형태로 나왔다고 가정해봅시다. 운동선수들이 그런 기기를 착용하고 경기에 임하면, 우리는 선수의 시선으로 경기를 관람할 수 있습니다. 한 번의 축구경기를 스트라이커, 골키퍼, 감독 등 다양한 시선으로 생동감 넘치게 즐길 수 있습니다. 이런 장치를 아이돌이 무대에서 쓴다면, 오페라에서 배우가 사용한다면, 또 다른 차원의 즐길 거리가 생기는 것입니다. 지금도 많은 이들이 브이로그●를 찍어서 공유합니다. 메타버스를 위한 기기가 퍼지면서 일상을 자신의 시선에 맞추어 실시간으로 공유하는 이들도 나타나리라 봅니다. 예를 들어, 웹툰 작가는 이런 기기를 통해 하루 일과를 브이로그로 편하게 중계 방송할 수 있습니다. 작가의 팬이나 웹툰 작가를 꿈꾸는 이들에게는 매우 흥미로운 콘텐츠가 될 것입니다.

● 브이로그(Vlog)는 동영상을 뜻하는 비디오(Video)와 블로그(Blog)를 합친 개념입니다. 자신의 일상을 동영상으로 찍어서 유튜브, 인스타그램, 페이스북 등의 소셜 미디어에 공유하는 것을 의미합니다. 1993년 영국 BBC방송의 '비디오네이션'이라는 프로그램에서 시청자들이 자신의 일상을 찍은 영상을 보여준 것이 최초의 브이로그라고 합니다. 브이로그가 지금처럼 대중에게 퍼지기 시작한 시기는 2010년대 중반부터입니다. 인터넷 속도가 비약적으로 빨라지고, 별도의 카메라 없이 스마트폰만으로 동영상을 쉽게 찍게 되면서 브이로그 문화가 급속도로 퍼졌습니다.

10년 후에는 메타버스에서 만드는 콘텐츠의 수준이 실사 촬영에 근접한 수준까지 올라갈 것입니다. 여전히 전문성은 중요하겠으나 물리적 인프라를 메타버스로 대체할 수 있다는 점만으로도 방송에 대한 진입 장벽이 거의 붕괴되는 수준의 충격일 것입니다.

● 모두 다르게 소비한다

방송 콘텐츠가 하나의 고정된 결과물로 개인에게 전달되지 않고, 소비자의 취향과 특성에 따라 맞춤형으로 변화되어 전달됩니다. Part 1에서 커널뉴로테크, 오픈BCI 등의 기기를 설명했습니다. 커널뉴로테크에 제공하는 헬멧이 경량화된다면, 예를 들어, 10년 후 우리가 가볍게 착용하는 AR글라스와 VR기기에 통합되는 상황을 가정합시다. 시청자는 그런 기기를 착용하고 드라마를 봅니다. 드라마를 보면서 시청자가 느끼는 감정이 라이프로그로 기록됩니다. 콘텐츠 제공자는 공개된 범위에 한해서 시청자의 감정을 분석해서 실시간으로 콘텐츠에 변화를 줄 수 있습니다. 만약 시청자가 10부작 드라마의 3부까지 시청한 라이프로그에서 특정 인물이 등장하거나 폭력 장면에서 극도의 불쾌감을 느낀다면, 이야기 흐름에 지장이 없는 선에서 해당 부분을 자동으로 건너뛰기를 시킬 수 있습니다.

시청자가 극 진행에 참여하는 다양한 포맷도 나타나리라 봅니다. 예를 들어, 추리물에서 주인공이 찾아야 하는 단서가 있습니다. 이 경우 극에 등장하는 공간, 세트를 메타버스에 올려놓고 시청자가 조력자로 참여해서 함께 단서를 찾도록 유도할 수 있습니다. 물론, 이런 메타버스 세트에 다양한 PPL●을 넣을 수 있습니다. 하나의 콘텐츠를 시청자마다 다른 흐름으로 소비하는 시대, 하나의 콘텐츠를 현실과 메타버스를 넘나들며 소비하는 시대가 됩니다.

● 2차 창작 전성시대

하나의 방송 콘텐츠가 여러 메타버스에서 추가 가공되며 다양하게 확장됩니다. 넷플릭스 드라마 〈오징어 게임〉이 로블록스에서 다양한 게임으로 가공되어 사용되는 상황이 이미 나타났습니다. 로블록스에서 콘텐

●**Product Placement** 특정 기업의 협찬을 대가로 영화나 드라마에서 해당 기업의 상품이나 브랜드 이미지를 소도구로 끼워 넣는 광고기법을 말합니다. 기업 측에서는 화면 속에 자사의 상품을 배치, 관객(소비자)들의 무의식에 상품 이미지를 심어 관객들에게 거부감을 주지 않으면서 상품을 자연스럽게 인지시킬 수 있고, 영화사나 방송사에서는 제작비를 충당할 수 있다는 장점이 있습니다. (출처: 네이버 지식백과 시사상식사전)

츠를 창작하는 공개 도구인 로블록스 스튜디오에 들어가면, 이미 다양한 〈오징어 게임〉 아이템들이 무료로 제공되고 있습니다.

다음은 필자가 실제 로블록스 스튜디오에서 아이템을 불러다가 콘텐츠를 만든 모습입니다. 거대한 침대 세트와 보초병을 만드는 과정이 몇 번의 클릭으로 끝납니다. 미래에는 이런 아이템에 PPL을 넣을 수도 있습니다. 그림 속에 보이는 수많은 침대에 특정 가구 브랜드의 로고가 들어가는 식입니다.

방송 콘텐츠는 메타버스를 통해 아바타, 디지털 아이템, 디지털 아트, 광고, 게임 등으로 확장됩니다. 드라마, 영화, 예능 프로그램은 메타버스 플랫폼에서 손쉽게 짜깁기되어 2차 창작물로 재탄생합니다. 이런 확장과 재탄생을 통해 원천 콘텐츠의 가치도 올라갑니다. 확장과 재탄생이 막혀 있는 콘텐츠는 메타버스 세상에서 대중에게 사랑받기 어려워지

로블록스에서 만든 〈오징어 게임〉 세트

리라 봅니다. 앞으로는 하나의 방송 콘텐츠를 제작할 때, 그 콘텐츠가 어떤 메타버스 플랫폼에서 어떤 형태로 재창조될 수 있을지를 미리 염두에 두어야 합니다. 예를 들어 〈오징어 게임2〉가 나온다면, 드라마 공개와 동시에 로블록스, 마인크래프트, 제페토, 호라이즌 등의 여러 플랫폼에서 사용자들이 자신만의 〈오징어 게임2〉를 만들 수 있게 다양한 디지털 아이템과 무대를 함께 공개하는 접근입니다.

방송 콘텐츠는 메타버스를 통해 확장하고 재탄생될 것입니다. 앞으로는 방송 콘텐츠를 제작할 때, 그 콘텐츠가 어떤 메타버스 플랫폼에서 어떤 형태로 재창조될 수 있을지를 미리 염두에 두어야 합니다.

예술:
일상이 예술이 된다

"예술은 집을 떠나지 않고 도망칠 수 있는 유일한 방법이다."
-트와일라 타프

예술은 뭔가 어렵고 먼 세계처럼 느껴집니다. 예술 관련 분야 종사자가 아니라면, 아마도 저와 비슷하게 생각하는 분들이 많을 것입니다. 메타버스를 통해 예술에는 변화기 생기리라 기대합니다. 첫째, 예술의 경험과 소유가 분리됩니다. 둘째, 예술의 소비와 창작에 참여하는 문화가 대중적으로 확산됩니다. 셋째, 새로운 형태의 예술이 등장합니다. 10년 후, 메타버스를 통해 예술에 어떤 변화가 생길지 풀어보겠습니다.

● 경험하는 예술 & 소유하는 예술

예술품은 대개 물리적으로 제작된 경우가 많습니다. 이런 상황은 보통 사람이 예술을 경험하기 어렵게 만듭니다. 예를 들어, 레오나르도 다 빈치가 그린 모나리자 원본을 보고 싶다면 프랑스 루브르 박물관에 가야 합니다. 구글에 모나리자 그림이 넘쳐나지만 모두 디지털 스캔본이지 원본이 아닙니다. 그런데 디지털 아트로 창작된 작품은 어떨까요? 처음부터 컴퓨터로 창작한 디지털 예술품은 메타버스에서 누구나 원본을 감상할 수 있습니다. 물론, 그것을 감상한다고 해서 그 작품에 관한 소유권이 생기진 않습니다. 소유는 다른 누군가가 할 수 있습니다. 반대의 경우도 가능합니다. 내가 소유한 작품의 원본을 전 세계인은 시공간 제약 없이 감상할 수 있습니다. 이런 형태로 메타버스 세상에서는 예술을 경험하는 것과 소유하는 것이 분리됩니다. 소유하지 않아도 원본 그대로의 예술을 경험할 수 있는 세상, 참 멋지지 않나요?

● **모두가 창작하고 경험한다**

예술을 창작하고 소비하는 문화가 어떻게 바뀌는지 살펴봅시다. 오픈씨 OpenSea라는 플랫폼에서 디지털 아트를 전시하고 판매하는 예술가가 있습니다. 크립토복셀Cryptovoxels이라는 메타버스 공간에서 전시회를 열기

크립토복셀에 있는 샌프란시스코 현대미술관

출처: Cryptovoxels

도 했습니다. 크립토복셀에는 샌프란시스코 현대미술관, 휴스턴 현대미술관 등 이미 여러 미술관이 들어와 있습니다.

이렇게 엄청난 활동을 하고 있는 예술가의 이름은 '하윤'입니다. 이분은 다른 직업도 갖고 있습니다. 연세대학교 신경외과 교수로 재직하면서 척추 신경외과 분야에서 국제적 명성을 떨치고 있습니다. 뭔가 이상하죠? 이분은 의대 교수이면서 메타버스에서는 예술가로서의 삶을 동시에 영위하고 있습니다. 하윤 교수는 자신의 전문 분야인 뇌를 바탕으로 '브레인 맵핑'이라는 기법으로 예술을 창작합니다. 인간은 자신의 삶, 특성에 따라 독특한 사고 체계를 갖고 있는데, 하윤 작가는 특정인의 머릿속을 예술로 표현하는 접근을 펼치고 있습니다. 저는 하윤 작가의 작품 중 뉴욕에 거주하는 유대인 부자의 머릿속을 그린 작품이 가장 인상적

오픈씨에 전시된 하윤 작가의 작품

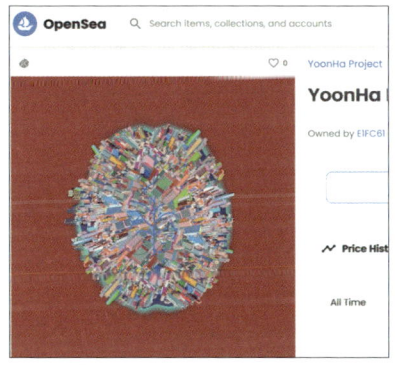

출처: OpenSea

• 오픈씨에 작품이 전시되는 모습을 보여주고 싶어서 삭품이 나타난 오픈씨 화면을 담았습니다.

이었습니다. 작품에는 NFT가 심어져 온라인에서 거래됩니다. 물론, 메타버스 세계라고 해서 예술적 감각, 역량, 열정이 없는 이들이 새로운 작품을 창작할 수는 없습니다. 그러나 메타버스는 예술을 창작하고 공유하는 과정에서 우리가 느꼈던 높은 담을 허물어주고 있습니다.

예술적 감각이 있다면 누구나 하윤 작가처럼 멋진 작품을 창작하여 메타버스에서 전시회를 열거나 판매할 수 있습니다. '내게 전시 공간을 내주는 갤러리가 있을까? 내 그림을 어디에서 판매할 수 있을까?' 이런 고민은 앞으로 점점 더 무의미해집니다. '어디 가서 신진 작가의 그림을 감상할 수 있을까? 미술품은 대체 어떻게 구매하는 걸까?' 이런 고민도 사라집니다.

● 새로운 형태의 예술이 등장한다

지금과는 다른 형태의 예술 작품과 공연 등이 만들어집니다. 가상현실용 디바이스 개발 기업 햅틱스Haptx는 물리적 감각을 전달해주는 가상현실 장갑을 발표했습니다. 이 장갑을 착용하면 가상공간에서 여러 가지 물건을 만지고 조작할 수 있습니다. 영상에는 장갑을 착용하고 가상공간의 비행기 안에 들어가 각종 기기를 조작해보는 실험 장면이 나옵니다. 지극히 공학적인 사용 목적입니다.

이런 장갑으로 어떤 예술품을 창작할 수 있을까요? 저는 이 장갑을 보고 〈A Girl〉이라는 거대한 조각품이 생각났습니다. 〈A Girl〉은 호주 태생으로 영국에서 활동하는 극사실주의 작가 론 뮤익의 작품입니다. 이 작

햅틱스 장갑

햅틱스 장갑
작동 영상

출처: HaptX

품을 봤을 때 저는 만져보고 싶다는 충동이 들었습니다. 물론, 작품이 손상되면 안 되기에 만지지는 않았습니다. 메타버스에서는 만질 수 있는 조각품을 만들 수 있습니다. 작가는 진짜 돌을 사용하지 않고, 메타버스의 가상현실 공간에서 마음대로 조각해서 거대한 작품을 만듭니다. 저 같은 관람객은 VR기기를 착용하고 작품을 관람합니다. 이때 햅틱스 장

휴스턴 미술관에 전시된 조각품 〈A Girl〉

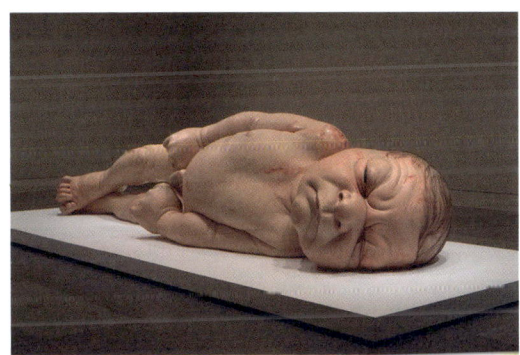

출처: https://www.mfah.org

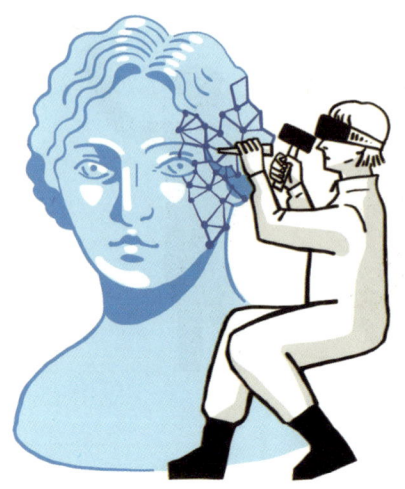

메타버스에서는 만질 수 있는 조각품을 만들 수 있습니다. 작가는 진짜 돌을 사용하지 않고, 메타버스의 가상현실 공간에서 마음대로 조각해서 거대한 작품을 만듭니다.

갑을 끼고 있다면 조각품 이곳저곳을 만져볼 수 있습니다. 조각품을 만지다가 임의로 변형해도 괜찮습니다. 그렇게 해도 원작은 그대로 보존되기 때문에 문제가 되지 않습니다. 혹시 모르지요. 제가 임의로 변형한 조각품을 더 멋지다고 생각하는 관람객이 있을지도요.

이런 작품도 상상해봤습니다. 촉감이 느껴지는 작품입니다. 예술가가 다양한 사물을 만지면서 느꼈던 촉감을 데이터로 저장하고, 이것을 관람객이 햅틱스 장치를 통해 오로지 촉감으로만 다시 느껴보는 것입니다. 2019년 4월, 영국에서 리미나 이머시브Limina Immersive라는 가상현실 극장이 문을 열었습니다. 관객들은 VR기기를 착용하고 VR로 제작된 영상을 관람합니다. 가상현실 공간에서 진행하는 연극도 생겼습니다.

〈The Severance Theory: Welcome to Respite〉의 한 장면

〈The Severance Theory: Welcome to Respite〉 홍보 영상

출처: VIMooZ

〈The Severance Theory: Welcome to Respite〉입니다.

이 작품은 가상현실에서 진행하는 1시간 분량의 공연입니다. 어머니가 돌아가신 후 집을 방문한 주인공이 과거를 회상하는 내용입니다. 특이한 점은 티켓을 두 가지 종류로 판매하는 것입니다. 프리미엄 티켓은 한 장만 판매하는데, 이 티켓을 구매하면 연극에 등장인물로 참여하게 됩니다. 해리성 정체감 장애를 가진 알렉스라는 역할입니다. 전문 배우가 아닌 이가 역할을 맡는 게 이상할 수 있으나, 그 역할이 해리성 정체감 장애, 흔히 다중인격이라 불리는 병을 앓고 있다는 설정이기 때문에 그 역할이 낯선 관객이 오히려 그 역할에 묘하게 어울립니다. 일반 티켓을 구입한 관객은 모습을 보이지 않고 다양한 공간을 돌아다니면서 자유롭게 탐색하며 연극을 관람할 수 있습니다.

10년 후에는 어떻게 될까요? 지금은 상상하기도 어려운 다양한 포맷의 창작품이 쏟아져 나오리라 기대합니다. 예술가들은 낯선 세상을 탐

험하며 영감을 얻고 새로운 작품을 선보인 사례가 많습니다. 메타버스는 참으로 낯선 세상, 끊임없이 확장하는 낯선 세상입니다. 예술가들이 그 세상을 더 많이 탐험하고, 더 깊은 영감을 얻었으면 좋겠습니다.

게임: 놀이는 컴퓨터 밖으로 뛰어나온다

"우리는 늙어서 노는 것을 멈추지 않는다. 노는 것을 멈춰서 늙는다."
-조지 버나드 쇼

게임은 그 자체로 메타버스적 속성을 많이 갖고 있습니다. 게임을 통해 개발된 다양한 기술과 연구가 메타버스 발전에 밑거름이 되고 있습니다. 메타버스가 발전하면서 게임에는 크게 세 가지 변화가 오리라 봅니다. 첫째, 컴퓨터나 스마트폰이 아닌 현실 공간을 기반으로 즐기는 게임이 많아집니다. 둘째, 게임이 경제활동과 연계되는 현상이 나타납니다. 셋째, 게임을 바라보는 대중의 눈이 한결 따뜻해집니다. 인류의 태동과 함께 등장했던 다양한 놀이, 그런 놀이가 꾸준히 발전하여 형성된 지금의 게임, 이런 문화가 10년 후 메타버스를 통해 어떻게 변화할지 살펴보겠습니다.

● **현실 공간에서 플레이한다**

물리적 공간과 결합된 게임들이 더 많이 나타나리라 봅니다. Part 2에서

어반 헌터 플레이 장면

어반 헌터
플레이 영상

출처: Youtube 'Mercedes-Benz Switzerland'

나이언틱 라이트십을 소개했습니다. 물리적 공간에 증강현실 이벤트를 만들기 위한 플랫폼입니다. 이런 플랫폼은 더 다양해지고 사용량도 증가할 겁니다. 물리적 공간과 결합한 게임의 예를 살펴보겠습니다. 메르세데스벤츠는 2016년 스위스 취리히에서 도시 공간을 활용한 게임 이벤트인 어반 헌터Urban Hunter를 진행했습니다. 어반 헌터는 수많은 시민이 참여하는 집단 술래잡기 게임으로, 나이언틱의 인그레스•처럼 실제 공간에서 많은 사람들이 참여하는 게임입니다. 규칙은 매우 단순합니다. 앱을 활용해서 서로의 정보를 보면서 찾고 도망가는 방식으로, 최종 우

• 인그레스는 기본적으로 땅을 빼앗는 경쟁 규칙으로 운영되는 메타버스입니다. 인그레스 메타버스에서 참가자들은 계몽군과 저항군으로 나뉘어 땅을 뺏는 전쟁을 벌입니다. 참가자들은 인그레스에서 요원(Agent)의 신분으로 팀을 이뤄 경쟁하거나 혼자서 마음대로 행동해도 됩니다. 인그레스는 스마트폰 GPS 정보에 기반하여 참가자가 있는 지역의 구글 지도와 연동해서 진행됩니다. 컴퓨터 앞이 아닌 실제 동네를 돌아다니다 보면 스마트폰 앱을 통해 포탈이라는 거점을 발견하게 됩니다. 포탈에 특정 장치를 설정하면 그 포탈은 내 소유가 됩니다. 그렇게 포탈 세 개를 점령하면 삼각형 모양의 땅이 만들어지고, 그 땅은 내 것이 되는 규칙입니다.

승자에게는 큰 상품을 주었습니다. 여기에 증강현실 앱이 활용됐습니다. 메타버스가 확산되면 현실 공간에서 증강현실을 활용하는 경우가 많아집니다. 증강현실 기기가 스마트폰 자리를 서서히 대체하게 되면서, 다양한 연령대에서 증강현실을 부담 없이 접하게 됩니다. 이런 상황에서 게임 기업들은 증강현실을 활용해서 현실 공간에서 즐기는 다양한 게임을 공급하리라 예상합니다.

현실 공간과 연결되는 게임의 확산이 현재 우리가 즐기는 컴퓨터, 스마트폰, 비디오게임기 기반 게임을 진부화● 시키지는 않으리라 봅니다. 전 세계 게임 산업의 규모는 매해 꾸준히 증가하고 있습니다. 미국의 경우, 65세 이상의 연령층에서 혼자서 컴퓨터·비디오게임을 즐기는 경우가 77%입니다.●● 젊은 층이 즐기는 게임도 대부분 자리에 앉아서 컴퓨터와 스마트폰으로 즐기는 경우가 많습니다. 물리적 공간을 활용한 게임이 앉은 자리에서 화면을 보면서 즐기는 게임을 몰아내지는 않겠으나 비중은 지금보다 커지리라 예상합니다. 그러면서 게임을 즐기는 이들의 저변이 확대되고, 혼자보다는 함께 어울려서 플레이하는 문화가 확산되리라 봅니다.

● **Obsolescence, 陳腐化** 경제 환경의 변화, 신기술의 등장, 시장 수요 변화 등으로 인해 기존 제품이나 설비의 수명이 단축되는 현상을 뜻합니다. 예를 들어, 새로운 기능과 디자인의 스마트폰이 빠르게 많이 출시되면, 기존 스마트폰의 진부화가 가속화됩니다.
●● 미국의 비디오게임산업협회인 엔터테인먼트 소프트웨어협회(Entertainment Software Association)의 2020년 자료를 참고했습니다.

● 게임하니 돈이 생긴다

게임이 일상의 경제 활동과 연동되는 현상이 많이 나타나리라 봅니다. 게임을 하면서 게임에서 벌어들인 돈과 아이템이 실제 세상에 나타난다면 어떨까 하고 몽상하는 이들이 적잖습니다. 이런 상황은 이미 나타나고 있습니다. 이를 게임업계에서는 플레이투언(P2E: Play to Earn) 게임이라고 칭합니다. 게임을 즐기면서 그 속에서 NFT로 보호되는 아이템을 확보합니다. 확보한 아이템을 암호화폐로 바꾸고, 암호화폐를 다시 현금으로 바꾸는 흐름입니다. 현재 이 분야에서 가장 많이 거론되는 게임은 베트남에서 개발한 '엑시 인피니티(Axie Infinity)'입니다. 이 게임에서 활용되는 암호화폐의 가치는 2021년 한 해 동안 대략 300배가 상승했습니다.

게임을 오랫동안 연구해온 학자이자 어릴 적부터 게임을 즐겨온 플레이어 입장에서 이런 흐름을 보면 여러 가지 생각이 복잡하게 얽힙니다. 게임은 본디 목적 없는 즐거움과 재미를 위한 여흥이어야 하는데, P2E는 재미보다는 경제적 이득을 위해 게임 속에서 노동을 하게 만들 수 있다는 우려 때문입니다. 그러나 이 책에서 풀어놓은 얘기들은 제가 희망하는 미래보다는 제가 예상하는 미래에 가깝습니다. 제 바람과 다를 수 있으나, P2E는 향후 더 확산되리라 봅니다.

지금도 한국에서는 현행법으로 금지하고 있는, 게임에서 만든 아이템을 팔아서 돈을 버는 이들을 주변에서 쉽게 볼 수 있습니다. P2E 게임이 증가하고 게임에서 거래되는 NFT 아이템과 화폐 규모가 증가하면, 게임 속 자산과 현실 세계 자산 간 가치가 서로 영향을 주고받는 현상도 나오리라 봅니다. 예를 들어, 거대한 P2E에서 인플레이션이 발생하면 현실 세계 금융도 영향을 받을 수 있습니다.

게임이 일상의 경제 활동과 연동되는 현상이 많이 나타날 것입니다. 게임에서 거래되는 NFT 아이템과 화폐 규모가 증가하면, 게임 속 자산과 현실 세계 자산 간 가치가 서로 영향을 주고받는 현상도 나오리라 봅니다.

● 게임해도 괜찮다

앞서 게임과 경제 활동의 경계가 흐려지는 상황을 얘기했는데, 더불어 게임과 교육과의 경계가 흐려지는 현상도 나타나리라 봅니다. 이미 게이미피케이션Gamification이라는 접근법을 가지고 게임의 재미를 담은 교육 콘텐츠를 개발하고 활용하는 사례가 늘어나고 있습니다. 게이미피케이션은 게임에서 느끼는 재미 요소, 이야기 구조, 플레이 규칙 등을 게임이 아닌 분야, 예를 들어 교육, 의료, 공공 분야, 기업 업무 등에 접목하는 접근법을 의미합니다. 교육 영역에서 이런 흐름이 빠른 속도로 확산되는 데 걸림돌이 되는 것이 있는데, 바로 게임에 관한 부정적 인식입니다.

학습자가 교육적 가치가 있는 게임을 즐겨도, 이를 바라보는 이가 세임에 대해 뿌리 깊은 불신을 갖고 있다면 학습자가 놀고 있다고 생각합니다. 게임에 대해 부정적 인식을 갖는 이들은 자신의 머릿속에 각인된 게임의 이미지로 모든 것을 판단합니다. '게임은 나쁜 것이다. 배경 그래픽 위에 캐릭터가 등장하고 능력치가 나오면 그게 게임이다.'라는 생각입니다. 메타버스의 확산은 이런 인식에 변화를 줄 수 있습니다. '캐릭터가 등장하고 능력치가 나오는 상황'을 내 아바타로 접속해서 동료들과 회의를 할 때도 비슷하게 경험하게 됩니다. 동호회 사람들과 모임을 가질 때도 비슷한 모습으로 합니다. 이렇게 메타버스를 자주 사용하다보면 캐릭터가 등장하고 능력치가 나오는 상황에 대한 부정적 각인, 아바타 간 상호작용을 통해 경험을 풀어가는 방식에 관한 거부감이 점차 흐려지리라 예상합니다.

이쯤에서 거세게 반론하는 독자가 있을 수 있습니다. 게임 때문에 아이가 공부를 안 하고 배우자는 주말에 게임만 하고 있기에 게임은 사회적 악이라고 주장할지 모릅니다. 이 책에서 게임 자체를 깊게 다루는 것은 책의 주제에서 벗어나기에 짧게 언급하면 이렇습니다. 아이들은 게임 자체를 좋아한다기보다 놀거리가 부족해서, 성인의 경우는 사회생활에서 발생하는 불만을 해소하기 위한 수단으로 게임을 택하는 경우가 많습니다.●

● 현대 사회에서 사람들이 게임에 빠져드는 배경이 더 궁금하다면, 필자의 저서 《게임 인류》(2021)를 참고하세요.

교육: 어디에도 없고, 어디에나 있는 학교가 온다

"배움이란 가능성들의 공간을 탐구하는 것이다."
-스타니슬라스 드앤

대학교, 강의실, 이런 단어를 들으면 무엇이 떠오르나요? 다음은 구글에서 '대학교'를 검색하면 나오는 이미지들입니다. 거대한 건물과 넓은 잔디밭이 많이 보입니다.

'대학교' 관련 검색 이미지

출처: Google

이런 시각적 이미지는 현재 우리 교육의 많은 부분을 대변하고 있습니다. 10년 후 우리 교육은 메타버스와 함께 엄청나게 변화할 거라 예상합니다. 첫째, 운동장과 강의실을 보유한 교육기관이 감소합니다. 둘째, 정규 수업시간의 개념이 희미해집니다. 셋째, 모든 학습자가 배움의 여정에서 따라가는 사람 또는 들러리가 아닌 주인공이 됩니다. 교육 현장에서 교수자가 아닌 학습자에게 권력이 집중됩니다. 넷째, 교수자는 가르치고 학습자는 배우는 구조가 아니라, 서로가 서로에게 배우는 관계가 형성됩니다. 다섯째, 교육 기회가 폭발적으로 확대됩니다. 경제적 여건, 신체적 제약을 넘어 낮은 비용 또는 무료로 많은 것을 배우게 됩니다. 여섯째, 부자와 가난한 이가 학습하는 방법이 달라집니다. 여섯 가지 항목을 좀 더 깊게 살펴보겠습니다.

● 건물에는 경쟁력이 없다

팬데믹 상황에서도 국내 많은 대학들은 건물 증축에 열을 올렸습니다. 이런 상황이 몹시 의아했습니다. 대학들 대부분은 물리적 공간을 거의 놀리고 있었고, 바빠진 것은 온라인 수업을 운영하는 서버였습니다. 서버 증설을 빠르게 하지 못하면서 수업 중에 서버가 다운되는 현상도 빈번했습니다. 학생들은 서버에서 수업을 듣는데, 왜 대학들은 서버 증설보다 건물 증축에 더 열을 올렸을까요? 팬데믹이 끝나면 다시 2019년의 수업 방식으로 완전히 돌아가고 싶다거나 돌아가리라는 기대를 품은 대학이 대부분이었습니다.

그렇다면 팬데믹 이후 기업들은 직원 교육을 어떻게 풀어갈까요? 2021년에 만났던 기업들 대부분은 팬데믹이 끝나도 대면 교육 비율 100%로 돌아가지는 않겠다고 말했습니다. 어떤 기업은 비대면 교육 80%를 얘기하기도 했습니다. 팬데믹 이전까지는 비대면 교육을 부담스러워하고, 비율을 높이기 두려워했으며, 어떻게 운영해야 하는지에 대한 경험도 부족했습니다. 그러나 팬데믹 상황에서 어쩔 수 없이 비대면 교육을 진행하면서 노하우가 생겼고, 그 노하우를 그냥 버릴 필요가 없다는 의견입니다. 저는 대면과 비대면 중 어느 한쪽이 더 좋다고 보지는 않습니다. 상황에 따라 더 효율적인 방법이 있기 마련입니다. 현 시점에서 대면 교육 98~99%[*]로 회귀하려는 국내 대학의 움직임은 참 안타깝습니다. 그러나 이런 움직임이 오래가지는 못할 것입니다.

메타버스가 현실 경험을 대체하고 현실에서 불가능한 경험을 제공하는 것이 보편화되면서, 교육기관이 보유한 물리적 공간과 시설의 의미는 점점 더 희미해지리라 봅니다.[**] 한 가지 논점을 살펴보겠습니다. 우리 뇌는 메타버스에서 배운 것을 현실의 경험처럼 인식할까요? 우리의

- [*] 2019년까지 국내 대학(사이버대학 제외)의 대면 수업 비율은 평균적으로 98~99% 수준이었습니다.
- [**] 전작 《메타버스》에서 미네르바 스쿨을 소개했습니다. 미네르바 스쿨(Minerva School)은 미국 샌프란시스코에 본부를 둔 대학입니다. 본부라고 표현한 이유는 운동장, 도서관, 강의실 등의 많은 건물을 갖춘 기존 대학과 달리 오프라인 시설을 최소화하고 온라인 중심으로 운영하는 대학이기 때문입니다. 미네르바 스쿨이 미래 교육의 완벽한 지향점은 아니지만, 물리적 시설이 없는 대학이 어찌 운영되는지가 궁금한 독자는 미네르바 스쿨 관련 자료를 찾아보면 좋겠습니다.

인식은 뇌에 의해 형성됩니다. 메타버스에서 뇌가 어떻게 움직이는지에 대한 흥미로운 연구를 보겠습니다. 2016년에 〈사이언스〉 저널에 발표된 연구로, 가상현실 공간에서 길을 찾는 실험이었습니다.[6] 실험 참가자는 가상현실 장비를 착용하고 미로를 탐험합니다. 어제 찾았던 길을 다음날 다시 찾는 회상도 했습니다. 실험 결과, 해마는 안와전두피질과 상호작용하며 활발하게 반응했습니다. 이는 현실 세계에서 회상하고 길을 찾을 때 나타나는 반응과 같습니다. 이외에도 많은 실험을 통해 인간은 메타버스 속 경험과 현실의 경험을 비슷하게 인지한다는 사실이 증명되었습니다. 메타버스가 모든 것을 대체할 수는 없으나 많은 것을 대체할 수는 있습니다. 그런 대체가 가속화되는 상황에서 교육기관의 물리적 인프라가 가진 중요성은 점차 낮아지리라 예상합니다.

● 시간에 사람을 맞출 필요는 없다

대학에서 3학점짜리 과목을 신청한다면 매주 3시간, 한 학기에 총 15~16주 동안 수업을 들어야 합니다. 수업 시간은 고정되어 있습니다. 여러 과목을 운영하는 입장에서 시간을 정규화하면 효율적입니다. 그러나 의문도 생깁니다. 학습자가 30명일 경우, 학습자마다 동일하게 45시간(3시간*15주)이 필요할까, 꼭 정해진 시간에 수업을 해야 할까 같은 의문입니다. 현재는 강의실을 효율적으로 배정하고, 여러 학습자에 대한 관리를 편하게 하기 위해 시간을 정해 모두가 함께 수업에 참여하는 모델이 표준입니다.

그러나 강의실을 마음껏 복제할 수 있는 메타버스, 학습자의 학습 진도와 성과 등이 로그로 자동 관리되는 메타버스에서 이런 시간적 제약이 꼭 필요할까요? 목표한 학습 성과를 달성한 학습자라면 30시간만 수업에 참여해도 괜찮지 않을까요? 45시간을 참여해도 기본 학습 성과에 도달하지 못한 학습자에게는 10시간 정도 더 학습할 기회를 주면 어떨까요? 물론 이런 작업들을 현실 공간과 시간에서 진행한다면, 교수자 한 명이 담당할 수 있는 학생 수는 지금보다 대폭 줄어들 수밖에 없습니다. 그러나 메타버스라면 상황은 달라집니다. 다시 말씀드리지만, 2022년의 메타버스 상황을 놓고 하는 얘기가 아닙니다. 메타버스가 고도화된 10년 후 상황이 이렇게 변하리란 예측입니다. 메타버스가 고도화되면서 중요한 것은 표준 학습 시간이 아닙니다. 각자의 학습 성과를 중심으로 한 학습 여정 관리가 진화합니다.

● 학습자가 배움의 중심에 선다

대학교 강의실의 모습은 대략 이렇습니다. 20평 정도의 공간에 교수와 30명 정도의 학생이 있습니다. 강의실 앞에는 커다란 칠판과 빔프로젝터용 스크린이 걸려 있고, 그 앞에 교단과 교탁이 있습니다. 교수가 사용하는 공간이 3평은 족히 됩니다. 강의실 뒤쪽 공간을 2평이라고 치면, 30명의 학생들은 대략 15평을 나눠서 쓰는 셈입니다. 학생 일인당 면적은 0.5평이 됩니다. 학생들은 모두 의자에 앉아 교단에 서 있는 교수를 올려다봅니다. 물리적 공간을 교수자가 압도적으로 지배하는 상황입니다.

교수자는 강의실에서 시간도 지배합니다. 수업을 1~2분 늦게 시작하거나 진도를 맞추기 위해 수업을 3~4분 늦게 끝내도 학생들이 이의를 제기하는 경우는 거의 없습니다. 인간은 시간을 축으로 해서 공간을 이동하며 살아가는 존재입니다. 시간과 공간을 교수자가 지배하는 상황, 모든 권력이 교수자에게 집중된 환경에서 학습자는 기를 펴기 어렵습니다.

메타버스를 활용해서 수업을 진행하거나 기업이 메타버스에서 진행하는 교육을 참관해보면 신기한 점이 관찰됩니다. 학습자들이 물리적 강의실보다 메타버스에서 훨씬 더 능동적으로 행동한다는 점입니다. 더 많이 질문하고 더 분주하게 교실을 돌아다니고, 서로에게 더 자주 말을 걸고, 더 용감하게 발표합니다. 물리적 공간에서 교실 이곳저곳을 돌아다니며 말을 걸고, 질문하는 것은 늘 교수자의 역할이었습니다. 그런데 메타버스에서는 학습자가 교수자와 비슷하게 행동합니다. 물리적 교실에서 교수자에게 집중되어 있던 권력이 메타버스에서 학습자에게 넘어가는 현상이 나타납니다. 이런 권력 분산과 이동이 참 행복하게 느껴집니다. 제가 현장에서 만난 학생들은 늘 제가 무언가를 지시하거나 하나하나 알려주길 원했습니다. 물론, 많은 것을 연구하고 학습한 교수자가 학습자를 이끄는 것이 나쁘다는 뜻은 아닙니다. 그러나 교육 현장에서 학습자가 좀 더 중심에 섰으면 하는 바람이 있습니다.

학습자가 중심에 서는 교육, 학습자 각자가 가진 철학과 성향에 맞춰진 교육이 메타버스 고도화와 함께 실현되리라 예상합니다. 장기적으로는 메타버스를 통해 다양한 직업과 사회적 역할을 체험할 수 있는 콘텐츠도 증가하리라 봅니다. 예를 들어, 메타버스에서 각자가 주인공이 되어 교사, 군인, 요리사 등 여러 직업을 체험해보는 형태입니다.

프로테우스 효과Proteus Effect라는 심리 작용이 있습니다.7 가상현실에서 개인이 사용하는 아바타의 특성이 개인에게 반영되는 현상입니다. 학습자에게 A라는 아바타를 부여하면 학습자는 자신도 모르는 사이에 A라는 아바타의 특성대로 행동한다는 뜻입니다. 예를 들어, 덩치가 큰 아바타를 부여받은 학습자는 좀 더 자신감 있게 행동합니다. 이런 현상을 메타버스를 통해 잘 활용한다면, 학습자에게 내재된 다양한 특성을 발현시킬 수 있습니다. 자신을 꽁꽁 숨겨두고 수동적으로 교수자만 따라가는 학습자가 아니라, 자신이 가진 모든 개성을 발산하는 학습자가 많아지리라 예상합니다. 10년 후 교실의 주인공은 학습자입니다. 학습자가 중심에 서서 좀 더 능동적으로 자신의 배움을 설계하고 이끌어 가리라 예상합니다.

10년 후 교실의 주인공은 교수자가 아닌 학습자입니다. 메타버스에서 학습자는 좀 더 능동적으로 배움을 설계하고 이끌어갈 것입니다.

● **우리는 모두로부터 배운다**

교육에서는 동료 학습 과정을 매우 강조합니다. 그러나 물리적 공간에서는 심리적 요인과 시간적 제약으로 인해 동료 학습을 원활하게 풀어내기 어려운 경우가 많습니다. 앞에서 메타버스를 통해 학습자가 더 능동적으로 변하고 학습의 중심에 자리 잡는다고 했습니다. 이런 변화와 연결해서 보면, 모든 학습자는 다른 동료에게 또 다른 교수자 역할을 하게 됩니다. 한 반에 학습자가 30명 있다면, 학습자 한 명은 29명의 동료를 통해 더 많은 것을 배우게 됩니다. 10년 후 메타버스에서 학습자는 더 많은 교수자와 함께 합니다. 그들 모두는 학습자임과 동시에 교수자이기 때문입니다.

메타버스가 물리적·심리적 제약을 완화한다 해도 인간미가 없고 따듯한 소통을 이끌어내기는 무리여서, 동료 학습이 제대로 돌아갈리 없다고 생각하는 교수자들이 많습니다. 과연 그럴까요? Part 1에서 마이크로소프트가 팀즈용 메시를 통해 아바타의 표정과 움직임을 생동감 있게 표현해준다고 설명했습니다. 가상현실에서 대화할 때 특정 참가자의 아바타를 실제보다 더 크게 웃는 듯이 연출해서 다른 참가자에게 보여준 실험이 있습니다.[8] 참가자가 표현하는 감정을 실제보다 증폭해서 보여준 것입니다. 참가자들은 다른 참가자의 아바타가 실제보다 과장해서 웃는 것을 알아채지 못했습니다. 그리고 과장된 웃음을 보여준 아바타와의 대화를 더 따듯하게 느끼고 행복해했습니다. 때로 메타버스는 현실에서 숨겨놓은 인간미를 밖으로 끄집어내는 역할을 하기도 합니다. 10년 후 메타버스에서 교수자와 학습자의 경계는 점점 더 희미해집니다.

● 배움의 문턱이 낮아진다

교육의 문턱을 낮추어 많은 이들에게 교육 기회를 열어주는 것은 사회의 불평등과 불균형을 해소하는 데 중요한 역할을 합니다. 이렇게 문턱을 낮추고 기회를 넓히는 데 드는 교육 원가는 쉽게 해결하기가 어려운 문제입니다. 심신의 어려움으로 교육에 참여하기 쉽지 않은 이들도 매우 많습니다.

메타버스라고 해서 교수자의 역할이 소멸되지는 않으나 지금보다 상당히 많은 부분이 자동화됩니다. 학습자 입장에서는 시공간 제약을 넘어서 접근할 수 있는 다양한 방법이 제공될 것입니다. 예를 들면, 이미 가상현실을 어학 교육에 접목한 다양한 시도가 있었습니다.[9] 독일의 의료기관 종사자들이 외국인 환자를 진료해야 할 때 필요한 영어를 가르치는 가상현실 프로그램을 개발한 사례를 살펴보겠습니다. 의료인들은 메타버스에서 가상 환자를 만나 영어로 다양한 대화를 나눴습니다.● 교육과정에서 교수자는 최소한으로 개입했고, 학습자(의료인)는 실제 사람

● 여기서 활용한 시스템은 아마존의 수메리안(Sumerian) 서비스입니다. 수메리안 서비스는 프로그래밍 기술이 없는 사용자도 증강현실 혹은 가상현실을 쉽게 구현하게 도와줍니다. 이외에도 아마존 렉스(인공지능 기반 챗봇), 아마존 폴리(음성 합성 솔루션), 위드딧에이아이(Wit.ai: 무료 자연어 처리 인터페이스), 믹사모(Mixamo: 가상현실 캐릭터의 애니메이션 구현) 등을 조합해서 만들었습니다. 이렇게 공개된 도구를 활용하여 시간과 비용을 절약해서 개발하는 것이 이미 가능해졌습니다.

이 아닌 가상 환자를 대상으로 해서 더 편하게 대화할 수 있었다고 응답했습니다. 이런 형태로 메타버스를 활용하여 교육 원가를 대폭 낮출 수 있습니다. 심리적 문제로 학교에 오기 꺼려하는 이들, 거동이 불편한 이들이 자신의 공간에서 메타버스 학교에 편하게 들어올 수 있습니다. 메타버스가 고도화된 세상에서 학교는 모두에게 평생 열려 있는 공간이 됩니다.

● 가난한 이는 메타버스에서만 배운다?

소설 《레디 플레이어 원》에는 이런 설정이 등장합니다.● 메타버스가 고도화된 환경에서 가난하거나 성적이 낮은 아이들은 주로 가상공간에 만들어진 학교에 다닙니다. 가상공간에는 이런 아이들을 위해 동일하게 복제한 학교 공간이 무수히 존재합니다. 반면에 부자 아이들은 주로 현실 공간에 있는 학교를 다닙니다.

앞에서도 저는 메타버스를 통해 교육의 많은 부분이 자동화되고 원가가 낮아지리라 예상했습니다. 그러나 교육에서 인간 교수자의 역할이나 현실 공간에서의 소통이 필요 없다고 생각하지는 않습니다. 다만, 부의 불균형이 심화되는 현 상황을 놓고 보면, 교육 영역에서도 양극화 문제는 더 커지리라 예상합니다. 지금도 어떤 이는 원어민 강사에게 어학을

● 2018년에 개봉한 영화 〈레디 플레이어 원〉에는 이런 내용이 등장하지 않습니다.

배우고, 어떤 이는 유튜브 무료 영상으로 어학을 배웁니다. 메타버스가 더 편하고 효율적이어서 메타버스를 통해 공부하는 학습자라면 상관없지만, 양극화로 인해 자신의 의지와 무관하게 메타버스에서만 공부해야 하는 학습자가 나올 가능성이 크다는 점은 우려됩니다. 바로 앞에서 언급했듯이 메타버스가 모두에게 열려 있는 학교가 되겠으나, 한편으로는 가난한 이들이 어쩔 수 없이 선택하는 학교가 될지도 모릅니다.

소설 《레디 플레이어 원》에서 가난하거나 성적이 낮은 아이들은 가상공간에 있는 학교에 다니고, 부자 아이들은 현실 공간에 있는 학교를 다닌다는 설정이 나옵니다. 메타버스는 모두에게 열린 학교가 되겠지만 가난한 이들이 어쩔 수 없이 선택하는 학교가 될지도 모릅니다.

건축:
거실은 사라진다

"집을 꾸미는 것은 그 집을 자주 찾는 친구들이다."
- 랄프 왈도 에머슨

메타버스는 새로운 공간입니다. 새로운 공간을 더 오래 사용하고 애착할수록 기존의 물리적 공간에 관한 관점은 자연스레 변화합니다. 크게 세 가지 변화를 예상합니다.

첫째, 개인마다 작지만 독립적인 공간을 소유합니다. 둘째, 메타버스 공간과 연동되는 물리적 건축물이 등장합니다. 셋째, 메타버스에서 물리적 공간에 있는 시설들을 제어하게 됩니다. 넷째, 디지털 트윈 형태로 메타버스를 통해 건축물을 미리 세세하게 살펴보며 협의하는 방식이 보편화됩니다. 건축과 관련하여 발생할 변화들을 좀 더 세부적으로 살펴보겠습니다.

가정용 VR기구 옴니 원

가정용 VR기구
옴니 원 데모 영상

출처: virtuix

● 집안으로 들어온 공유 오피스

메타버스에 접속하기 위한 공간을 확보해야 합니다. 지금은 주로 책상에 앉아서 컴퓨터와 스마트폰으로 메타버스에 접속합니다. 앞으로는 AR글라스와 VR기기를 활용하는 비율이 점차 늘어나게 됩니다. 감촉을 느낄 수 있는 VR장갑을 끼거나 손목과 발목에 장비를 착용하고 몸의 움직임을 전달하는 등의 형태로 메타버스를 사용하는 경우도 점차 증가합니다. 버츄익스Virtuix는 옴니 원Omni One이라는 VR기기를 공개할 예정입니다. 가정에 운동기구처럼 설치하여 사용하는 방식입니다.

이 기구를 설치하면 SF영화에서처럼 가상현실 공간에서 이리저리 뛰고 몸을 움직이는 게 가능해집니다. 물론, 옴니 원 같은 제품이 급속도로 확산되기는 어렵습니다. 가정에서 메타버스를 활용하는 비율이 높아지면, 가족 구성원들은 자기만의 공간을 더 원하게 됩니다. 크게 두 갈래로 나누어질 것으로 예측합니다. 공간이 넉넉한 집에서는 구성원 각자가 독립 공간을 지금보다 좀 더 넓게 확보하고 거실 같은 공용 공간을 줄이는 쪽으로 변화하리라 봅니다. 반면에 공간이 부족한 집에서는 각자의 독립 공간을 확보하는 것이 물리적으로 어려우므로 독립 공간을 줄이거나 포기하고 오히려 공용 공간을 넓힐 것 같습니다. 침실을 줄이고 가족 구성원 3인이 함께 사용하는 메타버스 방을 만드는 식입니다. 이런 예상이 이상하게 느껴진다면 공유 오피스를 상상해보세요. 지금도 공유 오피스는 이렇게 두 갈래로 사용되고 있습니다. 예산이 적은 이들은 카페처럼 개방된 장소에서 타인과 공간을 공유합니다. 어떤 이들은 좀 더 많은 비용을 지불하고 벽으로 막혀 있는 개인 공간을 사용합니다. 가변형 벽이나 커튼 등을 설치하여 필요에 따라 공간을 분리하거나 넓히는 식으로 사용하는 경우도 많아질 듯합니다.

가정에서 메타버스를 활용하는 비율이 높아지면, 가족 구성원들은 자기만의 공간을 더 원하게 됩니다. 공간이 넉넉한 집에서는 구성원 각자의 독립 공간을 좀 더 넓힐 것이고, 공간이 부족한 집에서는 오히려 공용 공간을 넓힐 것입니다.

● 물리적 공간과 연결된 메타버스 등장

현재 메타버스에 만들어진 공간은 크게 두 가지 형태입니다. 하나는 현실 공간을 그대로 복제한 경우이고, 다른 하나는 현실에 없는 공간을 새롭게 제시한 경우입니다. 앞으로는 또 다른 접근이 나오리라 예상합니다. 물리적 공간과 메타버스 공간이 묘하게 연결되는 현상입니다.

예를 들면, 이런 상황들이 가능합니다. A백화점 12층에 있는 마지막 매장의 벽에 가면 증강현실로 새로운 공간이 나타납니다. 그 공간은 실재가 아닙니다. 그 매장의 벽까지 가야만 접근이 가능한 메타버스 세계입니다. 그 세계에 들어가면 백화점에서 할인 판매하는 장난감을 구경하고 구매할 수 있습니다. B박물관의 한 전시실은 평소 천장과 네 벽면이 모두 투명한 온실 같은 모습입니다. 그런데 때에 따라 이 공간은 오르세 미술관이 되거나 스미소니언 자연사 박물관이 되기도 합니다. 천장과 네 벽면이 모두 투명 디스플레이로 되어 있어서 가능한 상황입니다. 다섯 면의 투명 디스플레이를 통해 지구 반대쪽의 공간도 눈앞에서 볼 수 있습니다. 방문객들은 자신의 AR글라스를 통해 각자의 위치와 시선에 따라 다양한 전시물을 관람할 수 있습니다. 서울에 있는 C카페에 가면 런던의 D카페와 경험이 공유됩니다. C카페 테이블에 앉은 이들이 AR글라스를 통해 보면 다른 테이블에 D카페에 방문한 이들이 앉아서 대화하는 모습이 보이고 소리가 들립니다. 두 카페는 각각 서울과 런던에 있지만, 한 공간에 겹쳐진 경험을 줍니다.

이런 식으로 오프라인 공간과 연결된 메타버스 공간이 등장하고, 넌

서울에 있는 카페에서 AR글라스를 쓰면 런던에 있는 카페를 방문한 이들이 대화를 나누는 모습을 보고 들을 수 있습니다. 물리적 공간과 메타버스 공간이 묘하게 연결됩니다.

거리의 오프라인 공간끼리 메타버스에서 연결되는 상황이 나타나리라 예상합니다.

● 메타버스가 물리적 공간을 움직인다

메타버스를 통해 공간 안에 있는 다양한 장비와 사물이 연동됩니다. 애플, 아마존, 구글 등은 스마트홈●을 만들 수 있는 다양한 키트와 소프트

● **Smart Home** 가전제품(TV, 에어컨, 냉장고 등)을 비롯해 에너지 소비장치(수도, 전기, 냉난방 등), 보안기기(도어록, 감시 카메라 등) 등 다양한 분야의 모든 것을 통신망으로 연결해 모니터링하거나 제어할 수 있는 기술을 말합니다. 스마트폰이나 인공지능 스피커가 사용자의 음성을 인식해 집안의 모든 사물 인터넷 기기를 연결하고 사용자의 특성에 따라 자동으로 작동하거나 원격으로 조종할 수 있습니다. (출처: 네이버 지식백과 시사상식사전)

웨어를 공급하고 있습니다. 그동안은 표준이 달라서 제작사마다 기기가 호환되지 않았는데, 2021년 5월에 스마트홈 기기 간 호환성과 보안 문제를 해결하기 위해 '매터matter'라는 표준이 재정됐습니다. 스마트홈 구축에 사용되는 기술은 비단 가정에만 적용되는 것은 아닙니다. 이런 기술을 확장하면 스마트 농장, 스마트 공장, 스마트 사무실이 모두 가능합니다. 2022년 봄, 아마존은 가정용 로봇인 아스트로를 출시했습니다. 아스트로는 화상 통화를 연결해주고, 간단한 물건을 가져다주며, 쇼핑을 지원합니다. 여러 가지 알림을 받거나 집안 내부를 관찰하는 보안용으로도 활용이 가능합니다.

스마트홈과 가정용 로봇은 빠른 속도로 성장하는 산업은 아니지만, 잠재력이 큰 분야입니다. 장기적으로는 스마트홈에 연동된 각종 전자제품, 냉난방 장치 등과 가정용 로봇이 메타버스에서 연동되리라 봅니다.

아마존 로봇 아스트로

출처: amazon

아마존 로봇
아스트로 데모 영상

예를 들어, VR기기를 착용하고 메타버스에 접속한 상황에서 가정용 로봇이 보내주는 영상, 알림, 메시지 등을 VR기기를 통해 봅니다. VR기기 내부에 우리 집을 띄워 냉난방 장치를 제어하기도 합니다. 편리성을 위해 이런 연동은 당연히 발전할 것이지만, 우려되는 부분이 있습니다. 보안 문제입니다. 가정용 로봇은 집안의 모든 상황을 볼 수 있고, 스마트홈은 집에 있는 수많은 가전제품을 움직입니다. 이런 상황에서 메타버스 내부에 보안 문제가 생긴다면, 상상하기 어려울 정도로 많은 사고가 일어날 것입니다. 앞으로 스마트홈과 가정용 로봇이 보급되고, 메타버스와 연동될 것이며, 그 과정에서 여러 보안 사고를 겪으면서 점차 개선되리라 예상합니다.

● 메타버스에서 건축한다

공사를 시작하기 전에 메타버스를 통해 건축물을 미리 둘러보는 방식이 보편화됩니다. 일본의 건축 설계 회사인 프리덤아키텍츠디자인Freedom Architects Design은 매년 400채 정도의 주문형 주택을 짓습니다. 이 회사는 2017년 2월부터 가상현실 기반의 견본 주택을 고객들에게 보여주기 시작했습니다. 설계 단계에서 실물과 유사한 견본 주택을 보여주고 변경이 필요한 부분을 착공 전에 반영할 수 있습니다. 완성된 주택에 대한 건축주의 만족도를 높이고, 건축주와 건설업체 간 분쟁을 낮추는 효과가 있습니다. 현재는 일부 건설업체가 제공하는 서비스지만, 메타버스가 발전하면 인테리어 공사를 포함한 건축업계 전반에 보편화되리라 예상합니다.

　단순히 완성된 집을 3차원 화면으로 보는 개념이 아닙니다. 머리와 몸에 VR기기를 착용하고 가상공간 속의 집에 걸어 들어갑니다. 가족이 있다면, 동시에 VR기기를 착용하고 함께 집을 둘러볼 수도 있습니다. VR장갑을 착용하고 집안 곳곳을 만져보고, 건축자재, 방문 크기와 위치 등을 실시간으로 바꿔보면서 내 취향에 맞는 디자인을 다듬을 수 있습니다.

금융: 100% 메타버스 비즈니스로 옮겨 간다

"우리는 혁명이 아니라 진화의 한가운데에 있다."
-제임스 레바인

금융의 본질은 무엇일까요? 미래 가치를 현재 시점에서 거래하는 행위가 금융이라 생각합니다. 현재 위험하게 무언가를 하기보다는 미래에 안전하게 5% 이자를 받기 위해 은행 예금에 가입합니다. 또 보험료를 납입하면서 질병에 걸릴 미래의 위험은 보험사에 맡깁니다. 누군가는 A사 주식의 가치가 오르리라 기대하고 누군가는 A사 주식의 가치가 낮아지리라 예상했을 때, 이들 사이에서 거래를 중계하는 것이 증권사입니다. 가까운 미래에 일시불로 지불한다는 조건을 놓고, 그런 약속을 지킬 만한 이들에게 지금 편하게 돈을 쓰도록, 일정 부분 위험을 감수하고 도와주는 서비스가 신용카드입니다. 시점(미래와 현재), 거래, 위험, 이 세 단어가 금융의 핵심입니다. 미래와 현재에 대한 가치 판단, 위험 산출이 서로 다릅니다. 거래에 참여하는 주체에 따라 신뢰도도 달라집니다. 이렇게 다른 점들을 잘 조율하며 성장하는 것이 금융업의 본질입니다.

금융업은 메타버스를 통해 이런 변화를 겪으리라 예상합니다. 첫째, 객장에서 수행하던 업무의 대부분은 메타버스로 옮겨지고, 업무의 대부분을 가상 인간이 수행합니다. 둘째, 은행은 자국의 표준 화폐와 더불어 가상화폐와 암호화폐도 취급합니다. 셋째, 메타버스에 특화된 상품이 등장합니다. 보험사는 메타버스와 관련된 위험에 대응하는 상품을 출시합니다. 메타버스에만 존재하는 기업과 프로젝트에 투자하는 상품이 등장합니다. 넷째, 물리적 세계와 메타버스를 오가며 살아가는 개인의 기록은 금융 기록을 중심으로 통합됩니다.

시섬(미래와 현재), 거래, 위험을 금융업의 본질이라 했습니다. 메타버스가 보편화된 10년 후에도 금융업의 이런 본질은 크게 달라지지 않으리라 봅니다. 다만, 그런 본질이 적용되는 세상이 물리적 세계에서 메타버스로 확장됩니다. 또한, 메타버스는 물리적 세계와 분리된 별도 세상이 아니라 서로 연동됩니다. 이런 상황에서 금융의 역할은 지금과 크게 달라집니다.

● 오프라인 객장의 소멸

금융 관련 오프라인 객장 수는 앞으로도 꾸준히 감소합니다. 2020년 집계를 보면, 국내 증권사 지점과 영업소는 지난 10년 동안 800개 넘게 줄었습니다. 이에 따라 임직원은 4,500명 감소했습니다. 이유는 단순합니다. 영업 환경이 변화했기 때문입니다. 객장에 방문해서 매도·매수 주문을 넣는 이가 줄었습니다. 대부분의 사람들이 스마트폰으로 주식을 거래하는 상황에서 많은 비용을 감당하면서까지 오프라인 객장을 운영할 필요가 없습니다. 이는 증권사만의 상황이 아닙니다. 은행, 보험 등 타 금융 분야에서도 이런 현상이 가속화하리라 봅니다.

"돈 얘기가 얼마나 중요한데, 직접 만나지 않고 하는 게 가능할까요?"라고 반문하는 분들이 적잖습니다. 메타버스가 발전하면 물리적으로 한 공간에 있지 않아도 함께 존재한다는 느낌을 받을 수 있을지 잠시 살펴보겠습니다.

멀리 있는 이들이 협업하는 상황에서 각자의 주변 환경을 3차원 파노라마 영상으로 상대에게 보여주는 방식으로 한 공간에 있는 느낌을 구현한 사례가 있습니다.[10] 예를 들어, 서울에 있는 민지가 춘천에 있는 다은이와 메타버스에서 만납니다. 이 경우 다은이는 민지에게 자신이 있는 춘천 공간과 자신의 얼굴, 시선, 동작 등을 그대로 보여줍니다. 반대로 민지는 다은이에게 서울 공간과 자신의 모습을 보여줍니다. 결과적으로 민지와 다은이는 서로가 같은 공간에서 소통한다고 느낍니다. 얼굴, 시선, 동작 등의 시각적 단서는 민지와 다은이의 협업 성과, 사회적 존재감, 공간적 존재감, 인지적 부하● 등 모든 면에서 긍정적 영향을 주

● 줌, 웹엑스 등으로 회의와 수업에 참여할 경우 피로감을 많이 느끼는 것은 인지적 부하가 커져서 그렇습니다. 상대에 관한 공간과 시각적 단서가 부족한 상황에서 신경을 많이 써서 쉽게 지치는 거라고 생각하면 됩니다.

었습니다. 돈이 오가는 금융 거래를 메타버스에서 하는 것이 불안하게 느껴질 수 있습니다. 인터넷으로 각종 공공 서류를 발급 받을 때를 생각해보세요. 서류를 출력할 때 어떤 프린터로는 되고 어떤 프린터로는 안 된다고 메시지가 뜹니다. 금융 거래도 비슷한 상황으로 가리라 봅니다. 메타버스에서 대출을 받으려고 할 때 개인 인증을 위해 A사 VR기기나 B사 AR글라스 등을 사용하면 가능하지만 C사 기기를 사용하면 인증 기능이 부족해서 안 된다고 할 것입니다.

오프라인 객장의 감소와 함께 객장에서 사람이 하던 업무의 대부분이 인공지능 직원에 의해 대체됩니다. 사람처럼 물리적으로 움직이는 기계인 휴머노이드를 만들기는 어렵지만, 메타버스 공간 속에 그래픽으로 존재하는 직원을 만드는 것은 어려운 일이 아닙니다. 2021년 11월, 농협은 인공지능으로 움직이는 가상 인간 은행원을 채용했습니다. 농협에

10년 후 메타버스 속 금융기관을 방문하면, 1초도 대기하지 않고 바로 금융 서비스를 받을 수 있습니다. 다만, 우리가 만날 존재는 실제 인간이 아닌 가상 인간입니다.

근무하는 젊은 직원들의 얼굴을 합성해서 은행원의 모습을 만들었습니다. 농협은 가상 인간 은행원에게 정식으로 사번을 부여하고 인사 발령을 냈습니다. 가상 인간 은행원은 고객에게 금융상품을 소개하는 역할을 맡을 예정입니다. 10년 후 메타버스 속 금융기관을 방문하면, 1초도 대기하지 않고 바로 금융 서비스를 받을 수 있습니다. 다만, 우리가 만날 존재는 실제 인간이 아닌 가상 인간입니다.

● 가상화폐, 암호화폐도 취급한다

국가별 표준 화폐와 더불어 특정 메타버스에서 사용하는 가상화폐와 암호화폐의 규모가 커지면서 금융기관이 이런 다양한 종류의 화폐를 한꺼번에 취급하는 형태로 바뀝니다. 예를 들어, 지금은 A라는 표준 화폐를 B은행에서 인출한 후 이를 C메타버스 플랫폼에서 사용하는 가상화폐로 바꾸거나 D암호화폐 지갑에 담아서 써야 합니다. 과정도 번거롭고 수수료도 많이 듭니다.

미래에는 금융기관이 메타버스 플랫폼 사업자, 암호화폐 기업이나 거래소 등과 연동해서 이를 하나의 계좌로 묶어주는 서비스가 보편화됩니다. 예를 들면, 이런 상황이 가능합니다. 로블록스의 로벅스, 제페토의 젬 같은 가상화폐를 지금은 플랫폼 내부에서만 관리하는데, 향후 금융기관이 개입할 것입니다. 마치 하나의 앱에서 여러 개의 계좌와 상품을 보고 관리하는 것처럼, 사용하는 표준 화폐, 가상화폐, 암호화폐를 단일 금융기관을 통해 통합해서 관리하는 방식입니다.

현재 은행들은 암호화폐 거래소와의 협력을 달가워하지 않습니다. 여러 면에서 위험 요소가 많다고 보기 때문입니다. 그러나 향후에는 변화가 생기리라 봅니다. 암호화폐 관련 제도가 정비되고 시장이 자정되면서 상당 부분에서 위험 요소가 감소합니다. 또한, 메타버스에서 암호화폐 사용 비율이 증가하면서 금융기관이 이를 수용하는 쪽으로 전향합니다.

● 메타버스 생활을 위한 금융상품의 등장

메타버스는 안전한 세상일까요? 기성세대는 자녀들이 사용하는 메타버스를 동화 같은 아기자기한 세상으로 인식하는 경우가 많습니다. 만화 같은 배경에서 머리가 큰 아바타들이 모여 수다를 떠는 장면은 어린이 게임 같이 보이기도 합니다. 그러나 그 공간도 사람이 살아가는 세상입니다. 따라서 물리적 공간과 같은 다양한 위험과 사고가 상존합니다. 성희롱, 성추행, 아이템 거래 사기, 보이스 피싱 등입니다. 여기서 열거하지 않은 또 다른 위험도 계속 등장하리라 봅니다. 이런 위험 요소가 증가하면, 위험을 관리하고 분산해주는 금융 서비스가 메타버스 내에서도 나타나리라 예상합니다.

지금도 다양한 크라우드 펀딩● 서비스가 운영되고 있습니다. 향후 메

● **Crowd Funding** 대중을 뜻하는 크라우드(Crowd)와 자금 조달을 뜻하는 펀딩(Funding)을 조합한 용어로, 온라인 플랫폼을 이용해 다수의 대중으로부터 자금을 조달하는 방식을 말합니다. 초기에는 트위터, 페이스북 같은 소셜네트워크서비스를 적극 활용해 '소셜 펀딩'이라고 불리기도 했습니다. (출처: 네이버 지식백과 시사상식사전)

타버스 내에서는 다양한 프로젝트가 진행될 것입니다. 예를 들어, 기업 형태로 만들어진 기획사는 아니지만, 아마추어들이 뜻을 모아서 진행하는 연극, 뮤지컬, 콘서트 등이 열립니다. 이런 공연을 크라우드 펀딩 형태로 투자받는 케이스가 증가합니다. 물론, 지금도 이런 프로젝트들이 각종 크라우드 펀딩 사이트에 열리기도 하지만, 향후 메타버스 내부에서 이런 프로젝트를 만들고 운영하기가 훨씬 더 편리해지면서 다양한 프로젝트가 쏟아지고, 이를 전문적으로 중개하고 관리하는 영역에 금융기관이 깊이 참여하게 됩니다.

● 금융기관은 거대한 데이터 사업자가 된다

메타버스와 금융이 결합하면 우리 삶의 거의 모든 기록이 남겨지고 분석되는 세상이 됩니다. 돈의 흐름은 인간의 욕망과 세상의 변화를 가늠할 수 있는 핵심 지표입니다. 현재도 금융업은 디지털화된 산업이지만, 우리가 살아가는 현실 세계는 디지털화되지 않은 부분이 많습니다. 그러나 메타버스가 확장되고, 우리가 메타버스에서 보내는 시간이 늘어나고 그 안에서 소비하는 부분이 커질수록, 우리가 살아가는 모든 과정은 데이터로 쉽게 기록됩니다. 메타버스 플랫폼 사업자와 금융기관이 연합한다면, 우리가 언제 어디서 무엇을 하는지, 무엇을 욕망하는지가 모두 데이터로 남고 관리됩니다. 방대한 데이터는 상업적으로 쓰이거나 프라이버시를 침해할 수 있기에 불편하고 두려운 면도 있으나, 편리함도 커집니다. 이런 데이터는 인공지능으로 분석되어 내게 최적화된 금융 상

우리가 메타버스에서 소비하는 부분이 커질수록, 우리가 살아가는 모든 과정은 데이터로 쉽게 기록됩니다. 메타버스 플랫폼 사업자와 금융기관이 연합한다면, 우리가 남긴 모든 데이터는 인공지능으로 분석되어 내게 최적화된 금융 상품이나 각종 서비스를 제공해줄 것입니다.

품이나 각종 서비스를 제공해줍니다.

  물론, 메타버스 플랫폼 사업자와 금융기관이 마음대로 데이터를 수집하거나 데이터를 연동할 수는 없습니다. 국내에서는 2020년 8월부터 데이터 3법이 시행되었는데, 핵심은 '내 데이터의 주인은 나'라는 것입니다. 즉, 내가 동의해야만 이런 서비스가 가능합니다. 거대한 데이터가 생기고 활용되는 과정에서 우리는 두려움과 편리함을 동시에 경험하리라 봅니다. 장기적으로는 편리함이 두려움을 밀어내면서 메타버스 플랫폼 사업자와 금융기관이 거대한 데이터 네트워크를 형성하리라 예상합니다.

부동산: 부동산 중개소와 중개인은 사라진다

"도메인 이름과 웹사이트는 인터넷 부동산이다."
-마크 오스트로프스키

한국에서 공인중개사 시험은 어른들의 수능으로 불리고 있습니다. 2021년 10월에 있었던 32회 공인중개사 필기시험에는 무려 40만 명이 넘는 이들이 응시했습니다. 2021년 수능시험 응시자가 51만 명인 점을 고려하면 어마어마한 숫자입니다. 부동산 거래 산업에는 향후 메타버스를 통해 이런 변화가 일어나리라 예상합니다. 첫째, 동네를 중심으로 활동하는 부동산 중개소와 중개인은 사라집니다. 둘째, 현물 부동산의 권리를 메타버스 부동산에 연결해주는 새로운 거래 모델이 나오리라 봅니다. 셋째, 메타버스 공간의 매매와 임대에 관여하는 중개 모델이 등장합니다. 메타버스가 확장되면 부동산 거래는 어떻게 변모할지 살펴보겠습니다.

● 지역 기반 부동산 중개업의 소멸

현장을 방문해서 부동산을 둘러보거나 구두로 소개받는 형태의 중개 모델이 많이 쇠퇴하리라 예상합니다. 메타버스에서 다양한 건축물을 3차원으로 재현해 데이터를 제공하는 기업이 늘어나고 있습니다. 대표적 기업이 매터포트Matterport입니다. 매터포트는 주택, 쇼핑몰, 호텔, 대형 공장 등 다양한 건축물을 3차원으로 촬영해서 데이터를 판매합니다. 매터포트를 활용하면 각종 건축물을 컴퓨터, 스마트폰, VR기기 등을 통해 입체적으로 둘러볼 수 있습니다.

매터포트로 둘러보는 주택

출처: Matterport

Part 2에서 인공지능을 활용한 가상 인간에 대해 언급했습니다. 이런 기술들이 합쳐지면 다음과 같은 상황이 가능해집니다. 매수자는 VR기기를 활용해서 시간과 공간 제약 없이 부동산을 마음대로 둘러봅니다. 궁금한 점이 생기면 24시간 대기하는 가상 인간 부동산 전문가에게 물어보면 됩니다. 가상 인간은 인공지능에 의해 해당 부동산의 내역, 장단점, 거래 방법, 인테리어 및 건축과 토목에 관한 다양한 노하우를 갖고 있습니다. 물론, 이런 플랫폼을 통해 거래를 완전히 자동화하기는 어렵겠지만, 지금보다는 지역에 위치한 부동산 중개업소와 중개인의 비중이 낮아지는 쪽으로 변화하리라 예상합니다.

● 현실 공간을 맘대로 메타버스에 옮기지 못한다

현재는 현실 공간과 건축물을 사람들이 임의로 복제해서 메타버스 내부로 옮기고 있습니다. 예를 들어, 로블록스에 들어가면 전 세계의 다양한 건축물을 볼 수 있습니다. 이런 건축물을 메타버스에 재현할 때는 해당 건축물에 관한 권리를 가진 조직이나 개인에게 허가를 받지 않습니다. 아직은 이에 관한 분쟁이 많이 발생하지는 않았지만, 향후 다양한 문제가 발생하리라 봅니다.

이미 비슷한 분쟁이 발생한 바 있습니다. 몽베르, 인천국제, 대구 컨트리클럽은 2018년 골프존(스크린골프 기업)을 대상으로 저작권 침해 소송을 냈습니다. 골프존의 스크린골프에 등장하는 코스가 자사의 권리를 침해했다는 것입니다. 1심 법원은 골프존이 골프장들의 지적재산권을 침해

로블록스에 있는 백악관

출처: Roblox

했냐고 판결했습니다. 그러나 2심에서는 다른 결과가 나왔습니다. 재판에서 골프존이 이기기는 했으나 내막은 좀 복잡합니다. 골프장 설계는 저작권 보호 대상이 맞으나, 지적재산권을 가진 이는 골프장이 아니라 골프장 설계자라고 판결했습니다.

현실 공간과 건축물을 메타버스에서 재현하고, 그 안에서 아이템을 판매하거나 공연을 해서 수익을 얻는 이들이 증가하는 상황에서 이런 분쟁은 더 늘어나리라 봅니다. 따라서, 이런 지적재산권을 거래하는 시장이 형성되고 법률 전문가가 시장에 개입하리라 예상합니다.

● 메타버스 속 공간도 임대하고 매매한다

메타버스 속 부동산을 임대하고 매매하는 영역입니다. 부동산 정보를 제공하는 플랫폼 사업자 직방은 2021년에 '메타폴리스'라는 메타버스 사

메타폴리스 속 사무실

출처: 직방

무실 공간을 개발했습니다. 2021년 7월부터는 직방 직원들에게 팬데믹 이후에도 원격 근무를 제안하며, 자사의 업무도 메타폴리스 내부에서 처리하고 있습니다.• 30층짜리 가상 건물에서 두 개 층을 사무실로 쓰고 있습니다. 직방은 이런 공간을 다른 기업에게도 임대합니다. 향후에는 이런 형태로 메타버스 속 공간을 다른 기업에게 임대하거나 권리를 사고파는 일이 증가하리라 봅니다.

현재 가상 부동산 플랫폼은 땅을 판매하면서, 언젠가는 그 땅에 다양한 건축물을 건설하고, 그 건물 안에 다양한 상업 시설이 들어와서 영업

• 실제로 메타폴리스에서 근무하는 직방의 직원은 언론 인터뷰에서 "코로나19 종식 이후에는 1년마다 거주지를 전 세계로 이곳저곳 옮기며 근무할 수 있지 않을까 싶다."라고 밝히기도 했습니다.[11]

할 수 있게 상거래 기능까지 제공하리라고 얘기하고 있습니다. 그리고 자사의 가상 부동산 플랫폼에 많은 이들이 유입되면, 자사가 제공하는 공간에는 현실의 거리와 건물과 다를 바 없이 유동 인구가 넘치는 상업적 가치가 생긴다고 주장합니다. 아직은 이런 형태로 완벽하게 작동하는 가상 부동산 플랫폼이 거의 없으나, 10년 후에는 늘어나리라 봅니다. 아울러 메타버스 내의 토지와 건물을 임대하고 매매하는 거래 시장도 함께 형성되리라 예상합니다.

의료:
메타버스가 환자를 살린다

"변화만큼 안정적인 것은 없다."
-밥 딜런

의료 서비스는 물리적 접촉이 필요하고 메타버스는 물리적 접촉이 없는 세상이니 둘 사이에는 별 관련이 없다고 여기는 경우가 적잖습니다. 그러나 앞서 소개한 여러 산업에서 보았듯이 메타버스는 물리적 세계와 다양한 형태로 연결되는 경우가 많습니다. 의료 영역에서는 크게 세 가지 형태의 변화가 있으리라 예상합니다. 첫째, 다양한 목적의 디지털 헬스케어•, 디지털 치료제DTx: Digital Therapeutics•• 가 개발되어 약물을 대체하거나 기존 의료 서비스 개선에 활용됩니다. 둘째, 진료와 치료 영역에서 원격 서비스가 증가합니다. 셋째, 의료 연구와 교육에서 국가 간 장벽이

• 건강관리에 정보기술을 활용한 경우를 통칭하는 표현으로, 의학적 검증이 없는 경우도 많습니다.
•• 의학적 근거에 의해 치료제로 인정받은 디지털 소프트웨어나 하드웨어를 의미합니다.

사라지고 거대한 네트워크가 형성됩니다. 10년 후 의료 분야는 어떻게 변할지 이야기해 보겠습니다.

● 디지털 치료제, 먹지 않고 경험하며 치료한다

미국 시장 조사 기관 그랜드뷰 리서치는 전 세계 디지털 치료제의 시장 규모가 2021~2028년에 연평균 23.1% 성장하리라 예측했습니다. 2028년이면 22조 원 시장이 됩니다. 미국의 경우는 디지털 치료제 시장의 연평균 성장률을 29.8% 정도로 보고 있습니다. 디지털 치료제는 크게 인지 행동 치료●, 생활습관 개선●●, 신경 재활 치료●●● 등에 활용됩니다. 또한, 직접적으로 질병을 치료하지 않더라도 의료 서비스 과정에서 약물 대신 사용되기도 합니다.

메타버스 분류 중 가상 세계를 활용하는 사례를 몇 가지만 살펴보겠습니다. 프랑스의 세인트 조셉 병원에서는 상처 봉합, 화상 치료, 요도관 삽입술 등에 진통제를 사용하지 않고 VR기기를 활용했습니다. 환자들은 VR기기를 통해 평화로운 정원이나 자연의 모습을 보면서 두려움과 고통을 덜 느꼈다고 합니다. 네덜란드의 자우더란드 메디컬 센터에서는 분만 중인 산모에게 VR기기를 제공합니다. 산모들은 분만 시간

● 우울증, 수면장애, 약물 중독 등과 관련된 경우입니다.
●● 고혈압, 당뇨, 고지혈증 등과 관련된 경우입니다.
●●● ADHD, 약시, 뇌졸중으로 인한 신경 손상 등과 관련된 경우입니다.

이미 많은 병원에서 치료 과정에 진통제 대신 VR기기를 활용하고 있습니다. VR기기를 사용한 환자들은 두려움과 고통을 덜 느꼈다고 합니다.

이 더 빨리 흐르고 수축의 강도가 감소하는 느낌이었다고 말했습니다. CT, MRI 촬영 시 공포를 느끼는 아이들에게 우주 공간을 탐험하는 VR 콘텐츠를 보여주고 우주 비행사가 된 것 같은 상황을 유도한 사례도 있습니다.

아이들을 대상으로 물리적 공간에서 진행한 명상과 메타버스 방식의 명상을 비교한 연구가 있습니다.[12] 불안과 우울 증세가 있는 아이들을 위한 인지행동 치료용 콘텐츠를 가지고 진행한 연구입니다. 10~12세 아이들 93명이 실험에 참여했습니다. 결과를 보면, 메타버스 속 아바타를 활용한 명상과 면대면으로 진행한 명상 경험 간에 큰 차이는 없습니다. 메타버스를 활용한 방식이 아이들의 메타인지 촉진에 좀 더 효과가 높은 것으로 관찰되기도 했습니다. 디지털 치료제는 단독으로 활용되는

정신질환자 치료에 사용되는 VR 콘텐츠13

경우(기존 의약품 대체), 기존 약물이나 치료법을 보완하는 경우 등으로 다양하게 발전하리라 예상합니다.

● **메타버스를 통해 치료한다**

환자를 진찰하거나 치료하는 과정에서 메타버스를 활용한 원격 접근이 증가하리라 봅니다. 수술 시 메타버스를 통한 프록터링Proctoring이 가능해집니다. 수술법을 전파, 교육, 관리 및 감독하는 국제적 전문가를 '프록터'라고 하고, 이들이 실제로 수술을 지도하는 일을 '프록터링'이라고 합니다. 프록터링을 할 때 프록터가 자문에 할애하는 시간은 보통 15분 정도이지만, 물리적 이동에만 며칠을 쓰는 경우가 허다하다고 합니다. 메타버스를 활용하면 원거리에서도 충분히 프록터링이 가능해집니다.

2021년 캐나다 보건국은 처음으로 가상현실 기반의 방사선 진단 플랫폼의 사용을 승인했습니다. 팬데믹 기간 중 많은 사람들이 원격 근무를 했지만, 방사선 기사 및 전문의들은 반드시 방사선 기기가 있는 병원으로 출근해야 했습니다. 캐나다 보건국이 승인한 가상현실 기반 방사선 진단 플랫폼인 SieVRt과 VR기기를 활용하면, 방사선 기사 및 전문의들은 가상 병원의 방사선과 사무실에서 원격으로 환자들을 진단할 수 있습니다. 미국에서는 2022년 초에 FDA 승인이 있을 것으로 예상되고 있습니다. 이 플랫폼이 확산되면 북미뿐만 아니라 기본적인 방사선 진단을 받을 수 없는 전 세계 절반 이상의 사람들을 대상으로 서비스가 확대될 가능성이 있습니다.

● 메타버스에서 의학을 연구하고 교육한다

전작 《메타버스》에서 에이즈 치료제●, 코로나19 치료제 등을 개발하기 위해 메타버스가 어떻게 활용되는지 설명했습니다. 메타버스를 통해 이러한 형태의 디지털 실험실은 더욱더 확대되리라 봅니다. 디지털 실험실을 통해 일반인이 의학 연구에 참여하는 길이 더 다양해지고, 다양한

● 워싱턴 대학교에서 단백질 구조를 연구하는 데이빗 베이커 교수는 2008년 폴드잇(Foldit) 플랫폼을 개발했습니다. 바이러스 돌기는 인간의 세포 표면에 붙어 질병을 유발하는데, 치료제에 포함된 특수한 단백질 구조물은 바이러스 돌기와 세포 사이에 끼어들어 감염을 막아냅니다. 연구팀은 폴드잇 프로그램을 통해 사람들에게 온라인상에서 단백질 아미노산 사슬을 이리저리 접어볼 수 있는 실험실을 제공했습니다. 무작위 혹은 순차적으로 모든 경우를 대입해보는 컴퓨터와 달리 사람들은 전문 지식이 없어도 다양한 방법으로 단백질을 접어보았고, 이 과정에서 의외로 최적화된 구조를 만들어냈습니다.

국가의 의료진이 모여 시공간 제약 없이 협력할 수 있습니다. 디지털 실험실을 통해 의료 현장에서 발생하는 사례나 데이터를 모으고, 분석하며, 공유할 수 있습니다.

의료 교육에도 혁신적 사례들이 지속적으로 등장하리라 봅니다. 현재도 의료 교육에 AR글라스와 VR기기를 사용하는 사례가 적잖으나, 앞으로는 이런 기기를 활용하여 전 세계에서 발생한 다양한 사례를 눈앞에서 학습하고, 원격으로 교육받는 방식도 확대되리라 예상합니다. 예를 들어, A지역에 있는 의료진이 B지역에서 진행되는 수술을 가상현실로 원격 참관하며, 인공지능으로 작동하는 교수자 아바타로부터 부가 설명을 듣는 방식이 가능해집니다.

메타버스의 디지털 실험실이 더욱 확대되며 일바이이 의학 연구에 참여하는 길이 더 다양해지고, 다양한 국가의 의료진이 모여 시공간 제약 없이 협력할 수 있습니다. 디지털 실험실을 통해 의료 현장에서 발생하는 사례나 데이터를 모으고, 분석하며, 공유할 수 있습니다.

제조:
공장을 주머니에 넣고 다닌다

"공장은 기계를 만드는 기계이다."
-일론 머스크

현재도 하이테크와 대규모 제조 현장 위주로 다양한 유형의 메타버스가 도입되고 있습니다. 앞으로 제조 현장에는 메타버스를 통해 다음과 같은 변화가 생기리라 예상합니다. 첫째, 공장 건설과 관리는 메타버스를 통해서만 진행합니다. 둘째, 증강현실의 고도화로 안전사고가 획기적으로 감소하며, 작업자의 숙련도는 빠른 속도로 향상됩니다. 셋째, 가상현실을 통해 거대한 플랜트와 대형 제조 설비 등을 원격지 B2B● 고객에게 쉽게 설명할 수 있습니다. 세 가지 영역에 대해 자세히 살펴보겠습니다.

● **Business to Business** 기업 대 개인 소비자가 아닌 기업 대 기업의 거래 관계를 뜻합니다.

● 공장은 메타버스에서 만들어지고 관리된다

새로운 공장을 만들거나 기존 공장을 개선하는 경우, 그리고 공장을 운영하는 과정에서 메타버스 활용이 급성장하리라 봅니다. 세계적인 그래픽 카드 겸 인공지능 하드웨어를 만드는 선두주자로 유명한 엔비디아 NVidia는 2020년 12월부터 옴니버스Omniverse 플랫폼을 시범 운영하기 시작했습니다. 옴니버스는 멀리 떨어져 있는 전문가들이 한 공간에 모이지 않아도, 건물, 공장, 설비, 항공기 등 다양한 대상을 디자인할 수 있는 메타버스 플랫폼입니다.

다양한 사물을 실제처럼 표현하고, 가상공간에서 다양한 테스트를 할 수 있습니다. BMW는 옴니버스 플랫폼을 활용하여 메타버스에서 가상 공장을 운영하고 있습니다. 공장 전체를 가상공간에 구현하여, 새로운 공장 건설 및 기존 라인 조정 등의 작업을 진행하는 방식입니다. 가상 공간에 공장을 만들면, 현장에서 일할 엔지니어, 공장 시설 관리자, 생산

옴니버스로 제작한 가상공간 속 도로

출서: NVIDIA

공정 관리자 등이 서로 협업하는 게 매우 편리해집니다. 완성된 공장에는 다양한 산업용 로봇이 투입됩니다. 로봇들은 기본적으로 소프트웨어로 움직입니다. 이런 로봇들을 가상 공장에 미리 배치해보고 발생할 수 있는 문제점을 파악하거나 공장 특성에 맞는 학습을 시키는 것이 가능합니다.

옴니버스로 구현한 BMW 공장

출처: BMW

실제로 공장을 건설하고 운영하는 과정에서도 이런 가상공간을 활용할 수 있습니다. 공장 곳곳에 설치된 수많은 센서를 통해 데이터를 수집하고, 이를 가상공간에 실시간으로 반영합니다. 그러면 엔지니어와 관리자는 메타버스를 통해 공장의 전체 상황을 한눈에 파악할 수 있습니다. 이런 방식은 공장을 건설하는 과정에 소요되는 시간과 비용을 획기적으로 낮춰줍니다. 현장에 투입되는 로봇과 엔지니어들이 가상공간 속 공장을 활용해서 미리 훈련받는 게 가능해집니다.

● 안전하게 많이 생산한다 ●

증강현실 기기의 가격이 내려가고 프로그램 개발이 단순화되면서, 중소 제조 현장에도 증강현실 적용이 보편화됩니다. 증강현실을 적용한 작업 현장에서 노동자들은 실물 위에 겹쳐서 보이는 이미지를 통해 작업에 필요한 다양한 정보를 얻습니다. 작업에 필요한 부품 정보, 재고 현황, 전체 조립도면, 공장 가동 현황, 리드 타임Lead time: 제품의 생산 시작부터 완료까지 소요되는 시간 등을 쉽게 파악할 수 있습니다. 이런 정보를 바탕으로 작업 과정의 오류를 최소화하고, 작업 중단을 예방하는 게 가능해졌습니다. 결과적으로 생산품의 품질 향상과 리드 타임 개선에 도움이 됩니다. 또한, 작업 과정에서 생기는 각종 사고를 예방하는 효과까지 있어서 안전 관리 수준도 높아집니다.

실제로 유럽의 항공기 제작사 에어버스Airbus에서는 미라MiRA라는 증강현실 시스템을 통해 제작 중인 항공기의 모든 정보를 엔지니어들에게 3차원으로 제공하고 있습니다. 에어버스는 미라를 통해 브래킷 검사에 필요한 소요 시간을 3주에서 3일로 단축하기도 했습니다. 미국 항공기 제조사 보잉Boeing은 보잉 747-8 항공기의 배선 작업 공정에 증강현실을 적용하여 작업 시간을 25% 단축하고, 작업 오류 비율 0%를 기록했습니다.

현재 이런 기기와 플랫폼 비용을 중소 제조 현장에서 감당하기에는 부담스러운 상황입니다. 그러나 기술이 보편화되면서 소규모 사업장에

● 일부 내용은 전작 《메타버스》에서 발췌했습니다.

도 이런 방식이 적용되리라 봅니다. 현장 작업자를 교육하는 데 드는 시간이 단축되고, 숙련공이 하던 작업을 일반 작업자가 하게 되며, 무엇보다 안전사고 발생 건수가 큰 폭으로 감소하리라 예상합니다.

증강현실을 적용한 작업 현장에서 노동자들은 실물 위에 겹쳐서 보이는 이미지를 통해 작업에 필요한 다양한 정보를 얻습니다. 이런 정보를 바탕으로 작업 과정의 오류를 최소화하고 생산품의 품질 향상, 리드 타임 개선, 각종 사고를 예방하는 효과까지 누릴 수 있습니다.

● 주머니에서 공장을 꺼내서 보여준다

제가 만나온 기업 중에는 메타버스를 활용해서 개인 소비자가 아닌 B2B 고객에게 접근할 방법을 궁금해하는 경우가 많았습니다. 이처럼 가상현실을 활용하여 대형 장비나 생산시설 등을 고객에게 소개하는 접근이 늘어나리라 예상합니다. 미국 기업 존디어John Deere●는 CES 2021●● 행사에서 오큘러스 퀘스트2 VR기기를 통해 가상현실로 구현한 트랙터를 볼 수 있게 했습니다. 가상공간에 자사의 농기구와 밭을 꾸며놓고 오큘러스 퀘스트2를 고객들에게 발송하여, 고객들이 존디어의 농기구를 체험할 수 있게 한 것입니다. 이같은 체험으로 존디어는 라스베이거스 컨벤션 센터에서 실제 전시를 진행할 때보다 비용을 25% 정도 절감했습니다. VR기기로 농기구를 시운전하면 실재감이 부족하지 않느냐고 반문할 수 있습니다. 그러나 메타버스를 활용한 방식에서 생기는 장점도 있습니다. 예를 들어, 실제로 트랙터에 파종기를 연결해서 씨앗을 심을 경우 농부는 파종 상황을 제대로 파악하기 어렵습니다. 그러나 VR기기를 활용하면, 농부는 농기계를 어떻게 조작하면 어떤 상황이 발생하는가를 좀 더 상세하게 알 수 있습니다.

VR기기로 구현된 존디어의 농기구

출처: CNET

- 농기계, 중장비, 임업 기계 등을 제조하는 글로벌 기업입니다.
- **Consumer Electronics Show** 국제적으로 개최되는 전자제품 박람회로, 매년 1월 미국 라스베이거스에서 열립니다.

B2B 고객에게 자사가 보유한 연구시설, 생산설비, 대형 플랜트 등을 소개하는 목적에도 가상현실을 사용할 수 있습니다. 예를 들어, 신약을 개발해서 판매하는 기업이라고 가정합시다. 대형 고객을 설득하기 위해선 자사가 보유한 연구시설과 생산설비를 알리는 작업이 중요합니다. 가상현실을 활용하면, 고객이 우리 회사에 방문하지 않아도 우리 측 전문가가 VR기기를 가지고 고객을 찾아가서 설명할 수 있습니다. 연구시설 중 보안이 필요한 지역을 제외하고 현재 증축하는 설비에 관한 정보는 가상현실로 구현하여 생동감 있게 보여줄 수 있습니다. 앞에서 설명한 옴니버스와 같은 메타버스 플랫폼과 연동된다면 가상현실을 활용한 B2B 협력이 크게 증가하리라 예상합니다.

메타버스가 아무리 발전해도 우리는 침대에서 잠을 자고, 신발을 신고 길을 걸어야 합니다. 메타버스에 접속할 때 사용하는 VR기기와 AR글라스도 제조업이 없으면 세상에 존재하지 못하는 물건입니다. 제조업이 있었기에 우리는 초월한 세상인 메타버스까지 꿈꾸게 되었습니다. 신기하게도 미래에는 제조업이 메타버스를 기반으로 더 크게 성장하리라 예상합니다. 메타버스를 활용해서 더 좋은 공장을 만들고, 작업자들은 더 안전하게 효율적으로 일하며, 제조업 간 협업의 길도 확대되리라 봅니다.

교통: 자동차는
새로운 비즈니스 공간이 된다

"성공은 준비와 기회가 만나는 곳이다."
-바비 운서

자동차와 메타버스, 어떤 관련이 있을까요? 앞서 소개한 제조 현장에서 메타버스를 적용하는 경우를 생각하는 분들이 많겠지만, 도로 위를 운행하는 자동차에 메타버스가 적용되는 상황을 떠올리는 분들은 적습니다. 앞으로는 이동하기 위해 탑승하는 자동차, 버스, 지하철, 항공기는 모두 메타버스 공간으로 진화하리라 예상합니다. 크게 세 가지 변화를 예상합니다. 첫째, 자동차 내부는 개인화된 새로운 비즈니스 공간이 됩니다. 둘째, 버스, 지하철, 항공기는 대중 공연장으로 바뀝니다. 셋째, 도로변 광고판이 소멸되며, 도로는 좁아지고, 주차장도 줄어듭니다. 메타버스가 인간의 물리적 이동에 어떤 변화를 줄지, 그 변화가 우리의 또 다른 공간에 어떤 영향을 줄지 살펴보겠습니다.

● 자동차 기업은 커머스 기업이 된다

차량 내부에서 메타버스를 경험하는 상황이 많아집니다. 2019년 CES 행사에 독일 자동차 기업 아우디는 홀로라이드●와 협력하여 만든 가상현실 콘텐츠를 선보였습니다. 차량 동승자가 VR기기를 쓰고 즐기는 방식이었습니다. 뒷좌석에 앉은 동승자가 VR기기를 착용하면 동승자는 차량이 왼쪽이나 오른쪽으로 방향을 바꾸는 순간, 운전자가 브레이크를 밟는 순간, 자동차가 가속하는 순간마다 공룡 세상 탐험, 우주 전쟁 상황 등을 경험합니다. 같은 경로를 주행해도 매번 새로운 경험을 하도록 설계되어 있습니다.

아우디 차량용 VR

아우디 차량용
VR 시연 영상

출처: Audi

● 홀로라이드는 차량 탑승 경험에 메타버스를 접목하는 기업으로, 아우디가 일부 지분을 보유하고 있습니다.

44명을 대상으로 한 실험에서, 아우디 VR을 경험하기 전 멀미를 느끼는 이들은 82%였으나 홀로라이드 VR 콘텐츠를 즐기는 동안에는 멀미를 느낀 이들이 47%로 급감했습니다. 이유는 이렇습니다. 눈으로 보는 것과 몸에서 감지하는 감각 정보가 맞지 않으면 멀미를 느낍니다. 아우디는 VR 콘텐츠를 통해 가상 세계와 차량의 움직임을 일치시켜 멀미 증상을 감소시켰습니다. 단기적으로 차량은 동승자를 중심으로 다양한 메타버스 경험을 줄 수 있습니다.

장기적으로는 어떤 변화가 생길까요? 국내외 대부분의 자동차 기업은 장기적으로 완전 자율주행차를 생산한다는 계획을 갖고 있습니다. 한국 직장인은 출근하는 데 보통 한두 시간을 쓰는데, 운전하는 차량이 완전 자율주행이 된다면 하루에 한두 시간을 버는 셈이 됩니다. 그 시간은 온전히 차 안에서 머무는 시간입니다. 그 상황이 되면 차 안에서 무엇을 할까요? 넷플릭스를 보거나 소셜 미디어에 글을 올릴까요?

A라는 자동차 기업이 있다고 가정합시다. 그 기업은 20개 국가에서 2,000만 대의 자율주행차를 판매했습니다. 각 자동차의 하루 평균 운행 시간은 1.5시간입니다. 그렇다면 A기업은 고객과 일대일로 소통하는 시간을 매일 3,000만 시간(2,000만 대*1.5시간)이나 확보한 셈입니다. 그 상황이 되면 넷플릭스도 운전자가 차 안에서 편하게 넷플릭스를 볼 수 있는 새로운 서비스를 출시하리라 봅니다. 그러나 A기업이 3,000만 시간을 넷플릭스에게 온전히 내어줄까요? 그렇지 않을 것입니다. 3,000만 시간 동안 교육 콘텐츠를 제공하거나 물건을 판매할 수도 있습니다. 차량 구

매 내역과 이동 패턴을 분석하면 A기업은 개별 운전자의 특성을 깊이 파악하게 됩니다. 그렇게 파악한 특성에 맞추어 교육, 쇼핑 정보 등을 제공한다면, A기업의 본질은 모빌리티(이동)가 아닌 교육이나 커머스(유통)가 될지도 모릅니다. 차량 내부는 물리적으로 혼자서 머무는 고립된 공간이기도 합니다. 외부와 차단된 공간에서 심리 상담 서비스를 받으면 어떨까요? 10년 후 자동차 내부는 이동만을 위한 공간이 아닙니다.

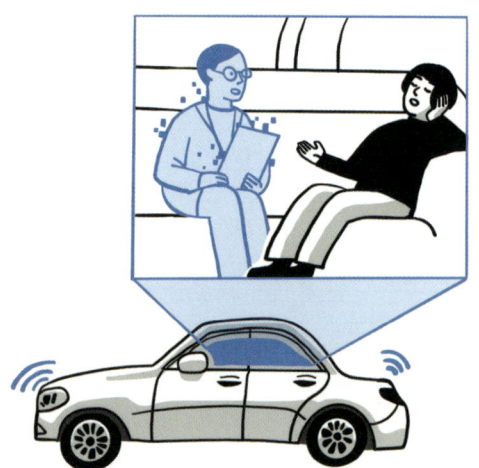

10년 후 자동차 내부는 이동만을 위한 공간이 아닙니다. 자동차 기업은 운전자의 특성을 깊이 파악하고, 그에 맞는 교육, 쇼핑 정보 등을 제공할 수 있습니다. 그렇게 된다면 기업의 본질은 모빌리티가 아닌 교육이나 커머스가 될지도 모릅니다.

● **장거리 이동이 즐거워진다**

개인이 운행하는 차량과 달리 항공기, 지하철, 버스 등은 여럿이 함께 이용하는 운송 수단입니다. 전체 공간은 넓지만 개인에게 할당된 공간은 매우 제한되어 있습니다. 특히, 항공기는 이동 시간도 긴 편인데 개인에게 매우 좁은 공간만 허용하고 있습니다.

에미리트 항공은 2020년에 벽과 천장이 투명 창으로 제작된 항공기 상상도를 공개했습니다. 물론 이런 구조로 항공기를 제작하면 항공기 무게가 증가해 더 많은 연료가 소모된다고 합니다. 그럼에도 불구하고 항공사가 이런 구조를 떠올린 이유는 좁은 공간에서 장거리 비행을 하는 승객들에게 개방감을 주고 싶었기 때문입니다.

벽과 친장을 투명한 창으로 제작하는 것은 무리지만, 현재도 곡선형 OLED 디스플레이를 활용하여 항공기 내부 벽면을 대체하는 방식은 연구되고 있습니다. 디스플레이를 통해 외부 장면을 보여준다는 접근입니다. 항공기 내부 구조가 그렇게 바뀌면 승객들은 단순히 바깥 풍경만 보는 게 아니라 다양한 경험을 할 수 있습니다. 미국 LA에 있는 놀이공원

벽과 천장을 투명 창으로 만든 항공기 상상도

출처: Emirates Airline

유니버설 스튜디오의 '킹콩360 3-D'

킹콩360 3-D 영상

출처: Universal Studios Hollywood

인 유니버설 스튜디오에는 '킹콩360 3-D'라는 탑승물이 있습니다. 관람객은 입체 안경을 착용하고 버스에 탑승합니다. 버스가 터널을 지나갈 때 터널 벽과 천장에서 입체 이벤트가 발생합니다. 사방에서 보이는 입체 영상에 차량의 움직임과 주변 탑승객들의 반응이 겹쳐져 매우 놀라운 경험과 즐거움을 느낄 수 있습니다.

　유니버설 스튜디오의 '킹콩360 3-D'에서 중요한 요소는 여러 탑승객들이 함께 즐기는 상황입니다. 이를 경험 디자인 분야에서 '응집도'라고 부릅니다. 우리가 오프라인 쇼핑몰에서 온라인 쇼핑몰보다 생동감 있는 경험을 하는 이유 중 하나는 매장에 다른 사람들이 적절히 응집해 있기 때문입니다. 오프라인 공연장과 경기장에서 즐거운 이유도 그렇습니다. 대형 운송 시스템을 메타버스와 접목하면 이렇게 응집도 높은 경험을 주기에 좋습니다. 물론, 각 승객의 취향과 여건을 고려하여 모두가 반드시 동일한 경험을 하도록 강요해서는 안 됩니다. 대형 운송 시스템은 응집도 높은 메타버스와 개별적 선택이 가능한 메타버스가 공존하는 공간으로 진화하리라 봅니다.

● 메타버스가 도로와 공간을 바꾼다

자율주행차와 대형 운송 시스템의 상황이 일반화되면 물리적 공간에도 변화가 생깁니다. 이런 변화 자체가 메타버스는 아니지만 메타버스로 인해 마주할 큰 변화이기 때문에 간략히 정리해봅니다. 자율주행의 편리함도 매력적이지만, 자율주행으로 인해 차 안에서 누릴 수 있는 다양한 메타버스 서비스가 증가하면 운전자들이 더 빠르게 자율자행차로 전환하리라 예상합니다.

그런 상황이 되면 도시 공간도 변화하게 됩니다. 다수 차량이 자율주행으로 바뀌면 지금보다 도로 폭이 좁아집니다. 센서와 인공지능 기술이 인간보다 차량 간격을 더 정밀하게 제어하기 때문입니다. 또한, 건물의 주차장 공간이 줄어듭니다. 자율주행차는 탑승객을 내려준 후 공간 비용이 낮은 인근 지역으로 이동하여 대기했다가 탑승객이 원할 때 다시 돌아오는 형태로 바뀌리라 생각합니다. 그러면 상업 지구에 있는 주차장 공간은 다른 용도로 전환됩니다. 이 두 가지 상황을 놓고 보면, 밀집도가 높은 지역에서 사람이 활용할 수 있는 물리적 공간이 늘어나게 됩니다. 건물 지하에 있는 주차장 중 일부가 다른 용도로 바뀔지도 모릅니다.

이런 변화도 예상합니다. 자율주행이 일반화되고 대형 운송 수단 내부에서 다양한 메타버스를 즐기게 되면, 탑승객들이 창밖을 볼 일이 없

자율주행으로 인해 차 안에서 누릴 수 있는 다양한 메타버스 서비스가 증가하면 운전자들이 더 빠르게 자율주행차로 전환할 것입니다. 그렇게 되면 지금보다 도로 폭이 좁아지고, 건물의 주차장 공간도 줄어듭니다.

어집니다. 옥외 공간과 도로를 따라 설치된 대형 광고판들은 지금보다 효과가 떨어지면서 활용도가 낮아집니다.

코스메틱 & 패션:
덜 생산하고, 더 소비한다

"아름다워지기는 쉽지만, 그렇게 보이기는 어렵다."
-호세아 발루

화장품과 옷은 물리적 세상에서 사용하는 필수품입니다. 현실과 분리되어 보이는 메타버스가 이 두 산업과 우리의 소비 패턴에 어떤 영향을 줄까요? 크게 세 가지 변화를 그려봅니다. 첫째, 디지털 화장품과 디지털 의류의 사용 범위가 확대됩니다. 둘째, 증강현실이 화장품과 의류에 적용됩니다. 셋째, 증강현실을 활용하여 메타버스에서 옷을 입어보고 화장품을 써보는 서비스가 확대됩니다. 새로운 세상인 메타버스가 기존 세상에서 소비하던 화장품과 옷에 어떤 변화를 가져올지 살펴보겠습니다.

● **디지털로 바르고 입는다**

공장에서 만들지 않고 컴퓨터로 생산한 디지털 아이템에 대한 소비가 증가합니다. 몇 가지 상황을 예상할 수 있습니다. 아바타 메이크업 아티스트가 늘어나고, 메타버스 화장품이 등장합니다. 현재도 일부 연예인과 유명인은 자신의 아바타를 전문 디자이너에게 의뢰해서 만듭니다. 아바타 사용이 증가하면 전문가의 도움을 받아 자신의 아바타를 꾸미는 이들이 늘어나리라 봅니다. 단순히 예쁘고 멋있게 보이는 아바타가 아니라, 자신의 개성과 직업적 특성이나 전문성 등을 잘 표현한 아바타를 만들고자 하기 때문입니다. 아바타를 사용하지 않고 자신의 실제 모습으로 메타버스에 들어가는 경우에는 실시간으로 얼굴을 보정해주고 화장 효과를 제공하는 다양한 필터가 쏟아져 나오리라 봅니다. 물론, 지금도 이런 목적으로 사용하는 필터들이 있기는 하지만, 실재감이 그렇게 높지는 않습니다.

공장에서 만들지 않는, 경험과 추억으로만 소비하는 옷이 증가합니다. Part 1에서 소개한 드레스엑스 사례를 떠올려보면 됩니다. 우리는 지금도 보정 앱으로 찍은 사진을 소셜 미디어에 공유하며 좋아합니다. 언젠가부터 상대가 보정 앱을 쓰는 것을 당연하게 받아들이게 됐습니다. 단순하게 보면, 보정 앱을 인정하는 문화와 그것을 받아들이는 인식이, 앞으로는 존재하지 않는 옷을 입고 찍은 사진까지 추억으로 인식하고 서로 칭찬해주는 상황으로 확대되리라 봅니다.

최근에는 아바타 의류를 만들어 판매하여 한 해에 억 단위 소득을 올린 이도 나타났습니다. 아바타 의류를 디자인하고 유통하는 시장도 점점 더 성장하리라 예상합니다. 그런데 사람들은 메타버스 속 내 아바타에게 왜 옷을 사줄까요? 메타버스에서는 옷이 더러워지거나 낡지도 않는데 왜 여러 벌의 옷이 필요할까요? 이에 관한 연구를 잠시 살펴보겠습니다.

MMORPG에서 사용자들이 아이템을 많이 구매하는 상황은 이렇습니다.[14] 사용자들이 아바타를 오래 사용해서 그 아바타에 대해 동질감을 느낄 때, 다른 사용자들과 협력하며 다양한 활동을 할 때, 제공하는 아이템이 아름다울 때 사람들은 디지털 아이템을 많이 구매했습니다. 아바타에 관한 애착이 생기고 아바타를 꾸밀 수 있는 멋진 아이템이 있을 때면 쉽게 지갑을 연다는 것입니다.

게임에서 아바타의 능력치나 생명 등을 높여주는 기능성 아이템을 구매하는 것은 이해하지만, 단순히 예쁘게 만들어주는 비기능성 아이템인 화장품, 장식품, 옷 등에 왜 돈을 쓰는지 이해하기 어렵다는 이들이 많습니다. 리그오브레전드 게임에서 아이템을 구매하는 사람들의 동기를 분석한 결과는 이렇습니다.[15] 사용자들은 독창적이고, 예쁘고, 다른 사용자와 차별되어 보이는 아이템, 다른 사용자로부터 좋은 평가를 받을 수 있는 아이템을 선호했고, 다른 이에게 선물할 수 있는 아이템도 많이 구매했습니다. 이런 특성은 현실에서 화장품, 장신구, 옷 등을 구매하는 상황과 별반 다르지 않습니다. 즉, 메타버스를 많이 경험해보지 않은 이들은 그 속에서 사람들의 관계와 소비 패턴이 현실과 매우 다르리라 추측하지만, 실제로는 두 세상이 많이 닮아 있습니다.

현실에서 소모품으로 인식되던 화장품과 옷이 메타버스에서 완전히 나른 목석의 상품으로 탈바꿈하기도 합니다. 2021년 7월, 화장품 회사

시세이도의 자회사인 나스Nars는 NFT 아트 이벤트를 진행했습니다. 자사 제품인 오르가즘Orgasm을 가상공간에 구현한 이 캠페인에는 멀티미디어 디자이너, 전자음악 아티스트 등 다방면의 예술가들이 참여했고, 500달러에 달하는 가상 화장품 세트는 순식간에 매진되었습니다. NFT에 뛰어든 브랜드에는 나스 외에도 지방시, 돌체앤가바나, 샤넬 등이 있습니다. 이 브랜드들은 자사의 화장품에 담긴 미적, 철학적 가치를 예술품으로 표현하려는 시도를 앞으로도 이어가겠다는 계획을 밝혔습니다. 쓸수록 줄어들고 낡게 되는 현실의 화장품과 옷이 메타버스에서 영원히 존재하는 예술품으로 재탄생하는 상황입니다.

아바타를 꾸미기 위해 비싼 옷과 화장품을 구매하는 이들을 보고, 무의미한 소비를 왜 하냐는 비판의 목소리도 있습니다. 그렇다고 현실 세계의 모든 소비가 메타버스의 소비보다 의미가 크다고 확신할 순 없습니다.

아바타를 꾸미기 위해 비싼 옷과 화장품을 구매하는 이들을 보고, 세상이 미쳐 돌아간다며 비웃는 이들이 있습니다. 이런 소비 현상을 다룬 신문 기사에는 조롱하는 댓글이 많이 붙습니다. 이렇게 무의미한 소비를 왜 하냐는 비판의 목소리도 있습니다. 그렇다면 메타버스가 아닌 현실 세계에서의 모든 소비는 유의미할까요? 입지도 않고 버리는 옷, 반도 못 먹고 버리는 음식, 선반에 가득 모아놓은 피규어, 어릴 적부터 수집한 만화책. 이런 것들에는 아바타 의상이나 디지털 아트와는 다른 차원의 큰 의미가 있다고 확신할 수 있나요? 환경을 오염시키면서 생산한 것들을 온전히 소비하지 못할 바에야 메타버스에서 생산한 것을 소비하는 것이 더 좋을지도 모릅니다.

● 메타버스를 통해 현실 세계의 화장과 옷이 바뀐다

스마트폰이나 AR글라스 같은 증강현실 기기는 현실 공간에 그려진 작은 그림이나 사물을 인식해서 그 위에 새로운 이미지를 덧씌워서 보여줍니다. 이때 현실 공간에 그려진 작은 그림이나 사물을 '증강현실 마커'라고 부릅니다. 앞으로는 현실 공간에서 몸에 착용한 장신구, 얼굴의 화장 패턴, 옷에 그려진 문양이나 패턴 등이 증강현실 마커 역할을 하게 됩니다. 예를 들어, 내가 입고 있는 멋진 공연장 그림이 그려진 티셔츠를 다른 이가 AR글라스로 보면, 브레이브걸스가 나타나 멋진 춤을 보여줍니다. 내 눈가에 붙인 쌀알 크기의 검은 별을 다른 이가 보면 별이 밝게 빛납니다. 또한, 이런 방법을 확장하면 증강현실을 통해 하나의 옷이 다양한 디자인으로 변하는 연출이나 개인이 입은 옷이 여러 조직의 메시지나 광고를 전달하는 창으로 쓰이는 상황이 가능해집니다.

● 메타버스에서 입어본다

오프라인 매장에 가서 발라보고 입어보지 않고, 메타버스에서 체험하고 주문하는 화장품과 의류의 유통 방식이 확산됩니다. Part 1에서 내 모습을 닮은 3D 아바타를 가지고, 오프라인 매장이 아닌 메타버스 쇼핑몰에서 옷을 입어보는 서비스를 개발한 리액티브 리얼리티의 사례를 소개했습니다. Part 3의 '유통: 오프라인도 메타버스다'편에서 소개했던 내용과 연결해서 살펴보면 어떤 미래가 그려질까요? 한국에 있는 사람이 미국 블랙프라이데이 세일에 참여해서 여러 벌의 옷을 입어보고 주문할 수 있습니다. 반면, 이런 상황에서 오프라인 유통의 장점을 극대화하여 고객 응집도를 높인 기업이 다른 기업의 오프라인 매장들을 밀어낼 수도 있습니다. 즉, 다양한 유통 방법이 등장하고 코스메틱과 패션 산업의 유통 전쟁은 더 격렬해지며, 기존 경쟁 기업군과 신규 진입자들 간에 자리바꿈이 일어날 확률이 큽니다.

앞으로는 장신구, 화장 패턴, 옷 문양이나 패턴 등이 증강현실 마커 역할을 하게 됩니다. 이런 방법을 확장하면 증강현실을 통해 하나의 옷이 다양한 디자인으로 변하는 연출이나 개인이 입은 옷이 여러 조직의 메시지나 광고를 전달하는 창으로 쓰이는 상황이 가능해집니다.

식음료: 메타버스에서 먹으면 더 맛있다

"탁월함을 맛본 후에는 평범함으로 돌아갈 수 없다."
-막시밀리안 데제네레스

"메타버스가 발달하면 가상공간에서 맛도 느낄 수 있을까요?"

메타버스를 놓고 식음료 기업들이 가장 많이 던진 질문입니다. 이 질문에 관한 내답은 이번 단원의 마지막에 등장합니다. 식음료 영역에서는 크게 세 가지 변화가 일어나리라 예상합니다. 첫째, 간편식 시장은 지금보다 더 성장합니다. 그러나 간편식을 소비하는 형태는 메타버스와 연결됩니다. 둘째, 음식의 맛과 다양한 경험을 메타버스를 통해 전달하고 증폭하는 접근이 일반화되리라 봅니다. 셋째, 아직은 넘어야 할 산이 많지만, 메타버스에서 직접 음식을 맛보는 기술도 점점 더 개발되리라 생각합니다. 메타버스와 무관해 보이는 식음료 산업이 메타버스를 통해 어떻게 민화될지 살펴보겠습니다.

● **간편식이 대세다**

식당에서 여럿이 함께 식사하는 빈도는 지금보다 낮아지고, 간편식 시장은 더욱더 성장합니다. Part 2에서 우리가 살아가는 방식의 변화를, Part 3에서 다양한 산업의 변화를 다뤘습니다. 여러 분야에서 나타날 변화를 놓고 보면, 앞으로 사람들은 물리적으로 덜 모이게 됩니다. 밖에서건 집에서건 혼자 식사하는 빈도가 늘어나리라 봅니다. 이에 따라 간편식 시장은 지금보다 더 확대됩니다. 그러나 지금과 다른 양상이 있습니다. 혼자 하는 식사의 경험이 크게 달라집니다. 혼자 즐기지만 함께 즐기고, 집에서 즐기지만 원산지에서 즐기는, 간편식이지만 셰프가 만들어 준 코스를 즐기는 경험이 가능해집니다. 간편식이지만 그 경험은 결코 단순하지 않은 방향으로 변화합니다.

● **메타버스를 통해 음식을 경험한다**

음식에 관한 정보를 알려주는 메타버스 서비스가 매우 다양해집니다. 식품 이미지를 스캔하면 식품의 영양 정보는 물론 일일 영양소 섭취 기록을 관리할 수 있는 증강현실 시스템 ARFood가 있습니다.[16] 개발자들은 실험 참가자를 대상으로 증강현실의 효과를 분석했습니다. 참가자들은 영양 정보를 편리하게 제공해주는 증강현실 앱이 개인 건강 관리에 도움이 된다고 인식했습니다. 앱을 꾸준히 사용한 집단에서는 칼로리, 영양 정보 등에 관한 관심과 이해도가 높아졌습니다.

이런 시도는 레스토랑 비즈니스에 이미 이용되고 있습니다. 북미의

증강현실을 포함한 메타버스는 향후 식재료 쇼핑에도 활용될 수 있습니다. 증강현실을 통해 채소, 과일, 육류 등에 대한 영양 정보도 볼 수 있게 될 것입니다.

유명 베이커리 레스토랑인 파네라 브레드는 증강현실을 이용해서 음식 칼로리 및 영양 정보를 제공하고 있습니다. 증강현실을 포함한 메타버스는 향후 식재료 쇼핑에도 활용될 수 있습니다. 공장에서 생산하는 가공식품은 상세한 영양 정보를 제공하지만, 대부분은 채소, 과일, 육류 등에 대한 영양 정보를 제공하지 않습니다. 증강현실을 통해 이런 문제를 해결할 수 있습니다.

음식에 관한 상세 정보를 제공하는 방식이 아니라 브랜드 자체를 홍보하거나 소비자 인식 개선에 활용하는 접근도 가능합니다. 미국에서 영업하는 멕시칸 레스토랑 치폴레는 2021년 할로윈 시즌(10월 28일~10월 31일)에 로블록스에서 마케팅 이벤트를 진행했습니다. 로블록스 안에 실제 치폴레 매장을 본뜬 공간을 만들었습니다. 사용자가 로블록스에 있

로블록스에 만들어진 치폴레 매장

출처: Fast Company

는 치폴레 매장에 들어가면 해골로 분장한 치폴레 직원과 만납니다. 사용자는 치폴레 직원으로부터 할로윈 의상을 무료로 받을 수 있는데, 의상은 치폴레 주요 메뉴와 식재료인 나초, 부리토, 핫소스 등입니다. 치폴레 할로윈 의상을 입고 직원에게 말을 걸면, 무료 부리토 쿠폰이나 할인 쿠폰을 받을 수 있습니다. 매장에는 미로가 펼쳐져 있고, 사용자가 몬스터를 피해 미션을 수행하면 추가 의상을 받을 수 있습니다. 미션 과정에서 사용된 아이템도 모두 치폴레의 주요 식재료였습니다. 치폴레 이벤트로 로블록스 서버가 다운되었다는 말이 나왔을 정도로, 사용자들은 치폴레 이벤트에 열광했습니다.

2021년 7월, 코카콜라는 '국제 우정의 날'을 기념하여 메타버스용 디지털 컬렉션인 프렌드십 박스를 출시했습니다. 코카콜라를 상징하는 다양한 제품과 디자인 요소를 메타버스에서 소비하도록 옮겨놓은 방식입니

코카콜라 프렌드십 박스

출처: coca-cola company

다. 또한, 코카콜라는 디센트럴랜드에서 루프탑 파티를 열기도 했습니다. 행사 기간 동안 고객들은 코카콜라 티셔츠를 입고, 프렌드십 박스 아이템을 구경했습니다.

버드와이저로 유명한 세계적인 주류업체 앤하이저부시는 메타버스에 적극적으로 참여하고 있습니다. 이 회사는 가상 경마를 마케팅에 활용하고 있습니다. 가상 경주마의 마주는 현실 세계에서와 마찬가지로 말을 사고팔거나 경주에서 이겨서 수익을 냅니다. 여러 필의 경주마를 포함하는 마구간 전체 매각을 통해 25만 2,000달러를 번 사람도 있고, 경주마 한 필을 팔아 12만 5,000달러를 번 사람도 있습니다.

정량화가 가능한 정보, 정량화가 불가능한 감성과 경험, 이 둘을 메타버스를 통해 고객에게 효율적으로 전달하는 식음료 기업이 많아지리라 예상합니다.

앤하이저부시 가상 경마

출처: Anheuser-Busch Companies, Inc.

● **메타버스에서 음식을 맛본다**

음식의 맛과 식감을 메타버스에서 표현하기 위한 다양한 시도가 나타나리라 봅니다. VR기기를 활용해서 치즈 맛을 평가한 실험이 있었습니다. 실험 참가자들에게 동일한 치즈를 나눠주고, 그들이 치즈를 먹으면서 VR기기로 보는 환경을 바꾸는 방식이었습니다. 참가자들은 빈 공간이나 공원 벤치에서 먹는 치즈보다 젖소가 있는 농장에서 맛본 치즈 맛을 더 좋게 평가했습니다. 이는 야외에서 끓여 먹는 라면이 제일 맛있다고 느끼는 상황과 비슷합니다.

우리는 미각으로만 맛을 평가하지 않고 시각, 청각 정보와 상황에 관한 종합적 판단을 통해 맛을 느낍니다. 이런 상황을 비즈니스로 연결한 사례가 이미 있습니다. 2020년 뉴욕에 있는 한 식당에서는 125달러 코스 요리를 내놓았는데, VR기기 오큘러스 퀘스트를 착용한 상태로 음식을 먹는 방식이었습니다. 눈으로는 가상현실을 보면서 입으로는 실제 음식을 먹는 상황이지요. 하늘에서 내려오는 과일을 맛보고, 떠다니는 고기를 잡아서 먹고, 음식마다 뿜어내는 영롱한 불빛을 보며 즐기는 식사였습니다.

이런 시도는 2014년에 스페인 이비자에서 먼저 시작되었습니다. 1인당 2,000달러로 미슐랭 2스타 셰프인 파코 론세로가 만든 12가지 요리를 3시간에 걸쳐 즐기는 코스였습니다. 또한, 2015년 네스카페는 고객들이 브라질 커피 밭으로 가상 여행을 가는 이벤트를 진행한 바 있습니다. 가상현실을 활용해 식사 경험을 바꾸는 작업에 꼭 비싼 장비와 복잡한 프로그램이 필요하지는 않습니다. 코넬 대학교 식품과학과 로빈 단도 교수는 2019년 20달러 정도의 VR기기•를 가지고 사용자가 마시는 음료의 색상을 바꾸는 실험을 했는데, 참가자는 음료를 색다르게 인식했습니다.

혼자서 1인용으로 포장된 회를 먹지만, VR기기나 AR글라스를 통해 바닷가에서 친구들과 둘러앉아 식사하는 경험을 할 수 있습니다. 눈으로는 출렁이는 바다와 행복한 친구들의 표정을 보고, 귀로는 바람을 스치는 갈매기 소리를 듣습니다. 다양한 상황에서 이런 접근이 가능합니다. 우주나 극지방 등 극한 환경에서 근무하는 연구자와 작업자들에게 집에서 가족들과 함께 식사하는 경험을 줄 수도 있습니다. VR기기나 AR글라스를 착용하고 식사를 즐기기 어렵다면, 앞서 소개했던 투명 디스플레이를 사용하는 접근이 가능합니다. 레스토랑에서건 집에서건 메타버스를 통해 이런 경험을 시도하는 식음료 기업이 많아지리라 예상합니다.

• 단독으로 작동하는 VR기기가 아니라 스마트폰을 꽂아서 사용하는 저가 장비였습니다.

우리는 미각으로만 맛을 평가하지 않고, 시각, 청각 정보와 상황에 관한 종합적 판단을 통해 맛을 느낍니다. 이런 상황을 비즈니스로 연결하는 사례가 늘어나고 있습니다.

메타버스적 경험으로 음식이 만들어지는 과정을 보여주는 사례도 있습니다. 프리미엄 데킬라 브랜드인 페트론은 꿀벌의 눈을 통해 선인장이 자라 데킬라가 만들어지기까지의 과정을 보여줬습니다. 우유팩에는 신선함을 강조하기 위해 건강한 젖소와 푸른 목장 이미지를 넣는 경우가 많은데, 이런 정지된 이미지 대신 우유의 생산과정을 증강현실로 볼 수 있다면 소비자의 경험은 더 증폭되리라 봅니다.

앞서 풀어놓은 사례들이 실제 음식을 더 맛있고 즐겁게 먹기 위한 것이었다면, 정말로 메타버스 세상에서 음식을 먹으려는 연구들도 진행되고 있습니다. 말레이시아 이매지니어링 연구소Imagineering Institute와 런던 시립 대학교는 가상현실에서 맛을 느끼는 장치를 연구하고 있습니다. 사람은 혀에 닿는 장치의 미세한 온도 변화에 따라 맛을 느낀다고 합니

가상현실 기기를 위한 맛 전달 장치 실험

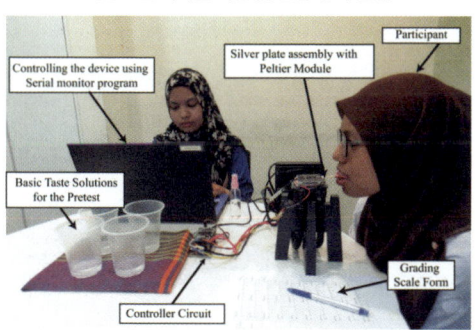

출처: IEEE Xplore

다. 예를 들어, 따뜻한 온도에서 기름진 맛을, 낮은 온도에서 민트향처럼 신선한 맛을 느낀다고 합니다.

물론, 이런 접근이 일반화되기에는 넘어야 할 산이 많습니다. 위생 문제도 해결해야 하고, 기계로 보이는 물건을 입에 넣는다는 거부감도 풀어야 합니다. 하지만, 다양한 이점이 있습니다. 칼로리 걱정에서 조금은 벗어나서 음식을 먹을 수 있고, 나트륨 섭취를 줄여 건강을 지킬 수 있으며, 자연 생태계를 파괴하면서 채취 또는 생산되는 일부 식재료를 대체할 수도 있습니다. 입에 물고 사용하는 VR기기가 10년 내에 상용화될까에 대해 개인적으로는 좀 더 시간이 필요하다는 의견입니다. 그러나 일반인들이 이런 기기를 갖고 있는 상황이 아닐지라도 특별한 체험관을 구성하는 것도 좋을 듯합니다. 또 의학적 목적으로라도 식음료 기업들이 이런 방식에 관심을 두는 게 좋으리라 봅니다.

MICE & 관광:
탐색은 사라지고 탐험은 폭발한다

"좋은 여행자는 정해진 계획이 없고 도착할 생각이 없다."
-노자

MICE는 회의Meeting, 포상 관광Incentive Travel●, 컨벤션Convention, 전시회 Exhibition와 관련된 산업 분야입니다. 일반인들이 즐기는 관광과 MICE는 통상 물리적 세계와 공간을 바탕으로 운영되어 왔습니다. 시공간을 초월한 세상인 메타버스는 MICE와 관광에 어떤 영향을 줄까요? 프랑스 수학자이자 철학자인 블레즈 파스칼은 '모든 인간의 불행은 고요한 방에 혼자 조용히 앉아 있는 능력이 결핍되었기 때문'이라고 말한 바 있습니다. 인간은 끝없이 세상을 탐험하고 사람과 소통하는 존재입니다. 탐험과 소통에 관한 갈망은 계속 증가하지만, 그런 갈망을 풀어내는 방법은 크

● 기업에서 성과에 대한 보상으로 임직원에게 제공하는 연수나 관광을 의미합니다.

게 바뀌리라 예상합니다. 첫째, 메타버스를 통한 텔레프레전스Telepresence 가 보편화되어 비즈니스 회의나 컨벤션을 위한 장거리 이동이 격감합니다. 둘째, 시간과 공간을 초월한 다양한 여행 상품이 출시됩니다. 셋째, 여행 기록을 메타버스에 기록해주는 서비스가 등장합니다. MICE와 여행 산업이 맞이할 거센 변화를 하나씩 살펴보겠습니다.

● 굳이 이동하지 않는다

물리적 공간에서 진행되던 비즈니스 회의, 컨벤션, 전시회의 상당수가 메타버스에서 진행되는 것으로 대체됩니다. 팬데믹 이후 MICE는 직격탄을 맞았습니다. 이런 행사를 진행하던 대행사, 공간을 임대해주는 기업, 무대와 설비를 공급하던 기업 모두 어려운 시기를 보냈습니다. 팬데믹이 끝나면 MICE 경기가 지금보다는 좋아지리라 예상하지만, 장기적으로는 MICE 분야에서 물리적 이동은 점점 감소하리라 봅니다. 물리적 공간이 아닌 메타버스에서 이런 행사를 진행하는 방식이 점차 표준으로 자리 잡을 것입니다. 따라서, 기존에 MICE 산업에 포함되어 있던 기업들은 자사의 사업 모델을 메타버스에서 어떻게 구현할지 깊게 고민해야 할 상황입니다.

대기 오염의 원인을 크게 네 가지로 분류합니다. 그중 하나가 자동차, 버스, 비행기 등과 같은 운송 수단입니다. 특히, 비행기는 평균적으로 전기 기차에 비해 10~50배, 버스에 비해 5~10배나 더 많은 대기 오염 물질을 발생합니다. MICE 산업에서는 원거리 이동이 많아 비행기를 이용하는 경우가 흔합니다. MICE가 메타버스로 대체되면서 피해를 보는 기업들도 많겠으나, 대기 오염을 낮추는 효과는 있으리라 봅니다.

● 타임머신이 등장한다

시간과 공간을 넘나들며 여행하는 길이 열립니다. 지금 우리가 서 있는 곳이 아니라, 과거의 이 공간, 현재의 지구 반대편을 메타버스에서 여행할 수 있게 됩니다. 특정 공간의 과거와 미래를 동시에 보게 됩니다. 예를 들어, 미국 필라델피아를 여행한

증강현실을 통한
로마 과거 여행 영상

다고 가정합시다. AR글라스를 끼고 인디펜던스 홀을 방문하면, 내가 있는 공간 위에 1776년 7월 4일이 나타납니다. 전시관에 걸린 TV 화면의 영상이 아니라 내가 서 있는 공간에서 시간 여행을 하듯 과거를 보게 됩니다. 공간을 이동하면서 눈앞에 나타난 역사 속 인물들에게 말을 걸거나 기념 촬영을 할 수도 있습니다. 다음의 QR 코드를 찍으면 로마에서 과거로 시간 여행을 하는 여행자의 모습을 볼 수 있습니다. 현재 국내 몇몇 지자체에서 관광지에 증강현실을 도입한 경우가 있으나, 아직은 특정 장소에서 정지한 상태로 이용하는 경우가 대부분이며, 구현 수준이 낮아 좋은 평가를 받지 못하고 있습니다. 좋게 보자면, 국내 지자체들의 이런 시도가 미래로 가는 과정의 일부라고 생각합니다.

공간의 한계를 넘어선 여행도 가능합니다. 아마존은 현재 아마존 익스플로러 서비스를 시범 운영하고 있습니다. 이 서비스를 이용하면 한

아마존 익스플로러

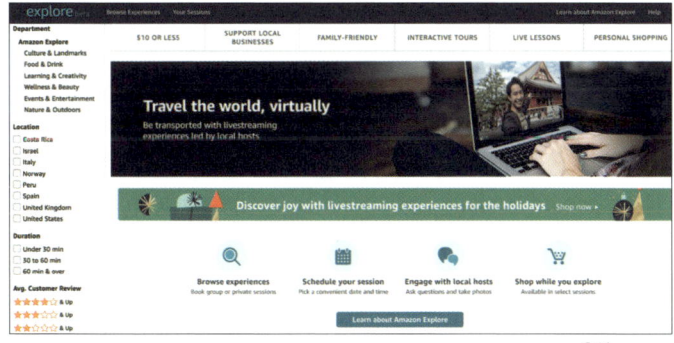

출처: amazon

국에 있는 내가 다른 나라에 있는 대리인을 고용하고, 그 사람이 나를 대신해서 현지를 여행합니다. 현지에 있는 대리인은 나와 소통하면서 어딘가를 방문하고 무언가를 구매합니다. 나에게 현지 음식을 만드는 방법을 알려주거나 카페에 앉아서 나와 대화하는 것도 가능합니다.

인도에 있는 스타트업 프락스지는 아마존 익스플로러와 비슷한 사업을 시작했습니다. 프락스지는 공간을 초월한 여행 사업을 플랫폼화하며, 다양한 국가에서 활동할 휴먼 아바타•를 모집하고 있습니다. 휴먼 아바타는 고객을 대신해서 여행, 쇼핑, 심부름, 부동산 견학, 공연 관람 등을 수행할 수 있습니다. 현재 프락스지의 휴먼 아바타는 머리에 카메라와 헤드셋을 장착하고 거리를 돌아다니지만, 미래에는 좀 더 간편한 장비를 활용하고 시청각 정보를 입체

휴먼 아바타를 활용한
공간 초월 여행

• **Human Avatar** 프락스지는 고객을 대신해서 활동하는 대리인을 '휴먼 아바타'라고 부릅니다.

적으로 전달하는 모델도 등장하리라 예상합니다. 이런 플랫폼에서 활동하는 대리인이나 휴먼 아바타도 증가하리라 봅니다.

낯선 공간을 여행할 때 투어 가이드로부터 도움을 받는 상황은 거의 사라지리라 예상합니다. 인공지능 아바타가 눈앞에 나타나 최신 여행 정보를 세세하게 알려줍니다. 아바타는 온라인을 통해 최신 정보를 빠르게 습득하고, 여행객과 소통하며, 스스로 학습하여 점점 더 진화하리라 예상합니다.

● **추억은 끊임없고 영원하다**

여행의 추억은 메타버스에 고스란히 저장되고, 언제나 그 추억 속으로 들어갈 수 있게 됩니다. 여행 중에도 매일 소셜 미디어에 포스팅하느라 바쁜 이들이 많습니다. 여행 후에는 사진을 정리하고, 블로그나 브런치 등에 내용을 올리기 바쁩니다. 미래에는 내가 이동한 물리적 공간에 대한 모든 기록을 시청각으로 재현하는 서비스가 메타버스를 통해 제공되리라 예상합니다. 지금은 원하는 장면에서 사진과 영상을 촬영하지만, 이런 기록은 분절되어 있고, 시간이 흐르고 기억이 흐릿해지면 전체 흐름을 파악하기 어려운 경우가 많습니다.

AR글라스가 일반화되면, 여행 중에 보고 듣는 모든 것들이 시간과 공간 정보와 함께 메타버스에 기록됩니다. 202×년 ×월 ×일, ××시를 여행했던 순간으로 가고 싶으면, 메타버스 추억 보관소에 가서 기록을 살펴보면 됩니다. 이런 기록은 친구와 공유할 수도 있습니다. 단순하게 보자

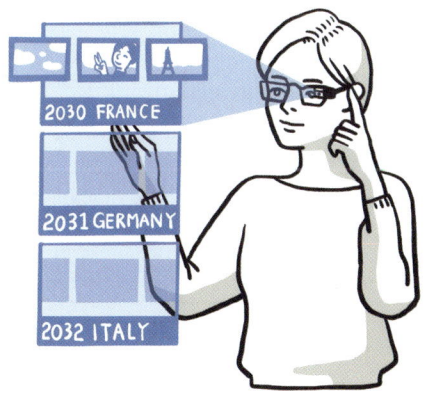

AR글라스가 일반화되면 여행 중에 보고 듣는 모든 것들이 시간과 공간 정보와 함께 메타버스에 기록됩니다. 수많은 이들이 이런 서비스를 활용하면, 메타버스에는 지구상 곳곳의 기록이 시간과 공간의 두 축으로 촘촘히 쌓이게 됩니다.

면, 현재 스마트폰에 있는 구글 포토와 비슷합니다.

  수많은 이들이 이런 서비스를 활용하면, 메타버스에는 지구상 곳곳의 기록이 시간과 공간의 두 축으로 촘촘히 쌓이게 됩니다. 개인 프라이버시 정보를 제거하고 이런 기록들을 모아서 잘 가공한다면, 우리는 언제 어디서나 지구 곳곳의 변하는 모습을 쉽게 볼 수 있습니다. 태국 방콕을 여행하는 이들의 기록이 매일 1만 건씩 쌓인다면, 현재 구글 어스보다 더 세밀한 최근의 방콕 모습을 각자의 메타버스 기기로 편하게 보게 됩니다. 여행의 추억을 보관하는 메타버스가 또 다른 서비스와 사업 모델로 연결되는 장면입니다.

광고:
온통 메타버스에서 소통한다

"광고는 근본적으로 설득이며, 설득은 과학이 아니라 예술이다."
-윌리엄 번바흐

● 버추얼 인플루언서 전성시대

현실 공간에 실존하지 않는 인플루언서, 즉 버추얼 인플루언서가 실존하는 사람들의 마음을 사로잡고 있습니다. 국내에서 탄생한 버추얼 인플루언서 중에는 2021년 신한라이프 광고에 등장한 '로지'가 유명하며, 전 세계에서 가장 인기 있는 버추얼 인플루언서로는 2016년에 등장한 '릴 미켈라'가 있습니다. 인스타그램 팔로워가 300만 명이 넘고, 광고 포스팅을 올려주는 단가가 대략 1,000만 원입니다. 2020년 수익은 130억 원 정도였습니다.

버추얼 인플루언서를 얘기할 때 1998년에 등장했던 사이버 가수 '아담'을 끄집어내는 분들이 적잖습니다. 아담은 소리 소문 없이 사라졌는데, 최근 들어 대중들이 왜 버추얼 인플루언서에 열광하는지 의아하다

국내에서 만든 버추얼 인플루언서 로지

출처 : Instagram @rozy.gram

　는 분들도 있습니다. 그때와 비교하면, 버추얼 인플루언서를 소비하는 대중의 입장과 창작하는 기업의 입장이 모두 달라졌습니다.

　먼저 대중의 입장을 살펴보자면, 온라인 게임에 등장하는 NPC*, 스마트폰 속 인공지능 비서, 메타버스에 존재하는 각종 캐릭터 등을 경험하면서 실존하지 않는 가상 캐릭터를 상대하는 데 거부감을 느끼지 않게 되었습니다. 특히, 디지털 문화에 익숙하고, 가상 세계를 현실 세계처럼 받아들이고 활용하는 디지털 네이티브 MZ세대는 가상 세계의 인플루언서를 실제 존재처럼 대하는 경향이 더 강합니다.

　버추얼 인플루언서를 창작해서 활용하는 기업 입장에서도 버추얼 인

---

* **Non-Player Character** 사람이 아닌 컴퓨터에 의해 움직이는 게임 속 등장인물을 가리킵니다.

플루언서는 꽤 매력적인 캐릭터입니다. 첫째, 인플루언서가 표방하는 가치와 메시지를 기업에서 조종할 수 있습니다. 버추얼 인플루언서의 출생부터 시작하여 과거 행적, 현재 활동과 가치관 등을 모두 기업이 설정합니다. 학교 폭력, 범죄 등과 같은 어두운 과거가 갑자기 드러나 기업의 브랜드 평판에 피해를 주거나, 소셜 미디어에 기업 브랜드 가치와 반대되는 포스팅을 경솔하게 올리지도 않습니다. 둘째, 비용 대비 활용도가 높습니다. 컴퓨터 그래픽, 인공지능 기술 등이 발전하면서 예전에 비해 버추얼 인플루언서를 제작하고 운영하는 데 소요되는 비용이 줄었습니다. 버추얼 인플루언서는 가상 존재이기에 물리적, 정신적으로 지치지 않습니다. 필요하다면 노화 속도까지 조절할 수 있고, 동시간대에 여러 매체에서 활동하는 것도 가능합니다. 셋째, 각종 능력을 편하게 덧입힐 수 있습니다. 광고를 찍어야 하는데 고난이도 액션 장면이 필요하다면 컴퓨터 그래픽으로 쉽게 해결할 수 있습니다. 외국어를 해야 하는 상황이라면, 수십 개 언어를 구사하는 능력자로 둔갑시키기도 쉽습니다.

물론, 단점도 존재합니다. 첫째, 가장 큰 문제는 소비자가 버추얼 인플루언서로부터 진정성을 느끼는가 하는 것입니다. 예를 들어, 어려운 환경을 극복하고 성공했다는 배경을 내세운다고 해서 대중들이 그 스토리를 진짜로 받아들이지 않습니다. 실제로 그런 배경을 가진 사람이 등장해서 들려주는 메시지에 비해 진정성이 없다고 인식합니다. 둘째, 만화와 실존 인물 사이의 어중간한 위치가 될 수 있습니다. 최근의 버추얼 인플루언서는 실제 사람의 외형을 따라가고 있습니다. 그러나 "거의 사람처럼 보이네."와 "정말 사람인 줄 알았어." 사이에서 조금이라도 사람처럼 보이지 않는 면이 있을 때 대중은 불쾌감이나 두려움을 느낍니다. 불쾌감이나 두려움은 인플루언서가 대중에게 주기에 적절한 감정이 아닙니다. 셋째, 기업에서 인플루언서가 표방하는 가치와 메시지를 설정하는 과정에서 작은 실수라도 한다면 돌이키기가 어렵습니다. 기업이 버추얼 인플루언서의 모든 것을 통제할 수 있다는 것을 모두가 알고 있는 상황에서 버추얼 인플루언서가 전달하는 메시지에 조금이라도 문제가 생기면, 대중이 공격하는 대상은 버추얼 인플루언서가 아닌 기업이 됩니다. '우리 기업은 그렇게 생각하지 않습니다. 모델 개인의 일탈일 뿐입니다.'라는 변명이 통하지 않습니다.

디지털 네이티브 세대가 경제 주도층으로 성장하면서, 앞으로 버추얼 인플루언서 관련 시장 규모는 더욱더 커지리라 예상합니다. 이 과정에서 몇 가지 변이와 확장도 나올 겁니다. 현재는 인공지능에 의해 움직이는 버추얼 인플루언서가 매우 드뭅니다. 그러나 향후에는 인공지능에 의해 상황을 학습하고, 일정 부분 자율적으로 활동하는 버추얼 인플루언서도 등장할 것입니다 실존하는 사람이 '부캐'를 만들어서 활동하듯이 버추얼 인플루언서의 부캐도 등장하리라 봅니다. 버추얼 인플루언서가 가진 본래 브랜드를 훼손하지 않으면서 가치를 확장하기 위한 전략으로 쓰일 듯합니다. 실존하는 사람의 특성을 바탕으로 창작된 캐릭터가 인공지능으로 활동하는 상황도 등장하리라 봅니다. 연예인의 부캐와 버추얼 인플루언서가 융합한 캐릭터라고 보면 됩니다.

인간은 자신이 아닌 타인, 또 다른 존재를 궁금해하고 애착합니다. 버추얼 인플루언서는 특정 기업이 만들어낸 캐릭터가 아니라, 우리가 품은 또 다른 존재에 관한 욕망이 모여서 탄생한 피조물입니다. 그런 욕망으로 탄생한 버추얼 인플루언서는 광고 분야에서 주인공의 자리를 차지할 것입니다.

앞으로는 인공지능에 의해 상황을 학습하고 일정 부분 자율적으로 활동하는 버추얼 인플루언서나 실제 사람의 특성을 바탕으로 창작된 캐릭터가 인공지능에 의해 활동하는 상황도 등장할 것입니다.

● **메타버스에서 실감하라**

패션, 자동차, 아파트 등 다양한 상품 광고를 TV, 인터넷, 설치물 등으로 접하다보면, '진짜 저럴까?' 또는 '저 제품을 소비하면 어떤 느낌이 들까?'라는 의문이 들기도 합니다. 광고를 통해 전달하는 메시지의 진정성과 제품을 통해 고객이 경험할 가치에 관한 의문입니다.

메타버스가 일반화되면서, 소비자들이 이런 의문을 직접 체험하고 해소하도록 유도하는 형태의 광고가 많아지리라 예상합니다. 2차원 영상에 등장한 멋진 모델이 설명하는 내용을 일방적으로 바라보는 방식이 아니라, 소비자가 메타버스를 통해 3차원 공간으로 들어가서 직접 그 기업의 제품과 서비스를 입체적으로 경험하는 방식입니다. AR글라스를 통해 자신의 공간 위에 투영되는 제품과 서비스 이미지를 경험하는 형태, VR기기를 사용하여 공간과 객체가 모두 가상으로 존재하는 상황에서 경험하는 형태, 장비를 착용하지 않고 물리적 공간에 덧씌워진 가상 세계를 경험하는 형태● 등으로 나누어지리라 봅니다.

패션과 예술은 손이 닿지 않는 세상에 있는 것처럼 느껴질 때가 많습니다. 구찌는 메타버스를 활용해서 손에 닿지 않는 패션과 예술의 감성을 고객들이 직접 몸으로 느끼도록 했습니다. 로블록스에 만들어진 구찌 가든에 방문하면, 방문객은 자신의 원래 아바타가 아닌 백색 마네킹의 모습이 됩니다. 성별, 나이, 인종 등이 모두 지워진 텅 빈 캔버스 같습니다. 삶의 여정을 새로 시작한다는 의미입니다.

방문객은 모두 똑같은 백색 마네킹의 모습으로 구찌 가든 체험을 시작합니다. 처음에는 모두가 똑같은 모습이지만 각자가 구찌 가든을 체험하는 순서와 경험하는 내용이 달라지면서 점점 각자의 고유한 모습으

● '건축: 거실은 사라진다' 내용 중 '물리적 공간과 연결된 메타버스 등장' 부분과 연결해서 생각해보세요.

구찌 가든의 백색 마네킹

출처: LS:N Global

구찌 가든에서 변해가는 방문객의 모습

출처: Roblox 블로그

로 변해갑니다. 패션을 소비하고 경험하는 게 개인에게 어떤 감정을 전달하고 차별성을 주는가를 메타버스에서 예술적으로 보여준 사례입니다. 구찌는 존재하지 않는 세상, 메타버스를 활용해서 고객들이 구찌를 경험하도록 했습니다. 구찌는 이 이벤트를 2021년 5월에 14일 동안 진행했습니다. 가든 내부에는 한정판 아이템을 판매하는 매장도 존재했습니다.

10년 후 구찌가 지면과 온라인 광고 등을 모두 없애고 이런 형태의 메타버스 이벤트에만 집중하지는 않으리라 봅니다. 다만, '진짜 저럴까?' 또는 '저 제품을 소비하면 어떤 느낌이 들까?'라는 의문을 이런 형태의 실감형 광고를 통해 해소하는 접근은 점차 더 다채로워지리라고 예상합니다.

● 모든 것이 광고판이고, 모두가 다른 광고를 본다

Part 2의 '재편되는 공간'에서 구름이 사라진 하늘에 대해 이야기한 부분을 생각해보세요. 빈 공간까지 광고물이 들어찰 수 있다고 말했습니다. Part 2의 '코스메틱&패션: 덜 생산하고, 더 소비한다'에서 우리가 입고 있는 옷을 다른 이가 AR글라스를 쓰고 바라보면, 움직이는 영상이 나올 수 있다고 설명했습니다. 광고의 본질은 메시지 전달입니다. 메시지를 전달하기 위해서는 매체가 필요합니다. 메타버스는 새로운 매체를 광고 산업에 던져주고 있습니다. 존재하지 않았던 3차원 가상공간은 그 자체로 메시지를 전달할 수 있는 새로운 매체입니다. 넓은 하늘에서부터 타인이 입고 있는 옷의 여백까지, 물리적 세계의 여러 공간과 객체는 증강현실을 통해 새로운 메시지 전달 매체로 활용될 것입니다.

Part 2의 '유통: 오프라인도 메타버스다'에서는 메타버스의 특징 중 하나로 상호운영성Interoperability을 설명했습니다. 현실 세계와 여러 메타버스의 데이터 및 정보가 서로 연동돼 사용자가 메타버스에서 경험하고 실행한 결과가 현실 세계로 연결되고, 현실 세계에서의 라이프로깅 정보를 바탕으로 메타버스 속 경험이 더 풍성하고 편리해지는 상황을 얘기했습니다. 또한, 여러 개의 서로 다른 메타버스 간에도 활동 정보가 연동됩니다. Part 2의 '금융: 100% 메타버스 비즈니스로 옮겨 간다'에서 금융기관은 거대한 데이터 사업자가 된다고 언급했습니다. 메타버스 플랫폼 사업자와 금융기관이 연합한다면, 우리가 언제 어디서 무엇을 하는지, 무엇을 욕망하는지는 모두 데이터로 남겨지고 관리된다고 했습니다. 즉, 메타버스는 우리의 모든 활동을 알고 있습니다. 그 활동들을 모아서 파악하고 분석하면, 내가 욕망하는 것이 무엇인지, 메타버스는 나 자신보다 더 깊게 이해하게 될지도 모릅니다. 그 상황에서 메타버스는

각자의 기기로 접속하는 메타버스 세상에서 모두에게 동일한 광고를 전달할 필요는 없습니다. 메타버스에서는 개인의 욕망에 특화된 광고, 개인이 벗어나기 어려운 광고가 밀려오리라 예상합니다.

소비자 각자에 특화된 광고를 전달하게 됩니다. 각자의 기기로 접속하는 메타버스 세상에서 모두에게 동일한 광고를 전달할 필요는 없습니다. 개인의 욕망에 특화된 광고, 개인이 벗어나기 어려운 광고가 밀려오리라 예상합니다.

부록

메타버스를 공부하는 비법

"저는 ○○대학교 ○○학과 학부생/대학원생(또는 창업을 준비하는 ○○○/기업에서 메타버스 관련 프로젝트를 준비하는) ○○○입니다. 메타버스에 많은 관심이 생겼는데, 어떻게 공부해야 좋을지 방법을 모르겠습니다. 방법을 알려주시면 고맙겠습니다."

이런 이메일을 일주일에 서너 통 정도 받습니다. 이런 이메일을 보내주신 분들에게 제가 드린 의견들을 정리하면 다음과 같습니다.

Q1 당신은 공부가 무엇이라고 생각하나요?

저는 '공부=꿈을 지키는 힘을 기르는 과정'이라고 생각합니다. 이 생각에 동의한다면 다음 질문 Q2로 넘어가세요. '공부=호기심 충족'이라고 생각한다면 복잡하게 고민할 필요가 없습니다. 아침마다 인터넷에서 '메타버스'를 검색하면 나오는 뉴스, 블로그, 세미나 등을 보고 호기심이 생기는 내용을 탐구하세요. 그러다가 메타버스에 관한 지적 호기심이 메마르게 되면 다른 주제로 넘어가면 됩니다. 지적 호기심을 충족하다가 목표 의식이 생기기도 합니다. 그때가 되면 다음 질문 Q2로 넘어가세요.

Q2 당신은 메타버스를 통해 무엇을 이루고 싶나요?

메타버스에서 디지털 아이템을 만들어서 소소한 소득을 올리고 싶나요? (3분면)

당장 메타버스에 지역 공부방을 만들어서 소외된 이들을 돕고 싶나요? (4분면)

메타버스를 통해 거대한 경제적 가치를 이뤄내고 싶나요? (2분면)

메타버스를 통해 인류에게 새로운 세상을 열어주고 싶나요? (1분면)

위에서 아래 순서대로, 아르바이트, 사회 변화, 비즈니스, 사회 혁신이 해당됩니다. 취업이나 회사의 가벼운 프로젝트 등의 목적은 네 분면 사이사이에 걸쳐있다고 보면 됩니다.

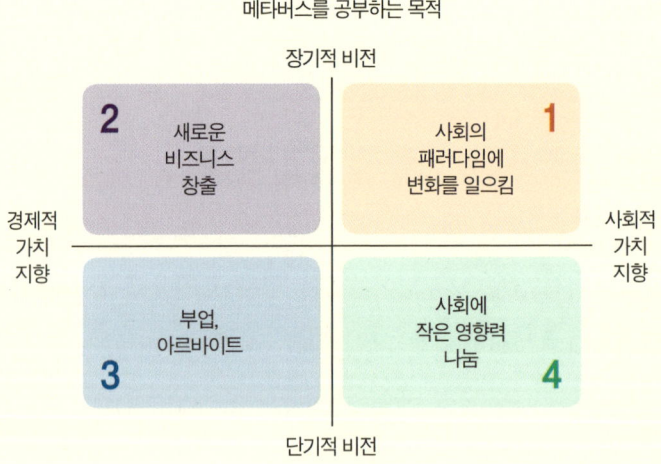

아래로 갈수록 더 많은 공부, 고민, 노력이 필요합니다. 비즈니스, 사회 혁신을 위해서는 최소한 3~4년 이상은 이 분야를 미친 듯이 파볼 각

오를 해야 합니다. 정말 최소한입니다. 다른 일을 하면서, 다른 공부를 하면서, 가끔 시간 내서 몇 달 투자하는 정도로는 비즈니스로 성공하거나 사회 혁신을 이루기 어렵습니다. 당신이 이루려는 목표와 공부하려는 마음가짐의 무게를 잘 견줘보기 바랍니다. 저울의 수평이 맞으면 다음 질문으로 넘어가세요.

Q3 앞서 생각한 목표에서 당신은 어떤 역할을 하고 싶나요?

원천 기술 연구, 응용 플랫폼·콘텐츠 개발, 비즈니스 모델 디자인, 비즈니스 개발, 이 범위를 놓고 생각하면 됩니다.

첫째, 원천 기술 연구가 목표라면 XR, 블록체인, HCI, UX, AI 등의 요소 기술을 놓고, 깊게 들어가고 싶은 게 무엇인지 찾아야 합니다. 학술적 연구이므로 혼자서 하기는 거의 불가능합니다. 관련 분야 대학원으로 진학할 것을 권합니다.

둘째, 응용 플랫폼·콘텐츠 개발이 목표라면, 프로그래밍, 데이터베이스, 그래픽, 알고리즘, 네트워크 등을 공부해야 합니다. 그렇다고 대학교 컴퓨터공학과에 다시 진학하지 않아도 됩니다. 이런 분야를 배울 수 있는 온·오프라인 교육 프로그램이 정말 많습니다. 일례로 제가 자문 교수로 활동하고 있는 삼성청년소프트웨어아카데미SSAFY에서도 이런 분야에 대해 단기간 교육을 진행하고 있습니다. 물론, 기간이 짧은 만큼 매우 거친 과정입니다. 기본적으로는 앞서 열거한 분야를 개괄적으로 이해해야 하고, 그 후 집중할 분야를 파고들면 됩니다.

셋째, 메타버스 비즈니스 모델을 디자인하기 위해서는 경제학, 심리학, 철학, 게임 이론·게이미피케이션 정도를 공부하면 좋습니다. 이 정도 분야를 공부하다보면 어느 순간 머릿속에 자신이 꿈꾸는 세계(메타버스)의 이미지가 그려지리라 봅니다. 물론 혼자서 이 모든 영역을 깊게 파기는 어렵습니다. 넓게 공부하되 특정 영역 역시 깊게 파면 됩니다. 다만, 한 영역만 깊게 알아서는 세계를 그리기 어렵습니다. 학부나 대학원 진학이 필수는 아닙니다. 좋은 책과 강연이 많습니다. 다만, 역시 엄청난 시간 투자가 필요합니다.

넷째, 비즈니스 개발을 하기 위해서는 마케팅, 전략, 재무·회계, 인사 등을 두루 공부해야 합니다. 창업자를 돕거나 교육하는 과정이 정말 많습니다. 무료 과정도 많고요.

Q4 그게 아니라, 당장 볼 만한 책과 자료를 추천받고 싶다고요?

한국어로 자료를 검색하면 매우 제한적인 자료들만 나옵니다. 영문으로 검색하면 자료가 차고 넘칩니다. 예를 들어, 구글 스콜라에서 'metaverse economy'를 검색하면 다양한 논문과 워킹 페이퍼가 쏟아져 나옵니다.

구글 스콜라 검색 결과

함께 공부하고 고민할 동료들이 필요하다면, 인터넷 커뮤니티나 카카오톡 오픈채팅방 등을 뒤져보세요. 제 페이스북 계정(페이스북 ID: saviour2007)에 메타버스 관련 동향과 사례 등을 꾸준히 올리고 있으니, 제페이스북을 보셔도 좋습니다.

Q5 앞서 열거한 모든 내용을 한 권으로 정리한 책은 없나요?

애석하지만, 그런 책은 없습니다. 메타버스뿐만 아니라 모든 분야가 그렇습니다. 특히 역사가 오래되지 않은 분야일수록 대중이 보고 쉽게 익힐 수 있는 책은 절대적으로 부족합니다. 당신은 새로운 초월 세상인 메타버스의 개척자가 되고자 합니다. 책 한 권으로 개척할 수 있다면, 그건 처음부터 개척 대상이 아닌 겁니다.

Q6 너무 어려워서 엄두가 안 나는데 어떻게 하죠?

저는 큰 틀을 말씀드렸습니다. Q3과 Q4가 너무 무겁게 들린다면, Q2로 돌아가세요. 아르바이트(매우 작은 비즈니스 포함) 또는 사회 변화 정도를 꿈꾼다면, 다음 순서대로 따라해 보세요.

- 1단계: 메타버스 플랫폼(제페토, 이프랜드, 게더타운, 마인크래프트)을 2~3일 동안 써본다.
- 2단계: 메타버스 관련 한글판 책을 서너 권 읽는다.
- 3단계: 목표가 비슷한 이를 서너 명 찾아 토론하며 아이디어를 살찌운다.
- 4단계: 무언가를 빠르고 저렴하게 만들어서 실행한다.
- 5단계: 결과를 보고 개선한다. 1~3단계를 다시 실행해서 개선이 되면 좋고, 그렇지 않다면 Q3과 Q4를 다시 고려해봐야 한다.

메타버스 관련 FAQ

2021년 한 해 동안 사용한 명함을 헤아려보니 대략 800장 정도입니다. 그런 만남에서 계속해서 받았던 대표 질문 몇 개와 그에 관한 제 의견을 정리해봤습니다.

Q 메타버스 관련 프로젝트를 추진하려는 조직에게 꼭 해주고 싶은 말은 무엇인가요?

A 많은 조직들이 매우 조급해합니다. 보통 구성원 3~4명에게 일을 맡기고, 바로 업체를 잡아서 무언가를 추진합니다. 이 과정에서 솔루션 벤더나 개발업체가 붙습니다. 당연히 작동되는 결과물이 나오기는 합니다. 그런데 조직 내·외부 환경 분석, 전략 도출 단계가 누락된 경우가 많습니다. 그러다보니 결과물을 만들어놓아도, 이게 우리 비즈니스에 어떤 관련이 있는지 누구도 명확하게 답하지 못하는 경우가 많습니다.

제가 초반에 던진 질문 중 하나는 구매자 효용 지도Buyer Utility Map를 놓고, 조직과 고객 간 라이프사이클의 어떤 단계에서 어떤 경험을 주고 싶은가 하는 것이었습니다. 물론 전략 맵 하나로 상세 방향을 잡을 수는 없습니다만, 최소한의 질문으로 던져봅니다. 구매자 효용 지도는 소비자가 느끼는 제품이나 서비스 가치를 그림과 같이 총 36개 영역으로 나눠서 분석하는 목적으로 사용합니다.[1] X축은 소비자가 제품을 구매, 사용, 처분하는 6단계의 사용주기를, Y축은 제품이 주는 6개의 효용성을 의미합니다. 즉, 제품 사용주기마다 6개의 효용이 존재할 수 있다는 의미입니다.

구매자 효용 지도

	고객경험의 6단계					
6가지 효용성	구매	배송	사용	보충	유지	처분
소비자 생산성						
단순성						
편리성						
위험						
재미와 이미지						
환경친화성						

고객은 우리가 제공하는 제품과 서비스를 경험하면서, 36개 영역 중 일부 영역에서 만족하고 다른 영역에서는 불만족하고 있습니다. 일례로 다음 그림은 전통 산업이 블루오션으로 전환하기 위해 구매자 효용 지도의 어느 영역에 집중해야 할지를 보여주고 있습니다.[2]

우리가 메타버스를 통해 무언가를 한다면, 그 결과는 구매자 효용 지도에 영향을 미칩니다. 그렇다면 우리가 현재 고객에게 어떤 가치를 주고 있는지 먼저 파악하고, 그 다음에 강력한 가치를 더 강력하게 하는 수

블루오션 시장을 위한 구매자 효용 지도

	고객경험의 6단계					
6가지 효용성	구매	배송	사용	보충	유지	처분
소비자 생산성			●			
단순성			○			
편리성				○		
위험						
재미와 이미지	○					
환경친화성						

● 전통 산업이 집중하는 영역   ○ 블루오션이 집중하는 영역

단, 약한 가치를 강화하는 수단, 비어 있는 가치를 처음으로 제공하는 시도 등의 목적을 가지고 메타버스 프로젝트를 시작해야 합니다. 요컨대, 너무 조급해하지 않으면 좋겠습니다. 다른 조직에서 한 것을 그대로 따라할 필요도 없습니다. 화려하지 않아도 괜찮습니다. 우리가 만드는 메타버스가 고객에게 어떤 경험과 가치를 주는가를 가장 핵심 질문으로 놓고 진행하기 바랍니다.

Q 그간 어떤 프로젝트를 해왔나요?

A • 대기업의 사내 아이데이션 활성화를 위한 라이프로깅 형태의 플랫폼 설계 • 대기업의 모바일 기반 24×365일 학습 플랫폼을 소셜 미디어 형태로 개발 • 과학 교육에 사용되는 AR 개발 • 윤리, 철학 교육에 사용

되는 VR 개발 프로젝트 • 금융그룹과 엔터테인먼트 기업의 메타버스 플랫폼 세계관 구성 • 금융기업의 메타버스 & 오프라인 비즈니스 연계 모델과 이벤트 구성 • 블록체인이 적용된 대규모 메타버스 플랫폼 개발에서 세계관, 상호작용, 기능 설계 부분 관여 • 교육기업의 가상세계 형태 메타버스 구축 • 제페토, 마인크래프트, 로블록스 등을 활용한 이벤트를 진행하거나 준비 중인 기업들과 기관들 자문 등에 참여했고, 산업 분야·업종은 매우 다양합니다.

Q 프로젝트를 진행하면서 답답한 점은 무엇이었나요?

A 보통 조직 내부 담당자 몇 명, 외부 개발 파트너, 저와 같은 자문들이 참여해서 프로젝트를 진행합니다. 외부 개발 파트너나 벤더들과 일하다 보면 최신 플랫폼과 개발 사례들을 접할 수 있어서 참 좋습니다. 아쉬운 점은 상호작용 설계에 대한 이해도가 낮은 상태에서 경험이나 직관에 의해 설계를 진행하는 경우가 매우 많습니다. 물론 시행착오를 통해 고친다고 볼 수 있으나 때로는 당연히 실패할 공간이나 이벤트를 만드는 경우도 많습니다.

또한, 의사 결정권자에게 보여주는 게 주목적인 경우가 적잖습니다. 프로젝트 참가자들의 경험이나 이해 수준이 낮은 것이 문제가 아니라, 경영진이 가진 환상에 가까운 것을 던져주려다 보니 이상한 결과물이 나오기도 합니다. 현재는 메타버스에 관한 확실한 성공 모델이 적고, 단기간에 정량적 지표로 평가받을 프로젝트가 아니나보니, 경영진의 입맛에 맞추는 게 안전하다는 접근입니다. 새로운 기술이나 패러다임이 등장할 때마다 반복되는 현상이라고 생각하지만, 첫 번째 질문에 관한 제 의견처럼 우리가 그것을 왜 하는지, 'Why'를 구체적으로 생각해야 합니다.

Q 조직 내 의견이 분분한데, 어떻게 해야 할까요?

A 새로운 것이 등장할 때 집단은 네 가지 반응을 보입니다. 다음 그림과 같습니다.

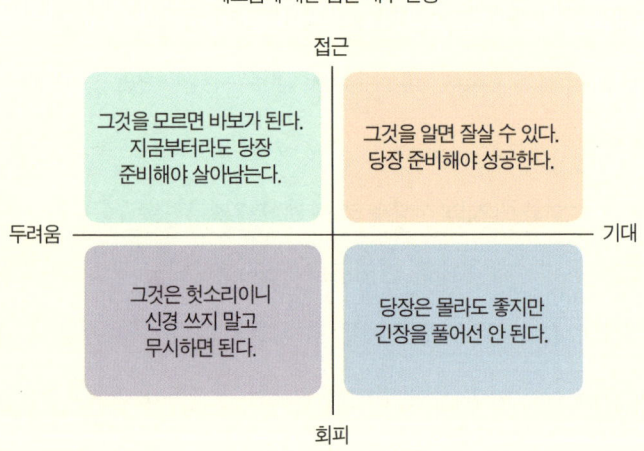

새로움에 대한 집단 내부 반응

새로운 것에 대해 우리는 기본적으로 기대와 두려움을 동시에 느낍니다. 기대-접근 영역에서는 그것을 당장 준비해야 한다는, 적극적이지만 조급해하는 반응이 나타납니다. 두려움-접근 영역에서는 내키지는 않지만 생존을 위해 준비해야 한다는 반응입니다. 이 두 영역은 기대와 두려움이라는 상반된 정서에서 출발했으나, 결과적으로는 무언가를 당장 추진하는 쪽으로 결론이 납니다. 나머지 두 영역의 목소리가 커지면 조직 내 갈등이 발생합니다. 경영진이나 실무자 입장에서 가장 난감한 영역은 두려움-회피입니다. Part 2에서 캐즘을 설명했습니다. 캐즘 앞부분에 위치한 두 집단인 혁신자와 초기 수용자는 평균적으로 보면 전체 인구의 16%입니다. 캐즘 뒷부분에 위치한 집단의 크기가 84%입니다. 즉, 새로운 것을 수용하는 것을 꺼리는 이들이 압도적으로 많습니다. 저는 84% 집단이 잘못된 선택을 했다거나 나쁘다고 보지는 않습니다. 그들은 수용하지 않으려는 명분이 필요했고, 가장 잘 먹히는 전략이 두려움-회피 논리였던 겁니다. '그것은 헛소리다.'라고 말해주는 이들을 반깁니다. 기대-회피 영역은 시간에 관한 관점 차이입니다. 장기적으로는 필요하지만, 당장 무언가를 서두를 필요까지는 없으니 너무 조급해하지 말라는 논리입니다.

가장 어려운 갈등 대상은 두려움-회피 논리로 반대하는 이들입니다. 어떻게 해야 할까요? 그들이 느끼는 두려움을 인정해야 합니다. 그리고 그 두려움을 해소하기 위해 함께 노력해야 합니다. 그들이 이룬 업적을 무너뜨리거나 그들을 몰아내기 위해 또는 그들을 바보로 만들기 위해서가 아니라, 함께 성장하기 위해 새로운 것이 필요하다는 것을 그들이 공감할 수 있도록 힘써야 합니다.

Q 우리 조직은 어떤 플랫폼을 쓰는 게 좋을까요?

A 당장 답할 수 없습니다. 저도 모릅니다. 플랫폼은 도구일 뿐입니다.

목적과 목표가 정해지지 않은 상태에서 도구를 논하는 것은 무의미합니다. 앞서 얘기했듯이 메타버스를 활용하려는 목적과 목표부터 정해야 합니다.

Q 지금까지 만나본 조직들은 어떤 특징과 차이를 가지고 있나요?

A 경영진이 메타버스를 바라보는 관점이 조직마다 달랐습니다. 크게 둘로 나눠집니다. 메타버스에 대해 한쪽은 기술과 새로운 도구로, 다른 한쪽은 새로운 패러다임으로 바라봤습니다. 두 가지 관점 모두 중요합니다. 다만, 패러다임에 관한 이해 없이 무언가를 제대로 하기는 어렵다고 생각합니다.

메타버스를 기술로만 바라보는 조직의 경우, 경영진이 IT 실무 담당자를 불러 당장 무언가를 해보라고 지시하는 경우가 많습니다. 또는 마케팅 담당자를 불러 IT 부서의 도움을 받아 이벤트나 해보라고 합니다. 이 역시 메타버스가 무엇인지, 왜 해야 하는지 본질적 고민 없이 달려드는 경우여서 그 결과가 좋기는 어렵습니다.

Q 조직 내부에서 사용하는 메타버스에 익명성을 보장해도 괜찮을까요?

A 내부에서 소셜 미디어 형태의 메타버스를 사용하거나, 아바타를 사용하되 신분을 숨기고 사용하는 경우에 관한 우려입니다. 의사소통 활성화를 위해 익명성을 보장하는 경우가 있는데, 구성원들이 주고받는 메시지가 지나치게 날이 서거나 폭력적일 수 있다는 점이 우려됩니다.

'가면 뒤에 숨어서 던진 이상한 메시지에 신경 쓰지 않으면 된다.'라고 생각할 수도 있으나, 우리는 메타버스에서 알 수 없는 상대방이 던진 메시지에 많은 영향을 받습니다. 예를 들어, A에 대해 B가 남긴 댓글을 C가 본 상황에서, B의 댓글은 A뿐만 아니라 C에게도 큰 영향을 미칩니다.

조직 내부의 메타버스에서 익명성을 보장하기 위해서는 앞에서와 같은 위험을 감수해야 하지만, 그래도 일정 부분은 익명성도 좋다고 생각합니다. 제게 자문을 구하는 담당자에게 보통 두 가지 해결책을 드립니다. 첫째, 메타버스에서 익명으로 발생하는 의사소통을 구성원들이 다음과 같은 프레임으로 바라보도록 알리라고 합니다. 다른 이의 글에 댓글을 다는 이를 네 유형으로 나눠볼 수 있습니다. 그림에서 X축은 댓글을 남긴 이가 따뜻한지, 차가운지를, Y축은 댓글을 남긴 이가 똑똑한지, 부족한지를 나타낸 것입니다.

- **귀인** 포스팅에 따듯한 마음을 담아, 논리적이고 바른 정보를 바탕으로 의견을 준 사람입니다. 물론, 이 의견이 늘 당신의 생각과 정보를 지지한다는 의미는 아닙니다. 당신의 생각과 정보가 늘 정답일 리는 없고, 당신과 다른 의견을 가진 이가 있는 것은 너무나 당연하기 때문입니다. 귀인의 댓글에 감사하며 배우면 됩니다.
- **힐러** 따듯하게 남긴 의견이지만, 논리나 정보에 오류가 있는 경우입니다. 그 마음에 담긴 선의에 감사하면 됩니다. 힐러는 귀인이 될 확률이 높습니다.
- **싸가지** 전하려는 논리나 정보는 맞지만, 배려심이 부족하고 비비 꼬인 사람입니다. 의견을 청취하되 지나치게 가깝게 지내면 마음에 상처를 입을 수 있으니 적당한 거리를 둡니다.
- **똥싸개** 말도 안 되는 소리를 배설하는 사람입니다. 포스팅을 제대로 읽거나 이해하지 못한 채 비아냥거리기를 즐기는 부류입니다. 그들의 배설물을 내게 담아두면 나까지 더러워지니 바로 버리면 됩니다.

마음속 공간을 이렇게 나눠보면 좋습니다. 귀인 60%, 힐러 30%, 싸가지 10%, 똥싸개 0%. 내 글에 남겨진 댓글에 기분이 나빠지거나 스트레스를 받았다면, 댓글을 남긴 이가 싸가지나 똥싸개가 아닌지 생각해보면 좋습니다. 싸가지라면 10% 구석 공간에 넣어두고, 똥싸개라면 마음 밖으로 몰아내야 합니다.

둘째, 익명성을 활용한 소통 사례를 놓고 교육 프로그램을 제공하라고 조언합니다. 예를 들어, 이런 방식이 가능합니다. 익명성을 보장하여 소통한 플랫폼에서 발생한 문제 사례를 수집합니다. 그런 사례에 빈번하게 등장하는 단어와 표현을 정리합니다. 교육과정 시작 시 그런 단어와 표현이 어디서 수집되었는지는 알려주지 않습니다. 그런 단어와 표현을 수십 개 보여주고, 그중 10~20개 정도를 반드시 사용해서 가족이나 친구에게 편지를 쓰게 합니다. 편지 작성이 끝나면, 그런 단어와 표현이 어디서 추출된 것인지 공개합니다. 문제 사례에 해당하는 문장을 추출하여 학습자들이 직접 소리 내어 읽어보고, 어떤 감정을 느꼈는지 얘기하게 만드는 방법도 좋습니다. 이런 과정에 게이미피케이션 요소를 도입하면 더욱더 좋습니다.

마지막으로, 이런 소통과정에서 법률적·윤리적으로 치명적인 문제가 발생한다면, 시스템 기록을 추적해서 처벌해야 합니다. 그러나 처벌이 문제 해결의 주된 접근이 되면 좋지 않다고 봅니다. 메타버스에서 내가 한 언행에 관해 책임을 지는 것은 당연하지만, 처벌을 우선하기보다는 앞서 언급한 두 방법을 통해 구성원들 스스로가 자정할 수 있게 유도해야 합니다. 처벌이 앞서는 상황은 자칫 메타버스에서 익명성을 보장했던 취지를 훼손할 수 있기 때문입니다.

Q 메타버스와 게이미피케이션은 어떤 관계인가요?

A 저와 알고 지낸 지 3년 이상이 된 분들은 이런 질문을 하지 않습니다만, 메타버스를 통해 저를 알게 된 분들은 가끔 하는 질문입니다. 아마도 제가 게이미피케이션을 연구하다가 왜 메타버스로 확장하게 되었는지, 둘 사이에 어떤 관련이 있있기에 그런지에 대한 궁금증일 겁니다. 저는

인간의 마음을 연구하는 사람입니다. 그중에서도 인간의 상호작용, 경험, 관계에 관심이 많습니다. 그런 것들을 게임적 재미 요소와 메커닉스●를 바탕으로 접근한 분야가 게이미피케이션입니다. 메타버스는 인류가 확장하여 살아가는 공간입니다. 그 공간에서도 인간의 본질적 욕구 중 하나인 재미는 매우 중요한 요소입니다. 메타버스에서 사람들의 상호작용을 일으키고 경험을 풍성하게 만드는 도구가 게이미피케이션이라고 보면 적당합니다.

● 게임에 사용되는 장치를 의미합니다. 포인트(각종 점수, 능력치 등), 배지(게임에서 특정 조건을 달성할 경우 받는 것), 리더보드(다른 플레이어와 성취도를 비교하는 현황판) 등이 대표적인 메커닉스입니다.

우리가 인식한 메타버스, 우리가 경험한 메타버스·

3

| 디지털 라이프가 오프라인 라이프보다 중요하고 가치 있게 되는 곳이라고 생각합니다. 단순히 가상이 아니라, 오프라인보다 더 가치 있는 경험을 줄 수 있는 모든 현상, 공간, 시간이 메타버스입니다. 현실의 내 모습보다 아바타가 나를 더 잘 대변할 수 있고, 현실의 명품 가방보다 아바타가 들고 있는 명품 가방이 더 가치 있게 되는 곳. 회사 업무의 대부분이 컴퓨터에서 진행되고 오프라인 미팅보다 화상회의, 가상공간에서의 회의가 더 중요하고 많아지며, 가족들을 오프라인보다 디지털 공간에서 더 많이 만나게 될 때, 이런 현상을 메타버스라고 생각합니다. 글로벌 사업을 하면서 언어의 장벽을 해결할 수 있다면, 더욱 많은 사업의 기회가 디지털 공간에서 펼쳐지며 메타버스의 가치도 높아지리라 생각합니다.

강은진 카카오 엔터테인먼트

• 여기에 모아놓은 의견들은 카카오톡 단체 채팅방 '메타버스, 디지털 지구 여행자들의 수다방' 회원들과 페이스북 친구들이 보내준 내용입니다. 각자 입장에서 메타버스가 무엇이라 생각하고 어떤 경험을 했는가를 정리한 글입니다. 지면의 한계로 유사한 응답들은 담지 못해 아쉽고 죄송합니다. 또한, 개별 의견에서도 글 전체를 담지 못하고 일부를 발췌한 경우도 있습니다.

메타버스는 한계가 없는 세상입니다. 끝이 없다는 것을 뜻하는 것은 '우주'라는 단어였는데, 이제 '메타버스'가 추가되었습니다. 2022년 현재를 살아가고 있다면, 메타버스를 경험하지 않았을 가능성이 극히 낮거나 적습니다.

이선종 국립생태원

┃메타버스는 온라인 환경이 익숙한 10대 후반이나 20대 초반에게는 자기도 모르게 게임 등의 형태로 즐기고 있는 오락 요소이고, 초등학생과 중학생에게는 미래 직업이나 산업 등에서 볼 수 있는 분야일 것이고, 현재 코로나 사태에 큰 영향을 받은 어린아이들에게는 없어서는 안 될 스마트폰이나 가전제품처럼 필수 요소로 자리 잡은 것 같습니다. 많은 사람들이 메타버스에는 관심이 있지만 온라인으로 소통하는 플랫폼(스카이프, 디스코드 등)에는 관심이 덜한 것 같아 안타깝습니다.

박민지 영남대학교

┃메타버스는 미래의 라이프스타일을 경제적으로 포장하여 상품화하고, 주식 및 투자 유치 등의 목적으로 어떠한 형체가 있는 게임 혹은 플랫폼처럼 속이고 있는 상황이라 생각합니다. 저는 MZ세대 사회 초년생입니다. 공공기관에서 홍보를 목적으로 기관을 제페토에 트윈월드처럼 구축하는 사업을 했습니다. 메타버스는 단순히 가상공간에 제페토 월드맵 공간을 만드는 게 아니라고 생각합니다. 메타버스는 온라인과 오프라

인의 경계가 허물어져 있는 라이프스타일을 일컫는 문화 상태를 말하는 용어니까요. 그러나 정치적 목적을 가지고 업적을 남기기 위해 이런 공간을 구축하는 보여주기식 사업을 하며 세금을 낭비한다는 생각에 반발심이 생겼습니다.

심바 교육부 산하 공공기관

| 사람은 태어날 때부터 국적이 정해지는데요. 향후의 메타버스는 자신의 의지에 따라서 살아갈 세상을 선택할 수 있는 새로운 국적 시스템이라고 봅니다. 현재 바이브테크리얼이라는 메타버스 플랫폼을 개발하여 운영하고 있으며, 위라클이라는 메타버스 세상을 만들고 있습니다. 메타버스에서 사람들은 현실의 모습이나 위치와 상관없이 적극적으로 대화합니다. 언어의 장벽이 실시간으로 해소되는 모습을 보면서 메타버스가 게임과는 다른 기능적 요소를 통해 세상을 연결해주는 통로가 되리라고 생각했습니다. 메타버스에서는 장애가 있는 사람도 일할 수 있고, 새로운 고용창출 방식도 생기리라 생각합니다.

이성민 비빔블

| 메타버스는 세컨드 라이프라고 생각합니다. 현실 생활에서 불가능했던 또 다른 나의 모습을 새롭게 구현해볼 수 있는 세상! 한편으론 현실 세계의 확장이라고도 생각합니다. 메타버스의 편의점이나 매장에서 물건을 구매해 보았는데, 공간과 개인을 확장하여 비즈니스가 가능할 수 있다

는 생각이 들었습니다.

고정욱 이브자리 비전티움

|메타버스는 공간의 제약에서 벗어나 소통이 이루어질 수 있는, 캐릭터가 연속적인 아이덴티티를 유지하면서 넘나들 수 있도록 해주는 시스템이라 생각합니다. 현실과의 연동성은 아직 미약하지만 연결이 강화되는 방향으로 발달되어가며 현실의 일부 역할이 넘어가지 않을까 생각합니다. 당장은 아니더라도 인터넷과 스마트폰이 있기 전후와 마찬가지로 어느 시점이 되면 메타버스 세계가 전면 도입되기 전후로 나눌 수 있게 되지 않을까요. 다만, 가급적이면 오픈 소스처럼 상호 호환되어 오픈된 연결이 보장되는 세계면 좋겠지만요. 특정 회사 플랫폼에 종속되지 않는 세계를 희망합니다.

함기훈 미림여자정보과학고등학교

|메타버스는 그동안 안개 속에 가려져 잘 보이지 않던 미래를 밝혀주는 디지털 등대라고 생각합니다. 우리가 삶을 영위하는 공간 중에서 디지털 공간으로의 길을 밝혀주는 역할을 하는 것이 메타버스가 될 것입니다. 이는 시작일 뿐 디지털 공간의 확장이 그 전에는 상상도 하지 못했던 새로운 삶으로 이끌어줄 것이라 생각합니다. "아, 이게 가능하다면 참 편리할 텐데……", "이렇게 번거로운 걸 꼭 우리가 직접 해야 하나?", "꼭 이것이 있어야만 가능할까?" 이처럼 뿌연 안개와 같이 느껴지던 희망들을

메타버스라는 등대가 흐릿함을 걷어내고 밝혀줄 것이라고 생각합니다.

안득균 학생

┃메타버스, 너무 광범위한 개념이라 정말 정의하기 어려운 것 같습니다. 굳이 정의하자면, 메타버스는 세계입니다. 이렇게 정의한 이유는 메타버스가 이 세상을 이루는 하나의 독자적 세계관으로 인정받았으면 하는 바람 때문입니다. 담임을 맡고 있는 반 학생들과 지속 가능한 메타버스 공간을 꾸며나가기 위한 특색 있는 학급 활동을 진행했습니다. 메타버스라는 것이 현실 공간과 가상공간 양자 간의 연결이 필요하다는 점을 느꼈습니다. 메타버스를 단순한 게임적 요소로 치부되지 않기 위해서 현실 공간에 긍정적인 형태의 변화를 주는 모습을 보여줘야 한다고 생각했습니다. 물론 유희적 존재로서 인간도 중요하지만, 이를 진지하게 받아들이지 않을 수도 있을 기성세대의 호응을 어느 정도 얻기 위해서는 현실 공간의 긍정적 변화라는 호소력이 필요하다 느꼈습니다. 그 일환으로 윤리적 소비의 활성화를 위한 메타버스 마켓을 론칭했고, 학교의 기성세대 구성원들로부터 많은 호응을 얻었습니다. 학생들은 오히려 현실 세계에서 추구하지 못하던 관계를 메타버스 공간에서 더욱 확장해 나간다는 점이 인상적이었습니다. 오프라인에서는 모르는 이에게 말 한 마디 거는 것을 어려워하던 아이들이 아바타라는 하나의 페르소나를 통해 보다 쉽게 소통한다는 점을 발견하면서 신기했습니다. 메타버스 교실에서 캠을 켜고 자습하는 아이들, 아카이브처럼 메타버스 교실 공간

에 추억이 담긴 사진이나 영상 등을 심어내는 아이들의 모습을 보며 이게 도대체 현실 세계와 무슨 차이가 있는가 싶었습니다.

　마지막으로 MZ세대는 룰에 단순 순응하기보다는 룰을 새로이 만들어내는 세대라는 점을 깨달았습니다. 저는 메타버스 공간의 학급 교실과 좌석 배치도를 현실 세계와 똑같이 만들어두었습니다. 그런 다음 반별로 빌더 권한을 주었더니 아이들이 메타버스 공간에서의 좌석 배치를 현실 공간과 다르게 하는 것이었습니다. 처음에는 그런 점을 불편하게 생각했으나, 시간이 어느 정도 지나고 나니 '이들은 룰을 새롭게 만드는 것에 익숙하고, 스스로 룰을 지키고자 하는 의지만 있다면 질서있는 메타버스 공간을 만들 수 있겠다.'는 생각이 들었습니다. 그래서 그들이 구축한 메타버스 내의 질서와 공간 주권을 존중하기로 결정했습니다.

박병준 진해용원고등학교

| 빛이 이중성을 가지듯 메타버스는 바라보는 관점이나 활용하려는 용도에 따라 매우 큰 차이를 가진다고 생각합니다. 기존의 물리적인 공간과 달리 메타버스는 가상 세상이기에 제작자의 의도에 따라 얼마든지 변형 가능하고 함께하는 사람들의 비전에 따라 달라질 것이기 때문입니다. 그렇기에 저는 메타버스를 '상상이 현실이 되는 세상'이라고 정의하고 싶습니다. 학생 교육에 메타버스를 활용하면서 가장 유용하다고 느낀 것은 핍진성입니다. 기존에 학생들은 수학 교과서 예시에 많은 불만

(현실성이 없다, 일상에서 사용하지 않을 것 같다 등)을 제기했습니다. 하지만 교사가 잘 조직한 메타버스 세계관에서의 수학 현상에 대해서는 핍진성이 성립한다고 생각하며 아무 불만도 제기하지 않았습니다. 오히려 배우지도 않은 수학 개념들에 대해 스스로 생각하고 고민하는 모습을 볼 수 있었습니다. 메타버스를 활용하여 학생들이 핍진성을 느끼는 세계관을 제공할 수 있다는 것은 교육에 있어 차원이 다른 교수 학습도구를 가진 것과 같다고 생각합니다. 아직은 메타버스를 상업적으로 일회용 행사, 그럴 듯한 그림 등으로 활용하는 분들이 대부분이지만 메타버스 속 핍진성을 활용한다면 적어도 교육계에는 아주 큰 변화를 가져올 수 있을 것이라 믿습니다.

윤태영 오봉초등학교

| 메타버스는 공간화된 인터넷 세상, 의인화된 데이터인 아바타들이 사는 곳, 물리적이든 디지털적이든 존재하는 모든 것이 공존, 연결, 상호작용할 수 있는 전방위적 세계라고 생각합니다. PC통신 시절부터 MR, HMD에 이르기까지 디지털-피지컬을 넘나들 때 존재할 수밖에 없는 이질감-인식, 인지의 격차는 간과되고 있는 것 같습니다. MR, AR 콘셉트의 방송 영상을 제작할 때도 디지털-피지컬 공존 공간에 서 있는 플레이어는 이와 같은 격차를 상상력과 연기력으로 메우게 되는데, 실시간 렌더 성능이 고도화되고 극사실주의 디지털 레이어가 일상에 얹어져도 분명 어느 지점에선 인지의 갭이 존재한다고 봅니다. 그래서 메타버스 현

상이 대중화될수록 연기력과 상상력을 무의식적으로 당연하게 받아들이는 이들이 많아지는 추세가 되지 않을까 합니다.

ageek.ss 디지털세상

| 메타버스는 디지털이 창조해낸 두루 편재할 수 있는 확장된 세계입니다. 디지털을 통한 시간과 공간의 이동(time shifting, space shifting)을 경험했고 전통적 세계관을 해체하는 새로운 세계를 상상하는 즐거움을 맛봤습니다.

이인희 파란두루미주식회사

| 메타버스는 시간과 공간을 초월하는 4차원 세계이자 인간이 신의 영역을 넘어서고자 만든 바벨탑의 21세기 버전으로 여겨집니다. 위안부 할머니, 죽은 아내 등 실존 인물을 가상으로 구현하는 모습을 보면서, 제페토의 아바타 같은 것을 실제 인물로 변화시킬 메타버스 플랫폼도 머지 않았구나 싶었습니다. 정말 머지않아 현실과 가상의 경계가 무너질 것 같습니다. 영화 〈써로게이트〉처럼 현실 세계에는 가짜 내가 존재하고 진짜 나는 오직 가상세계에서만 활동하게 될지도 궁금합니다.

박근아 (재)전남정보문화산업진흥원

| 메타버스는 남들에게 보여주고 싶은 나만의 것을 소유할 수 있는 새로운 기회의 세상이라 생각합니다. 학생들과 체험해보고 나니 잘 적응하

는 사람과 그렇지 않은 사람이 공존할 수 있는 방법을 찾아야 한다는 생각이 들었습니다.

호기심아저씨 고등학교 교사

❙혹자는 메타버스에 대한 합의된 정의가 없다고 불평하지만, 오히려 당연한 일이라고 생각합니다. 각자가 세계와 삶에 대해 내리는 정의(우리는 이를 세계관이나 가치관이라 부르지요)가 다른 것처럼, 디지털을 매개로 만들어지는 이 무궁무진한 세계, 메타버스에 대한 정의도 다양할 수밖에 없다고 생각합니다. 사람은 누구나 자신만의 언어로 자신만의 세계를 삽니다. 각자가 가진 경험과 지식에 근거해 세계를 마주하고 판단합니다. 제가 경험했던 메타버스는 기술적으로 화려하게 치장되어 있지도, 어마어마한 경제적 가치를 지니고 있는 것도 아니었습니다. 그저 '누군가와 연결되고자 하는 욕구를 가진' 학생들이 있었고, 그들이 만들어가는 문화와 이야기가 있었던 것이지요. 그래서 저는 메타버스를 '디지털을 매개로 사람을 이어주는 공간'이라 담백하게 정의 내리고 싶습니다. 메타버스를 정의 내림에 있어 '경제적 가치'를 필수로 여기는 경우도 많지만, 저는 조금 다르게 생각합니다. 결국 '경제'라는 것도 사람 간의 약속이 아니겠어요? 경제 주체가 있기에 경제가 운영되는 것이지, 그 역은 성립할 수 없습니다.

서승완 영남대학교 동양철학 석사과정

❙디지털 세상은 모두 메타버스입니다. 카톡 같은 SNS에서 프로필 사진으로 정체성을 드러내며 현실과는 약간 다른 나로 살아가죠. SNS, 카페, 커뮤니티에 대한 몰입이 몰입도가 더 큰 가상세계인 제페토나 게더타운 같은 메타버스로 옮겨간 거 같습니다. 이미 게임과 디지털 소통에 빠져 있는 디지털 원주민 아이들은 몰입도가 훨씬 크다고 생각합니다. 몰입된다, 신기하다, 재미있다, 여행하듯 여기저기 다 가보고 싶다, 의지와 달리 계속하게 된다, 좁은 화면에서 조절이 자유롭지 않아 피곤하다 등의 느낌이 들었습니다.

김미진 프리랜서 강사

❙메타버스는 교사와 학생들이 함께 배움을 완성해갈 수 있는 가상의 시공간입니다. 게더타운을 사용해봤는데, 교육용 서비스가 아닌 플랫폼을 교육적인 용도와 목적으로 사용하려니 어려움과 잡음이 많았습니다. 중등학교가자닷컴 이후 메타버스 선도학교 모집이나 각종 게더타운 연수, 운영 우수 사례들이 봇물처럼 쏟아지고 있지만 정작 담당 장학사나 연수 운영 주체 또한 약관에 명시된 사용 연령 제한에 대한 정확한 인지가 부족합니다. 교육용으로 편히 사용할 수 있는 메타버스 플랫폼이 없는 상황에서 용어 자체만 너무 이슈화된 경향이 매우 우려됩니다.

전효진 대구동일초등학교

❙몇 년 지나면 그냥 또 하나의 디지털, 온라인의 일상적인 생활공간이 될

것 같습니다. 로블록스에 빠진 미국 초등학생들이 "메타버스 그걸 왜 물어요?" 하듯이, 일상이 곧 메타버스가 될 것 같습니다. 오큘러스 퀘스트, 제페토, 마인크래프트 등을 접했고 게더타운으로 공채 신입사원들에게 회사 소개를 진행했습니다. 이미 저에겐 코앞에 있는 세상입니다.

최원준 케이타운포유

| 사람들은 메타버스를 영화 〈레디 플레이어 원〉처럼 생각하는 듯합니다. 우리가 만나는 메타버스는 내가 살아가는 또 하나의 세상이라고 말할 수 있습니다. 초기 단계에서는 페이스북, 인스타그램이 메타버스일 것이고 한 단계 진화한 것이 로블록스, 제페토, 포트나이트인 듯합니다. 또 한 단계 더 나아간다면 더 새로운 세상이 오겠지요. 현재 메타휴먼, 메타스페이스 등을 론칭 목표로 진행하고 있습니다. 현실 세계에서는 할 수 없던 것을 할 수 있는 무한의 장치, 상상이 현실이 되는 곳, 무엇이든 도전해볼 수 있는 곳, 모두가 공평하고 평등한 곳, 그리고 실패하면 얼마든지 재도전할 수 있는 그곳이 바로 무한한 메타버스입니다.

박주연 차이커뮤니케이션-디지털 마케팅 에이전시

EPILOGUE
한국은 영원한 패스트 팔로워?

'해외에서는 조용한데, 국내에서만 난리다.'

메타버스 관련 신문 기사와 소셜 미디어 피드에서 간혹 보이는 댓글입니다. 유튜브에서도 이런 내용으로 강의한 영상이 있습니다.

두 가지 측면에서 살펴볼 만합니다. 첫째, 사실이 아닙니다. 그런 주장을 하는 이들이 주로 제시하는 근거는 구글 트렌드 분석입니다. '구글 트렌드를 보면 세계에서 우리나라만 메타버스 검색량이 높다', '전체적으로 보면 중국이 가장 높지만 인구수에 대비해보면 우리나라가 가장 높다'는 주장입니다. 이는 사실이 아닙니다.

구글 트렌드 분석에서 제시하는 숫자는 지역별 관심도입니다. 지역별 관심도는 일정 기간 동안 해당 검색어가 어느 지역에서 가장 인기 있었는지를 나타낸 것입니다. 0~100으로 표시되며, 해당 지역의 총 검색수를 기준으로 해당 검색어가 가장 인기 있는 지역(국가)의 경우 100, 그 절반 정도로 인기 있는 지역의 경우 50으로 나타납니다. 값이 높다는 것은 절대적인 검색수가 높은 것이 아니라, 그 지역의 전체 검색어 중에서 해당 검색어가 차지하는 비율이 높다는 의미입니다.

2020년 11월 1일부터 2021년 10월 31일까지의 구글 트렌드 분석을 보면 이렇습니다. 다른 검색어보다 '메타버스'를 많이 검색한 국가는 중국이며, 우리나라는 3위에 해당합니다. 그런데 구글 트렌드의 기본 결과는 전체 검색량이 적은 지역은 제외하고 보여줍니다. 전체 검색량이 적은 지역까지 포함하면, 메타버스 검색 비중에서 우리나라는 6위에 해당합니다. 메타버스와 연관된 개념인 VR, XR의 상황을 봅시다. 검색량이 적은 지역을 제외한 순위를 보면 VR에서는 4위이고, XR에서는 20위 안에도 포함되지 않습니다. 또한, 구글 뉴스 검색을 해보면 매일 메타버스에 관한 영문 기사가 100건 이상 쏟아져 나옵니다. 구글 뉴스가 전 세계 모든 뉴스를 다 보여주는 것은 아닙니다. 제 견해는 이렇습니다. 우리나라만 메타버스에 관심을 두고 있는 상황은 아닙니다. 메타버스와 연관된 개념인 VR, XR, NFT 등을 함께 살펴보면, 새로운 디지털 지구에 관심을 품은 나라들이 매우 많습니다. 우리나라가 여러 국가들 중에서 전반적 관심, 적어도 검색량 비중으로만 보면 관심이 높은 정도라는 것입니다.

다음은 2020년 11월 1일부터 2021년 10월 31일까지 1년 동안의 메타버스, VR, XR에 대한 전 세계 검색량 변화 추이입니다. VR, XR에 대한 검색량은 감소하는 반면, 메타버스에 대한 검색량은 증가하는 추세입니다. 큰 틀에서 VR·XR 등의 기술 중심에서 메타버스라는 프레임워크와 패러다임으로 관심이 넘어가는 상황은 전 세계적 현상이라고 봐야 합니다.

2021년 11월, 영국 어학 출판사 콜린스Collins Dictionary는 올해의 단어

구글 트렌드 검색량 변화 추이

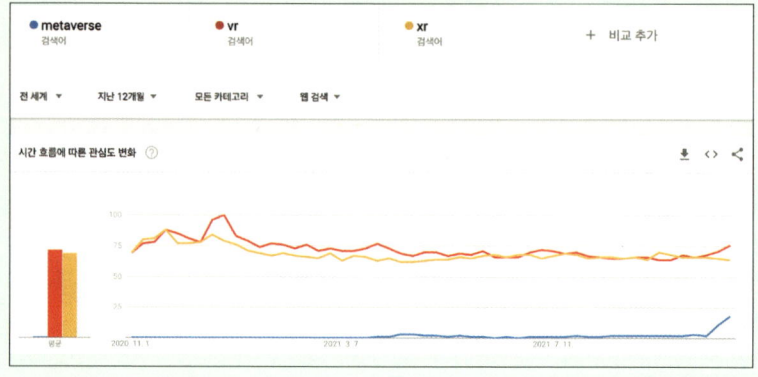

출처: 구글 트렌드

로 NFT를 선정했습니다. 함께 후보에 오른 단어로는 크립토, 메타버스 등입니다. 콜린스의 발표에 따르면, 메타버스는 2020년 이후로 사용량이 12배 증가했다고 합니다. 이 정도면 메타버스라는 용어를 국내에서만 과하게 쓴다고 볼 수는 없습니다.

둘째, 해외에서는 조용한데 국내에서만 난리라는 주장에는 우리의 위치와 잠재력을 스스로 과소평가하는 태도가 깔려 있습니다. 다른 나라보다 한 걸음 뒤에서 움직이는 게 좋다는 생각이 담긴 주장입니다. 비슷한 제품과 서비스여도 시장에 진입하는 시기에 따라 기업의 전략과 사업성과는 다르게 나타납니다. 시장에 진입하는 순서에 따라 기업은 퍼스트 무버●, 패스트 팔로워●● 등으로 나누어집니다.[1,2] 어느 방식이 절

● **First Mover** 시장 개척자를 의미합니다. 다른 표현으로 Pioneer, Product Leader 등을 사용합니다.
●● **Fast Follower** 조기 추종자를 의미합니다. 다른 표현으로 Early Follower를 사용합니다.

대적으로 우세한 것은 아닙니다. 시장과 기업이 처한 상황에 따라 각자에게 적합한 방식을 선택해야 합니다.

퍼스트 무버는 도입기의 제품이나 서비스 시장에 최초로 진입한 사업자를 의미합니다. 혁신을 수용하는 소비자 다섯 단계 모델●에서 혁신자와 초기 수용자를 주 고객으로 삼습니다. 일반적으로 많은 위험 부담을 감수하고 시장에 진입하는 대신에 고수익을 노리는 전략입니다. 그러나 감수해야 할 위험과 기대되는 수익은 상황에 따라 변화하고 정확하게 정량적으로 견주어지는 것이 아니어서, 이 전략의 장단점에 대해서는 다양한 의견이 존재합니다.

패스트 팔로워는 퍼스트 무버의 제품, 마케팅, 유통망 등을 참고하여, 비슷한 수준 또는 더 개선된 수준의 제품과 서비스를 시장에 빠르게 내놓는 전략을 사용합니다. 패스트 팔로워는 초기 수용자와 전기 다수를 주 고객으로 삼습니다. 통계적으로 패스트 팔로워는 퍼스트 무버에 비해 35% 이상 낮은 비용으로 비슷한 제품을 개발할 수 있습니다. 패스트 팔로워는 시장을 선도하는 기업의 이미지는 부족하지만, 시장이 가진 불확실성의 위험을 피하고 더 낮은 원가로 제품을 생산하는 특징이 있습니다. 역사적으로 보면, 고성능 비디오게임기 시장에서 마이크로소프트의 엑스박스는 소니의 플레이스테이션2를 빠르게 따라간 경우에 해당됩니다. 소니가 2000년 3월에 플레이스테이션2를 출시했

● 소비자 다섯 단계 모델에 대해서는 Part 1 내용을 참고하세요.

고, 1년 뒤에 마이크로소프트는 더 좋은 성능의 엑스박스를 내놓았습니다. 현재까지 엑스박스와 플레이스테이션은 시장 점유율을 놓고 치열하게 경쟁을 벌이고 있습니다.●

이쯤에서 묻고 싶습니다. 메타버스 분야에서 대한민국은 퍼스트 무버와 패스트 팔로워 중 어디에 서야 할까요? 이 질문을 저 자신에게 던져봅니다. 제가 대학에 입학했던 30년 전이었다면, 패스트 팔로워라고 말했을지 모릅니다. 하지만, 2022년 현재의 대한민국은 퍼스트 무버가 되었으면 합니다. 사실 지금부터 달린다고 해도 퍼스트 무버가 되기는 쉽지 않습니다. 구글 트렌드 자료만 봐도 우리만 메타버스에 관심을 쏟고 있는 것이 아닙니다. 메타^{페이스북}, 알파벳^{구글}, 애플, 마이크로소프트, 아마존, 엔비디아, 로블록스 등 글로벌 시장에서 메타버스 관련 기업으로 손꼽히는 기업 중에 아직 대한민국 기업의 입지는 매우 흐릿합니다. 해외에서는 조용한데, 국내에서만 난리다? 아니오. 오히려 좀 더 적극적으로 난리를 치면 좋겠습니다. 메타, 알파벳, 애플, 아마존 등은 인터넷, 스마트폰 시대의 급성장 물결에 올라타서, 아니 그런 물결을 앞서서 이끌면서 20년 동안 고도성장을 이어왔습니다. 우리는 여전히 뒤

● 패스트 팔로워의 등장이 시장 개척자에게 꼭 나쁜 영향만 주는 것은 아닙니다. 경쟁자가 등장하면 시장의 전체 규모가 확대되고, 협력과 경쟁을 통해 성장 속도가 빨라집니다. 이와 관련하여 밀도의존 이론(Density Dependence Theory)을 살펴볼 필요가 있습니다. 이는 일정 수준까지는 경쟁자가 있어야 기업의 생존 기회를 높인다는 이론입니다.3 쉬운 예를 들자면, 족발집이 한 골목에 모여 있어야 족발 골목으로 유명해지는 현상과 같습니다.

에 서 있어야 할까요? 우리는 그저 뒤에서 빨리 따라가기만 하면 될까요? 물론 앞장서서 달리는 퍼스트 무버는 기회와 동시에 위협과도 마주칩니다.● 우리에게는 기회를 휘어잡고, 위협을 통제하며, 감당할 수 있는 역량이 있습니다. 10년 후 세상, 메타버스를 통해 세계 시장의 거인으로 등장한 한국 기업들이 존재하는 미래를 꿈꿉니다. 그게 이 책을 집필한 이유입니다. 메타버스에서 퍼스트 무버가 됩시다.

● 퍼스트 무버의 장점은 다음과 같습니다. ① 브랜드 이미지 확보: 해당 제품이나 기술을 선도하는 기업으로 소비자에게 긍정적으로 인식됩니다. 이를 이용해 마케팅 측면에서 후발 기업에 비해 우위에 서게 됩니다. ② 기술 리더의 입지 구축: 제품의 기술적 특징과 표준 등에 대해 강력한 영향력을 가집니다. 관련 단체에서 해당 제품에 관한 표준을 만든다면, 먼저 출시된 제품의 기술 특징을 고려하는 게 보편적입니다. 퍼스트 무버의 제품이 시장에서 긍정적인 반응을 얻었다면, 후발업체들은 소비자들에게 친숙한 퍼스트 무버 제품의 기술과 기능적 특성을 따르게 됩니다. ③ 소비자 전환비용 활용: 소비자가 A제품을 사용하다가 B제품으로 바꿔서 쓰게 될 경우 치르는 내가를 '소비자 선환비용'이라고 합니다. 예를 들어, A사의 비디오게임기를 사용하다가 B사의 비디오게임기로 바꾸려고 하는데, 두 게임기의 소프트웨어가 서로 호환되지 않는다면 소비자는 소프트웨어 교체 비용을 지불해야 합니다. 전환비용은 화폐 가치가 아닌 경우도 있습니다. 예를 들어, 컴퓨터 키보드의 경우 쿼티 자판(우리가 주로 쓰는 키보드 배열)에 익숙한 소비자가 드보락 자판(인간공학적으로 더 우수한 키보드 배열)으로 바꾸려면 일정 시간 노력해야 하는데, 소비자들은 이런 면을 꺼려 자판을 바꾸지 않습니다. 퍼스트 무버의 단점은 다음과 같습니다 ① 수요의 불확실성: 해당 제품에 대한 시장이 존재하는지 불확실한 상태에서 시장에 뛰어들게 됩니다. 소비자에게 해당 제품의 기능이나 성능의 우수성을 알리기 전에 해당 제품이 필요하다는 인식부터 만들어야 합니다. 제품 기획 및 디자인 과정에서 다양한 방법으로 고객 수요를 조사하고 예측하지만, 완제품이 시장에 나왔을 때의 실제 수요가 어느 정도인지는 여전히 불확실합니다. ② 파트너의 부족: 필요한 기술과 요소를 공급해줄 파트너와 완제품을 유통할 파트너가 부족한 경우가 많습니다. ③ 불완전한 보완재: 제품과 함께 소비해야 하는 제품이나 서비스가 불완전한 경우가 있습니다.

참고 문헌

Part 1

1 Korhonen, H., Montola, M., & Arrasvuori, J. (2009, October). Understanding playful user experience through digital games. In International Conference on Designing Pleasurable Products and Interfaces (Vol. 2009).

2 Klabbers, J. H. (1999). Three easy pieces: A taxonomy on gaming. International Simulation and Gaming Research Yearbook, 7, 16-33.

3 Schell, J. (2008). The art of game design: A book of lenses. UK:CRC press.

4 Wittgenstein, L. (2009). Philosophy of psychology–A fragment. Philosophical investigations, 182-244.

5 Rogers, E. M. (1983). Diffusion of innovations (3rd ed.). New York, USA: Free Press.

6 Best, R. (2012). Market-based management. UK:Pearson Higher Education.

7 Moore, G. A. (2014). Marketing and selling disruptive products to mainstream customers. New York, NY, USA:Harper Collins Publishers.

8 Wiefels, P. (2009). The chasm companion. New York, USA: HarperCollins Business.

9 7번 문헌 참고

10 최광훈, 심우중, 김승민. (2015). 수요 접근의 미래 유망산업 예측 방법론 탐색 - 방법론 개발 및 IT 미래제품군에의 적용. KIET 산업연구원. 대한민국 세종시: KAWPH 인쇄사업부.

11 Glenn, J. C. (2020). Genius forecasting, intuition, and vision. The Millennium Project. Retrieved from https://millennium-project.org/wp-content/uploads/2020/02/25-Genius-Forecasting.pdf

12 Ellis, S. R. (2019). Development and history of head-mounted displays and viewers for virtual environments or augmented reality. Retrieved from https://humansystems.arc.nasa.gov/groups/acd/projects/hmd_dev.php

13 Bachman, Frank P. (2006). Great Inventors And Their Inventions. US:Yesterday's Classics.

14 Short, J., Williams, E., & Christie, B. (1976). The social psychology of telecommunications. Toronto; London; New York: Wiley.

15 Nunes, P., & Breene, T. (2011, February 17,). Jumping the S-curve: Beat the growth cycle, get on top and stay there. Harvard Business Review, Retrieved from https://hbr.org/webinar/2012/07/jumping-the-s-curve-beat-the-g

16 Nieto, M., Lopéz, F., & Cruz, F. (1998). Performance analysis of technology using the S curve model: The case of digital signal processing (DSP) technologies. Technovation, 18(6-7), 439-457.

17 Henderson, R. (2003). Developing and managing a successful technology & product strategy. Executive Course, US:MIT Management Sloan School.

18 Christensen, C. M. (1992). Exploring the limits of the technology s-curve. part I: Component technologies. Production and Operations Management, 1(4), 334-357.

19 17번 문헌 참고

20 Christensen, C. M. (2003). The Innovators Dilemma (Collins Business Essentials, NY).

21 Tushman, M. L., & Rosenkopf, L. (1992). Organizational determinants of technological change: toward a sociology of technological evolution. Research in organizational behavior, 14, 311-347.

22 Anderson, P., & Tushman, M. L. (1990). Technological discontinuities and dominant designs: A cyclical model of technological change. Administrative Science Quarterly, 35, 604-633.

23 NRL (2011).. A timeline of NRL's autonomous systems research, NRL Review. USA: Naval Research Laboratory.

24 Baum, M. D. (2008). Science & technology: Monkey uses brain power to feed itself with robotic arm. Retrieved from https://www.chronicle.pitt.edu/story/science-technology-monkey-uses-brain-power-feed-itself-robotic-arm

25 Remsik, A., Young, B., Vermilyea, R., Kiekhoefer, L., Abrams, J., Evander Elmore, S., & Williams, J. (2016). A review of the progression and future implications of brain-computer interface therapies for restoration of distal upper extremity

motor function after stroke. Expert Review of Medical Devices, 13(5), 445-454.

26 Jiang, S., Li, Z., Zhou, P., & Li, M. (2019). Memento: An emotion-driven lifelogging system with wearables. ACM Transactions on Sensor Networks (TOSN), 15(1), 1-23.

27 23번 문헌 참고

28 Pine, B. J., & Gilmore, J. H. (1998), Welcome to the experience economy. Harvard Business Review, Retrieved from https://hbr.org/1998/07/welcome-to-the-experience-economy

29 Pine, B. J., & Gilmore, J. H. (1999). The experience economy: Work is theater & every business a stage (1st ed.). USA: Harvard Business School Press.

30 Van Boven, L., & Gilovich, T. (2003). To do or to have? that is the question. Journal of Personality and Social Psychology, 85(6), 1193.

31 Nicolao, L., Irwin, J. R., & Goodman, J. K. (2009). Happiness for sale: Do experiential purchases make consumers happier than material purchases? Journal of Consumer Research, 36(2), 188-198.

32 Carter, T. J., & Gilovich, T. (2010). The relative relativity of material and experiential purchases. Journal of Personality and Social Psychology, 98(1), 146.

33 Kilkelly, F. (2019). The immersive economy in the UK 2019. Retrieved from https://www.digicatapult.org.uk/news-and-insights/publication/the-immersive-economy-in-the-uk-2019

34 Barrett, E. C. (2020). Augmented reality can improve online shopping, study finds. Retrieved from https://news.cornell.edu/stories/2020/05/augmented-reality-can-improve-online-shopping-study-finds

35 Segovia, K. Y., & Bailenson, J. N. (2009). Virtually true: Children's acquisition of false memories in virtual reality. Media Psychology, 12(4), 371-393.

Part 2

1 Kamachi, M., Hill, H., Lander, K., & Vatikiotis-Bateson, E. (2003). Putting the face to the voice': Matching identity across modality. Current Biology, 13(19), 1709-1714.

2 Nowak, K. L., & Fox, J. (2018). Avatars and computer-mediated communication:

A review of the definitions, uses, and effects of digital representations. Review of Communication Research, 6, 30-53.

3 Fong, K., & Mar, R. A. (2015). What does my avatar say about me? inferring personality from avatars. Personality and Social Psychology Bulletin, 41(2), 237-249.

4 Roth, D., Bloch, C., Schmitt, J., Frischlich, L., Latoschik, M. E., & Bente, G. (2019). Perceived authenticity, empathy, and pro-social intentions evoked through avatar-mediated self-disclosures. Proceedings of mensch und computer 2019 (pp. 21-30)

5 Hansen, J. (2019). Virtual indecent assault: Time for the criminal law to enter the realm of virtual reality. Victoria U. Wellington L. Rev., 50, 33.

6 Kothgassner, O. D., Goreis, A., Kafka, J. X., Kaufmann, M., Atteneder, K., Beutl, L., ... & Felnhofer, A. (2019). Virtual social support buffers stress response: an experimental comparison of real-life and virtual support prior to a social stressor. Journal of behavior therapy and experimental psychiatry, 63, 57-65.

7 Lieberman, A., & Schroeder, J. (2020). Two social lives: How differences between online and offline interaction influence social outcomes. Current Opinion in Psychology, 31, 16-21.

8 Bapna, R., Ramaprasad, J., Shmueli, G., & Umyarov, A. (2016). One-way mirrors in online dating: A randomized field experiment. Management Science, 62(11), 3100-3122.

9 Dunbar, R. I. (2016). Do online social media cut through the constraints that limit the size of offline social networks?. Royal Society Open Science, 3(1), 150292.

10 Del Vicario, M., Vivaldo, G., Bessi, A., Zollo, F., Scala, A., Caldarelli, G., & Quattrociocchi, W. (2016). Echo chambers: Emotional contagion and group polarization on facebook. Scientific reports, 6(1), 1-12.

11 Pariser, E. (2011). The filter bubble: How the new personalized web is changing what we read and how we think. Penguin.

12 Klimmt, C., Hefner, D., Vorderer, P., Roth, C., & Blake, C. (2010). Identification with video game characters as automatic shift of self-perceptions. Media Psychology, 13(4), 323-338.

13 Li, D. D., Liau, A. K., & Khoo, A. (2013). Player–Avatar Identification in video gaming: Concept and measurement. Computers in Human Behavior, 29(1), 257-263.

14 Teng, C. I. (2010). Customization, immersion satisfaction, and online gamer loyalty. Computers in Human Behavior, 26(6), 1547-1554.

15 Wang, H., Ruan, Y. C., Hsu, S. Y., & Sun, C. T. (2019). Effects of Game Design Features on Player-Avatar Relationships and Motivation for Buying Decorative Virtual Items. In DiGRA Conference.

16 Messinger, P. R., Ge, X., Smirnov, K., Stroulia, E., & Lyons, K. (2019). Reflections of the extended self: Visual self-representation in avatar-mediated environments. Journal of Business Research, 100, 531-546.

17 3번 문헌 참고

18 Luo, S., Nguyen, A., Song, C., Lin, F., Xu, W., & Yan, Z. (2020). OcuLock: Exploring human visual system for authentication in virtual reality head-mounted display. Paper presented at the 2020 Network and Distributed System Security Symposium (NDSS),

19 Falchuk, B., Loeb, S., & Neff, R. (2018). The social metaverse: Battle for privacy. IEEE Technology and Society Magazine, 37(2), 52-61.

20 Kroczek, L. O., Pfaller, M., Lange, B., Müller, M., & Mühlberger, A. (2020). Interpersonal distance during real-time social interaction: Insights from subjective experience, behavior, and physiology. Frontiers in Psychiatry, 11, 561.

21 Thaler, R. H., & Sunstein, C. R. (2009). Nudge: Improving Decisions About Health, Wealth, and Happiness. Penguin Books.

22 Wijenayake, S., van Berkel, N., Kostakos, V., & Goncalves, J. (2020). Impact of contextual and personal determinants on online social conformity. Computers in Human Behavior, 108, 106302.

23 Wijenayake, S. (2020). Understanding the dynamics of online social conformity. Paper presented at the Conference Companion Publication of the 2020 on Computer Supported Cooperative Work and Social Computing, 189-194.

24 Smith, H. J., & Neff, M. (2018). Communication behavior in embodied virtual reality. Paper presented at the Proceedings of the 2018 CHI Conference on

Human Factors in Computing Systems, 1-12.

25 Galinsky, A. D., & Moskowitz, G. B. (2000). Perspective-taking: decreasing stereotype expression, stereotype accessibility, and in-group favoritism. Journal of personality and social psychology, 78(4), 708.

26 Peck, T. C., Seinfeld, S., Aglioti, S. M., & Slater, M. (2013). Putting yourself in the skin of a black avatar reduces implicit racial bias. Consciousness and cognition, 22(3), 779-787.

27 Ahn, S. J., Bostick, J., Ogle, E., Nowak, K. L., McGillicuddy, K. T., & Bailenson, J. N. (2016). Experiencing nature: Embodying animals in immersive virtual environments increases inclusion of nature in self and involvement with nature. Journal of Computer-Mediated Communication, 21(6), 399-419.

28 Subrahmanyam, K., Frison, E., & Michikyan, M. (2020). The relation between face-to-face and digital interactions and self-esteem: A daily diary study. Human Behavior and Emerging Technologies, 2(2), 116-127.

29 Kothgassner, O. D., Goreis, A., Glenk, L. M., Kafka, J. X., Beutl, L., Kryspin-Exner, I., ,,, & Felnhofer, A. (2021). Virtual and real-life ostracism and its impact on a subsequent acute stressor. Physiology & Behavior, 228, 113205.

30 Gendler, T. S. (2010). Intuition, imagination, and philosophical methodology. OUP Oxford.

31 위키리크스 한국, 2021년 9월 23일 기사, [메타버스 시대] 대선후보들이 해야 할 게임-메이플라이

32 Khang, H., Kim, J. K., & Kim, Y. (2013). Self-traits and motivations as antecedents of digital media flow and addiction: The Internet, mobile phones, and video games. Computers in Human Behavior, 29(6), 2416-2424.

33 Hopkins, A. A. (2013). Magic: Stage Illusions Special Effects and Trick Photography. Courier Corporation.

Part 3

1 Xu, F., Han, Z., Piao, J., & Li, Y. (2019). "I Think You'll Like It" Modelling the Online

Purchase Behavior in Social E-commerce. Proceedings of the ACM on Human-Computer Interaction, 3(CSCW), 1-23.

2 Patanasiri, A., & Krairit, D. (2019). A comparative study of consumers' purchase intention on different internet platforms. Mobile Networks and Applications, 24(1), 145-159.

3 Lombart, C., Millan, E., Normand, J. M., Verhulst, A., Labbé-Pinlon, B., & Moreau, G. (2020). Effects of physical, non-immersive virtual, and immersive virtual store environments on consumers' perceptions and purchase behavior. Computers in Human Behavior, 110, 106374.

4 김상균 (2021). 인터넷, 스마트폰, 다음은 메타버스 - 세상을 바꿀 디지털 빅뱅에 올라타라. 동아비즈니스리뷰, 2(317), 72-84.

5 Jacob-John, J., & Ching, Jean Marie Ip Soo. (2019). The role of augmented reality games in promoting to millennials. Paper presented at the 18th European Conference on Research Methodology for Business and Management Studies, 155.

6 Brown, T. I., Carr, V. A., LaRocque, K. F., Favila, S. E., Gordon, A. M., Bowles, B., ... & Wagner, A. D. (2016). Prospective representation of navigational goals in the human hippocampus. Science, 352(6291), 1323-1326.

7 Yee, N., & Bailenson, J. (2007). The Proteus effect: The effect of transformed self-representation on behavior. Human communication research, 33(3), 271-290.

8 Oh, S. Y., Bailenson, J., Krämer, N., & Li, B. (2016). Let the avatar brighten your smile: Effects of enhancing facial expressions in virtual environments. PloS one, 11(9), e0161794.

9 Monteiro, A. M. V., & Pfeiffer, T. (2020). Virtual reality in second language acquisition research: A case on amazon sumerian. Educational Technologies 2020 (ICEduTech 2020), , 125.

10 Bai, H., Sasikumar, P., Yang, J., & Billinghurst, M. (2020). A user study on mixed reality remote collaboration with eye gaze and hand gesture sharing. Paper presented at the Proceedings of the 2020 CHI Conference on Human Factors in Computing Systems, 1-13.

11 ZDNet 2021년 9월 30일자 기사, https://zdnet.co.kr/view/?no=20210929163018

12 Tunney, C., Cooney, P., Coyle, D., & O'Reilly, G. (2017). Comparing young people's experience of technology-delivered v. face-to-face mindfulness and relaxation: two-armed qualitative focus group study. The British Journal of Psychiatry, 210(4), 284-289.

13 Makin, S. (2019). A smarter way to treat. Nature, 573(7775), S106-S109.

14 Wu, S. L., & Hsu, C. P. (2018). Role of authenticity in massively multiplayer online role playing games (MMORPGs): Determinants of virtual item purchase intention. Journal of Business Research, 92, 242-249.

15 Marder, B., Gattig, D., Collins, E., Pitt, L., Kietzmann, J., & Erz, A. (2019). The Avatar's new clothes: Understanding why players purchase non-functional items in free-to-play games. Computers in Human Behavior, 91, 72-83.

16 Chanlin, L., & Chan, K. (2018). Augmented reality applied in dietary monitoring. Libri, 68(2), 137-147.

부록

1 Kim, W. C., & Mauborgne, R. (2000). Knowing a winning business idea when you see one. Harvard business review, 78(5), 129-138.

2 Kim, W. C., & Mauborgne, R. (2014). Blue ocean strategy, expanded edition: How to create uncontested market space and make the competition irrelevant. Harvard business review Press.

에필로그

1 Mohr, J., Sengupta, S., & Slater, S. (2009). Marketing of high-technology products and innovations (3rd ed.). New Jersy, US: Pearson Prentice Hall.

2 Schilling, M. (2006). Strategic management of technological innovation. New York, USA:McGraw Hill Higher Education.

3 신동엽. (2011). 경쟁? 일희일비 말고 큰 틀을 통찰하라. 동아비스니스리뷰, 1(88) Retrieved from https://dbr.donga.com/article/view/1206/article_no/4468/ac/magazine

메타버스
II

초판 1쇄 발행 2022년 3월 2일
초판 6쇄 발행 2022년 4월 1일

지은이 김상균
펴낸이 최익성

책임편집 강현주
편집 이유림

마케팅 총괄 임동건
마케팅 임주성, 홍국주, 김아름, 신현아, 김다혜
마케팅 지원 안보라, 김미나, 황예지, 신원기, 박주현
경영지원 임정혁, 이순미
펴낸곳 플랜비디자인
디자인 빅웨이브

출판등록 제 2016-000001호
주소 경기도 화성시 동탄첨단산업1로 27 동탄IX타워
전화 031-8050-0508
팩스 02-2179-8994
이메일 planbdesigncompany@gmail.com

ISBN 979-11-6832-009-3